Karl Emil Franzos

Moschko von Parma

Geschichte eines jüdischen Soldaten

Karl Emil Franzos

Moschko von Parma
Geschichte eines jüdischen Soldaten

ISBN/EAN: 9783742869814

Hergestellt in Europa, USA, Kanada, Australien, Japan

Cover: Foto ©Thomas Meinert / pixelio.de

Manufactured and distributed by brebook publishing software
(www.brebook.com)

Karl Emil Franzos

Moschko von Parma

Moschko von Parma.

Geschichte eines jüdischen Soldaten.

Von

Karl Emil Franzos.

Leipzig,
Verlag von Duncker & Humblot.
1880.

Inhalt.

Erstes Kapitel.

Was in diesem Buche erzählt werden soll, ist nur der Lebenslauf eines armen, verschollenen Menschen, welcher in einem entlegenen Winkel der Erde geboren wurde und nach mancherlei Fahrten und Schicksalen daselbst verstarb, einsam und elend, wie er gelebt. Mit seinem Familiennamen hieß er Veilchenduft, mit dem Vornamen aber nach einander Mosche, Moschko, Moses, Moritz, Moschko und endlich wieder Mosche. Die Geschichte dieser wechselnden Namen ist zugleich die Geschichte von allem Glück und Unglück seines Lebens, welches man hier ausführlich und der Wahrheit gemäß berichtet findet, von der Wiege bis zum Grabe.

Mitten im Judenviertel von Barnow war er geboren, in einem jener kleinen, düsteren, sumpfigen Sackgäßchen, welche um die alte „Betschul'" liegen, und zwar in der kleinsten, schmutzigsten Hütte dieses ärmlichen Gäßchens. In dieser Hütte wohnte sein Vater, Abraham Veilchen-

duft, welcher nicht weniger als vier Gewerbe betrieb —
er wirkte als Schulklopfer, Krankenpfleger, Todtenwächter
und Schneider — und dennoch häufig, um nicht zu verhungern, genöthigt war, zu einem fünften zu greifen:
zum Betteln. Denn jene vier Gewerbe bringen, in Barnow wenigstens, nicht viel ein, auch wenn man die seltene
Vielseitigkeit hat, sie vereinigt zu betreiben. Als Schulklopfer hatte Abraham ein Gehalt jährlicher zwölf Gulden
und mußte hiefür die Betschul' in Ordnung halten, viele
gottesdienstliche Verrichtungen erfüllen, und die ganze
Gemeinde zu gewisser Zeit, welche just in den kältesten
Winter fällt, im Morgengrauen zum Schulgang wecken.
Freilich pflegte er daneben auch Kranke und wachte bei
Todten, aber wenn er sich sogar dabei ebenso viel ver-
diente, so sind doch zwei Gulden monatlichen Einkommens
nicht viel, wenn man ein Weib zu ernähren hat und
sechs Kinder. Denn das war der einzige Reichthum in
der armseligen Hütte: drei Knaben und drei Mädchen.
Was aber die Schneiderei betrifft — ach! damit ging es
schlimm. Erstens werden in Podolien die Juden, welche
sich einem Handwerke widmen, fast sämmtlich Schneider
und auch in Barnow gab es ihrer fünf Dutzend, und
zweitens ging seit langen Jahren das unzuverlässige Gerücht durch die Gasse, Abraham Veilchenduft habe einmal
die Jacke eines Fleischerknechts schief geschnitten und
Samuel, dem Dorfgeher, ein Beinkleid geliefert, das kaum

zur halben Wade gereicht. Kurz — Abraham war nicht
der Schneider der vornehmen Gesellschaft in Barnow und
seine Firma wenig in Mode, was mit anderen Worten
heißt, daß er allwöchentlich eine melancholische Hose, oder
einen lebensmüden Kaftan gegen eine Entlohnung von
fünf Kreuzern zu flicken hatte. So war er denn nothgedrungen auf jenes fünfte Gewerbe angewiesen, aber
dieses ist ja bekanntlich ein überaus freies und die Concurrenz gerade auch in Barnow erdrückend groß. Freilich
konnte sich Abraham einer reichen Verwandten. rühmen,
seiner leiblichen Schwester Golde Hellstein, aber er mußte
sich auch ausschließlich mit dem Ruhme begnügen. Denn
diese Frau, welche sich durch ihre Geschicklichkeit zur Köchin
des reichen Nachum Hellstein und, nachdem dieser Wit-
wer geworden, durch das Gewicht ihrer Reize — sie wog
an drei Centner — zu seiner Ehegattin aufgeschwungen
hatte, war sehr stolz und ließ sich nicht gerne an die
arme Verwandtschaft im Sackgäßchen erinnern. Und so
kam's, daß Abraham und sein Weib und die sechs Kinder
unendlich viel froren, hungerten und weinten. Eine schöne
Sage erzählt, daß die Engel jede Thräne aufzeichnen,
welche jeder Mensch hienieden in seinem Schmerze weint.
Wenn dies wahr ist, dann war der liebe Gott sicherlich
genöthigt gewesen, für die Familie Veilchenduft einen
eigenen Engel anzustellen. Und der hatte dann wahrlich
auch kein leichtes Leben.

Die geringste Arbeit machte ihm wohl noch der jüngste Sproß der Familie, der kleine Mosche. Nicht etwa, daß diesem ein günstigeres Loos gefallen, als seinen Eltern und Geschwistern — im Gegentheil! Denn eben weil er just das halbe Dutzend voll machte, war er schon bei seinem Eintritt in die Welt, an dem er doch wahrlich unschuldig war, in wenig freundlicher Weise empfangen worden. Noth macht hart. Die Eltern hatten sich bisher fünf Male unter immer schwereren Seufzern in das Wort der Schrift, daß Kinder ein Segen Gottes, gefügt, beim sechsten Male jedoch waren sie entschieden überzeugt, daß auch allzuviel Segen ungesund sei. Die Geschwister aber erblickten darin vollends eine Tücke des Geschicks und in dem Ankömmling einen neuen Feind bei ihrem Kampfe um Brod und Suppe. Und als der Knabe heranwuchs, da setzten sich diese Gesinnungen nachdrücklich in Thaten um — Noth macht hart.

Ob auch die Püffe, die wir auf Erden erdulden, droben aufgezeichnet werden, erzählt die Sage nicht. Aber wenn dies der Fall ist, dann hat Mosche allein in seinen Kindertagen mindestens drei Engel beschäftigt. Dem Thränenengel hingegen machte er, wie gesagt, geringe Arbeit. Ob sie ihn auch noch so sehr pufften — er weinte nicht, keineswegs aus Trotz, sondern weil er eben nicht wehleidig war. Freilich lachte er auch nicht, wenn ihm eine spärliche Liebkosung wurde. Dabei gedieh er jedoch

prächtig und wuchs stark und breit heran, als wäre er
der Enaksöhne Einer, vor denen sein Volk einst so
sehr gezittert, und nicht das Kind des armen Schneider-
leins und des verkümmerten Judenweibes, aufgesäugt
unter Jammer und Thränen, emporgewachsen unter Noth
und Schlägen. Wenn es erlaubt ist, in diesen überaus
schlicht dem Leben nachgeschriebenen Zeilen ein triviales
Wort anzuwenden, so könnte man sagen: Mosche war so
recht ein Beweis dafür, daß man nie weiß, wovon der
Mensch fett wird. Und das Beste wär's wohl, wenn uns
dieser bescheidene Witz über die ganze, unsäglich harte
Kinderzeit unseres Helden hinwegtragen dürfte. Denn
die Menschen hören nicht gerne von traurigen Dingen,
und das Allertraurigste auf dieser dunklen Erde ist ja
eine Kinderzeit ohne jeden Sonnenschein. Aber es muß
doch gesagt werden, wie der Knabe ward.

Er ward stark, weit über seine verkümmerte Rasse,
weit über sein Alter hinaus. Er ward stark und Alles,
was löblich und tadelnswerth an ihm war, wurzelte in
dieser Eigenschaft. Darum war er muthig — was konnte
ihm auch geschehen? — und hieb gern um sich, nicht
trotzig und frech, sondern mit einer Art stillen Behagens.
Und mit demselben Behagen half er unermüdlich den
Holzhauern und Fleischerknechten des Städtchens bei ihrer
schweren Arbeit, weil solche Anstrengung den jungen Sehnen wohlthat. Aber es war ihm peinlich, in der kleinen,

dumpfigen Winkelschule über den krausen Zeichen zu grü=
beln, denn da half ihm seine Kraft nichts. Und weil
die anderen Judenjungen waren, wozu sie ihr Körper
und ihre Erziehung gemacht: fromm, faul, feig — so fiel
des Schulklopfers Jüngster früh in der „Gasse" auf. Er
hörte häufig: „Du bist, wie ein Christenbub'!" Darüber
grübelte er nun in seiner Art. Denn er war nicht dumm,
obwohl ihn Alle dafür hielten, weil er unwitzig und
schweigsam war und trotz aller Schläge das Hebräisch
Lesen nur nothdürftig erlernt hatte. „Ein Christenbub'!"
dachte er anfangs, „lächerlich, das sind ja meine Feinde!"
Und in der That wüthete zwischen ihm und den Christen=
jungen des Orts ein ewiger Krieg — grimmiger haben
Indianer und Weiße einander nie beschlichen. Weh' dem
Jungen, den er allein traf, weh' Mosche, wenn ihn
mehrere trafen. Der letztere Fall ereignete sich sehr oft,
denn wenn er auch fast täglich an der Spitze eines lär=
menden Haufens auszog, sobald es zum Treffen kam,
blieb er doch allein. Dieses ewige Davonlaufen seiner
Kameraden verhalf ihm zu unzähligen Püffen, aber auch
zu der Ueberzeugung: „Ich bin doch anders, ich laufe
nicht, ich bin wie ein Christenbub'!" Und als er älter
wurde, da grübelte er auch schon ernster: „Wie ein
Christenbub' bin ich und ein Jude bin ich doch — was
soll aus mir werden?" Er ward noch schweigsamer, als
bisher, und im Winter vor jenem Frühlingstage, an dem

er sein dreizehntes Jahr vollenden sollte, hockte er tage-
lang brütend auf der Ofenbank seiner väterlichen Hütte,
indeß draußen der Kampfruf seiner Feinde erscholl und
Schneeballen herausfordernd an die kleinen Fenster klirrten.
Endlich, an einem Freitag Nachmittag, kam ihm die Er-
leuchtung. Er sprang auf und rief: „Ich hab's, ich hab's!"

„Was ist Dir?" fragte die Mutter und schalt.

„Ich weiß, was ich werden will!" rief er und stürzte
hinaus, den Feinden entgegen. Der Bann war von ihm
gewichen, er schlug drein, wie noch nie, und bekam Schläge
wie noch nie, bis endlich der eintretende Sabbath ihn
zwang, inne zu halten. Denn da darf man keinen Schnee-
ball werfen und keinen Stock schwingen. Stolz kehrte er
heim, selig lächelnd ließ er seine rothen und blauen
Flecken bewundern und selig lächelnd schlummerte er ein,
von den schönsten Zukunftsträumen gewiegt.

Welchen Inhalts diese Träume waren, das sollte
bald zum unsäglichen Entsetzen Abraham's und der ge-
sammten Judenschaft von Barnow, offenbar werden, eben
an jenem Apriltage, da Mosche sein dreizehntes Lebens-
jahr vollendete.

Mit diesem Tage tritt der jüdische Knabe, nach ur-
alter, noch heute heilig gehaltener Vorschrift in den Kreis
der Männer, mag er auch noch ein grünes, unreifes,
drei Schuh langes Bürschchen sein. Im Westen, wo Bildung und Gesittung wohnen, wo selbst ein uraltes Gesetz

nur nach seiner Vernünftigkeit geschätzt wird, begnügt
man sich damit, diese urplötzliche Wandlung des Kindes
zum Manne durch einen rein religiösen Act anzudeuten.
Der Knabe legt die Gebetriemen an, er tritt als Gleich-
berechtigter in die Reihen der Beter. Anders im Osten,
wo die Juden nicht blos eine Religionsgenossenschaft
sind, sondern auch noch eine Nation. Mit unerhörter
Aengstlichkeit huldigen sie, ein schwächlich Handelsvolk im
kalten Norden, noch immer der uralten Ordnung, welche
einst den Bedürfnissen kräftiger Hirten, Winzer und
Ackerbauer im heißen Jordanthale angepaßt worden.
Und so gilt denn heute noch in Podolien der dreizehn-
jährige Judenknabe in fast allen Beziehungen als reifer
Mann. Er wählt, besonders wenn er armer Leute Kind
ist, nun selbst seine Wege, er darf thun und lassen, was
ihm beliebt, sofern er sich nur dabei sein Brod verdient.
Wollte er ein Weib nehmen, die Satzung würde ihm
nicht entgegenstehen, aber in der Regel thut er's doch
erst zwei, drei Jahre später. Kurz — die Anlegung der
Gebetriemen ist für ihn ein Freibrief der Selbstständig-
keit, für seine Eltern aber der Freibrief, sich nicht länger
für ihn zu mühen — das heißt natürlich nur, sofern sie
dies nicht können oder wollen.

Bei Abraham Veilchenduft traf Beides zusammen.
Sein Jüngster war ihm nicht sonderlich an's Herz ge-
wachsen und außerdem erlebte der Mann gerade damals

sehr schlimme Tage. Aus Buczacz war ein neuer
Schneider gekommen, ein Juwel seiner Zunft, der nicht
blos Kaftane von unnachahmlicher Anmuth und Würde
schuf, sondern selbst die kleinste Flickarbeit nicht ver=
schmähte — der raubte nun auch die letzten Kunden.
Zudem war's eine verwünscht gesegnete Zeit, die Leute
blieben Alle gesund. So ward Abraham immer mehr
und mehr auf sein fünftes Gewerbe beschränkt. War's
da zu wundern, daß ihm ein Alp von der Brust fiel,
als er an jenem Frühlingsmorgen in der alten Betschul'
die Gebetriemen zum ersten Male um Arm und Stirn
seines Jüngsten erblickte?

Nach dem Gebete drängten sich die anderen Männer
um den Schulklopfer und seinen Sohn und beglück=
wünschten sie, wie dies Sitte ist bei solchem Anlaß.
Aber was nun ferner Sitte ist: daß der neue „Mann"
sich gleichsam einkauft in die Gemeinschaft der Gläubigen,
indem er sie in der Vorhalle der Betschul' mit Schnaps,
Rosinen und Mandeln bewirthet, das wäre diesmal schier
unterblieben, hätte sich nicht der reiche Nachum Hellstein
des Brudersohns seiner gewichtigen Gattin angenommen.
Und so tranken denn Alle und waren gerührt. Weil
aber Abraham am tiefsten gerührt war, so trank auch
dieser arme, alte Mann am meisten.

Erst in später Vormittagsstunde ging er am Arme
seines Jüngsten heim, wankend und schluchzend vor un=

gewohnter Rührung. Dann saß er nieder auf der Ofen=
bank in seiner Stube, hieß den Sohn sich daneben setzen
und sprach so zusammenhängend und feierlich, als ihm
sein erregtes Gemüth gestattete:

„Mosche, Du mein Jüngster, Du mein Benjamin,
was soll aus Dir werden? . . . Heute mußt Du Dich
entscheiden, denn ich kann Dich nicht länger füttern.
O Du mein Benjamin, Du mein theuerer Sohn . . . .
Du abscheulicher Lump, nichts hast Du gelernt, als Dich
prügeln mit den Christenjungen und Holzsägen. Was
soll das werden? Nachum, mein Schwager, ist ein braver
Mensch, Schnaps hat er gezahlt, Rosinen hat er gezahlt,
gesegnet hat er Dich, auch ich wünsche Dir Alles Gute . . . .
am Galgen wirst Du endigen, wenn Du es so fort=
treibst . . . . o Gott, am Galgen, mein Jüngster! Also
mußt Du Etwas wählen, wodurch Du Dein Brod ver=
dienen kannst, und dann suche ich Dir in zwei Jahren
ein Weib — o Gott! wenn ich nur die Freude noch er=
lebe — aber es wird ein sauer Stück Arbeit sein, denn
wer wird Dir seine Tochter geben wollen?! . . . . Aber
es wird schon gehen, mache Dir nur heute keine Sorgen
darüber, heute ist Dein Freudentag, armes Kind! —
wir werden schon eine Häßliche finden, die sogar noch
etwas Geld hat, oder Eine, die sonst Keiner mag —
o wenn mir nur Gott das Leben schenkt, ich will nur
diese Freude noch erleben! . . . Meine anderen Kinder

sind versorgt, ich habe meine Pflicht gethan, Gott wird
es mir lohnen! Dein ältester Bruder, Manasse, ist
Schneidergesell, es wird ihm gut gehen, er ist sehr geschickt, besonders im Zuschneiden — natürlich! er ist ja
mein Sohn! Und Mendele, mein Zweiter, ist ein goldener
Mensch, er ist so fromm und so gelehrt, daß ihm der
Schwiegervater umsonst das Essen und Trinken gibt,
damit er nur über den Büchern sitzen kann. Auch zwei
neue Anzüge gibt er ihm jährlich, nur das letztemal war
ein gewendeter Kaftan dabei — und nicht einmal von
mir hat er ihn wenden lassen, sondern vom Selig, von
diesem Buczaczer Stümper, den Gott verdammen möge...
Und dann Deine drei Schwestern, ich bitte Dich, Du
Galgenstrick, schau' Dir Deine drei Schwestern an! Alle
drei sind Mädchen — Gott hat mich hart gestraft —
aber sie dienen ehrlich in schönen Häusern und alle drei
sind brav und Gottlob recht dick und ich hoffe immer:
sie machen auch noch so ein Glück, wie meine Schwester
Golde. Also sage ich Dir Moschele, Du mein Benjamin,
Segen sei auf Deinen Wegen, aber ich füttere Dich auch
nicht einen Tag länger, und was willst Du werden, Du
Lump?"

Der junge Riese blickte den gerührten Vater scheu
an. „Zu einem Erwerb will ich schon kommen", erwiederte er gedrückt, „aber ein Weib werde ich dabei
nicht brauchen können, weder in zwei noch in zwanzig

Jahren. Bei diesem Handwerk nimmt man kein Weib!"

„Bist Du verrückt?" schrie der Vater entsetzt, und so groß war das Entsetzen, daß ihm die Rührung fast verflog. „Bist Du verrückt? Hat man je gehört, daß ein jüdisch Kind ledig bleibt? Und Du, Du allein willst eine so furchtbare Sünde gegen Gott auf Dich nehmen? Aber was ist das für ein verfluchter Erwerb? Selbst der Schinder nimmt ja ein Weib! Was willst Du werden, Du Galgenstrick?"

„Das werdet Ihr schon zur rechten Zeit erfahren", erwiederte Mosche.

„Jetzt will ich's erfahren!" rief der Schulklopfer und griff zu dem Attribute seines zweiten Handwerks, der Elle.

Der Bursche sah dem gleichmüthig zu. „Ich sage es doch nicht", sagte er, „Ihr würdet mich zu hindern suchen, aber auch das würde nichts nützen!"

Die Elle begann ihre Wirksamkeit und setzte sie lange fort, aber des Vaters Hand wurde müde und es nützte wirklich nichts. Da jagte er den Sprößling vor die Thür und lief zu den Nachbarn, Trost und Rath zu suchen.

Der junge Enakson biß die Zähne übereinander und rieb sich langsam und nachdenklich den Rücken. Dann schritt er ruhig die Gasse hinab. An zwei christ=

liche Lehrjungen, welche ihm begegneten, theilte er ge=
wissenhaft die Schläge aus, die er soeben empfangen.
Dann ging er weiter durch die engen, schmutzigen Gäß=
chen, gleichmüthig und langsam, wie immer. Gleichzeitig
mit ihm ging aber auch schon durch diese Gäßchen das
unheimliche Gerücht, des Schulklopfers Jüngster wolle
ledig bleiben und ein Handwerk wählen, so entsetzlich,
daß er es selbst dem Vater nicht zu gestehen wage. Und
als Mosche flußaufwärts zur Mauth kam, wo die letzten
Häuser stehen, da wichen ihm bereits die Menschen ent=
setzt aus. Denn hierher war das Gerücht in zwei gleich
furchtbaren Varianten gedrungen; die eine besagte, er
sei verrückt, die andere, er wolle zu den Dominikanern
gehen, in's Kloster.

Aber auch dies Gerücht blieb an Entsetzlichkeit noch
weit hinter der Wahrheit zurück. Diese Wahrheit ver=
breitete sich am nächsten Tage durch Barnow's Gassen
und erregte überall unermeßliches Staunen und Grauen.
Die Weiber kreischten und stöhnten, die Männer fluchten
und beteten — es traf alle wie ein gemeinsames Un=
glück. Selbst der Mann, den noch Niemand im Städtchen
traurig gesehen, Klein=Mendele, der ewig trällernde Vor=
sänger der Betschule, wurde ernst und rief: „So was
läßt Einen ein jüdisch Kind erleben!" und schlich betrübt
heim. Ein anderer Mendele, der goldene Mensch, der
jährlich zwei neue Anzüge bekam, weinte bittere Thränen,

denn sein Schwiegervater hatte in der ersten Aufwallung erklärt, der Bruder eines so verworfenen Burschen könne kaum länger sein Tochtermann bleiben. Der alte Rabbi des Städtchens konnte an dem Tage vor Kränkung kaum sein Mittagbrot verzehren und quälte dann seine Schüler und sich mit Fragen ab, wie man wohl das Unglück etwa doch noch verhüten könne. Und ein Handelsjude aus Bessarabien, der sich Geschäfte halber einige Stunden im Städtchen aufhielt, beschloß in Barnow zu über= nachten, nur um den seltsamen Knaben zu sehen, über den ein so fürchterlicher Gedanke gekommen . . . . . .

Was aber wollte Mosche werden?

„Sellner!"

Zweites Kapitel.

———

„Sellner!"

So heißt im Jargon der Soldat, der „Söldner". Aber die bloße Uebersetzung macht es noch nicht klar, warum die Juden von Barnow diese Standeswahl so entsetzlich fanden, warum der Entschluß des Knaben sie traf, wie ein Blitz.

In der That wie ein Blitz — er blendete ihr sonst so scharfes Auge. Diese Leute, gewohnt, jede Sache schärfstens und von allen Seiten zu betrachten, vergaßen diesmal das Wichtigste: we r es war, der diesen Entschluß gefaßt, daß es ein Knabe war, trotz seiner Größe und Stärke fast noch ein Kind, dem die Ausführung unmöglich gelingen konnte. Sie vergaßen es und grübelten nur erschreckt darüber, wie ein solcher Gedanke überhaupt in ihrer Mitte hatte geboren werden können.

Denn ein „Sellner" werden, das ist nicht blos ein Unglück, sondern auch eine Schmach, ja eine Beleidigung

Gottes. Wie konnte ein „jüdisch Kind" dies freiwillig auf sich nehmen und sich selbst zu den Todten werfen, zu den verachteten Todten, deren man nicht weiter gedenken mag? Denn wie einen geliebten Todten beweinen diese Leute auch denjenigen, den ohne sein Zuthun dies Schicksal betrifft und flehen zu Gott, daß er ihm seine Sünde vergebe. Es ist kaum zu unterscheiden, ob sie das Sterben für ein größeres Unglück halten oder den Soldatenrock. Darum ist ihnen kein Opfer zu groß, kein Weg zu krumm, diesem Schicksal zu entgehen.

Warum?

Weil der Jude feig ist, hört man häufig. Aber diese Antwort ist nicht die richtige. Wol gibt es sehr viel Feiglinge unter den Juden des Ostens und es wäre auch seltsam genug, wenn dem nicht so wäre. Muth ohne Körperkraft ist kaum denkbar. Der Jude aber ist, der frühen Heiraten wegen und weil durch den Glauben jede Rassenkreuzung ausgeschlossen ist, schwächlich, und die Erziehung leistet überdies an Verweichlichung und Unnatürlichkeit das Schlimmste. Muth ist ferner nicht denkbar ohne Selbstvertrauen. Und wie hätte dies in den Abkömmlingen eines Volkes Wurzel schlagen können, dessen Heldenthum durch Jahrhunderte im Dulden bestand, das ruhelos über die Erde gehetzt wurde, wie wildes Gethier, das noch heute im Osten hier und da nicht jene Stufe der Behandlung erklommen, deren sich nützliche Hausthiere

erfreuen! Fürwahr es gehört große Unvernunft dazu,
sich darüber zu wundern, daß ungestümer kriegerischer
Sinn just nicht ein Hauptzug der jüdischen Volksseele
geworden!

Aber die Frage über Muth oder Feigheit gehört sehr
wenig zur Sache. Und wären alle podolischen Juden
Helden, wie Judas Maccabäus, sie würden deshalb doch
nicht gern k. k. Soldaten werden. Und zwar hindert sie
daran jenes Moment, um dessentwillen sie leben: ihr
Glaube, direct durch seine Satzungen, indirect durch
die Weltanschauung, welche er in seinen Bekennern
herausgebildet.

Direct durch seine Satzungen. Aber man darf dies
nicht mißverstehen. Der jüdische Glaube verbietet den
Kriegsdienst nicht, und er gebietet, dem Staate, in dem
man lebt, treu anzuhangen. Aber dieser Glaube gebietet
auch, die Speisegesetze streng einzuhalten und alle Cere=
monien des Gebetes treu zu erfüllen. Wer dies nicht
thut, begeht eine ebenso schwere Sünde, als wenn er
etwa die Hand gegen die Eltern erheben würde. Denn er
erhebt die Hand gegen Gott, er tritt seine Gebote mit
Füßen. Und wäre es das Unbedeutendste, was er ver=
brochen, schon die leiseste Mißachtung eines Gebotes drängt
den Sünder aus der Schaar der Gläubigen: das alt=
gläubige Judenthum kennt keine Compromisse. Wer
aber Soldat wird, kann die Formen des Gebets nicht

einhalten und muß froh sein, wenn er überhaupt ein
Stücklein Fleisch bekömmt, auch wenn ein christlicher Metz=
ger den Ochsen geschlagen. Kurz, wer Soldat wird
ist kein Jude mehr, er verliert die Anwartschaft auf die
Freuden des Jenseits. Das Jenseits aber ist der ein=
zige Trost dieses armen, verdüsterten Volkes, das selige
Land, wo der Jude nicht mehr verachtet und verhöhnt
wird, sondern stolz einhergeht vor dem Antlitz seines
Gottes. Einst, als dies Volk als herrschender Stamm
in stolzer Machtfülle auf seinem eigenen Erbe saß, da
kannte es den Gedanken der Unsterblichkeit nicht, es
brauchte ihn nicht; die Erde genügte ihm. Aber als es
ein Paria und Ahasver unter den Völkern wurde, da
faßte es diesen Gedanken, da hielt es ihn fest als ein=
zigen Trost. Und noch heute hängt Niemand so innig
an diesem Glauben, wie der Jude. In all' seinem Thun
und Lassen hält er als Ziel fest, das Anrecht auf die
Freuden des künftigen Lebens nicht zu verlieren. Wer
sündigt, verliert dieses Anrecht und geht entsetzlich arm
durch das Leben, ohne zu wissen, wozu und wohin? . . . .
Und jeder „Sellner" muß ja „sündigen!"

Aber auch seine Weltanschauung läßt den Juden in
dem Soldatenrock die Verkörperung alles Unglücks er=
blicken. Je heftiger die Dränger einst von Außen ein=
stürmten, desto enger schlossen sich die Juden an einander,
desto fester ward ihre Ueberzeugung: hier, im Inneren

des Familienlebens, im Inneren der Gemeinde, sei Alles
gut, draußen Alles schlecht; die Außenwelt ward ihnen
zu einem unverständlichen, feindlichen Chaos, das sie
grollend und drohend umfluthete, vor dem sie einzig
Rettung fanden in dem Bannkreise des Ghetto. Die
Zeit ward milder, milder ward man auch gegen die
Juden; aber was Jahrhunderte bewirkt, vermögen Jahrzehnte nicht vergessen zu machen. So bangt dem Juden
auch heute noch unsäglich vor der Welt und ein Schritt
in die Fremde ist ihm ein Schritt in's Elend. Und als
„Sellner" muß man ja fort in die fremdeste Fremde —
wer weiß wohin?

Darum faßten es die Juden in Barnow nicht, daß
Einer von ihnen freiwillig „Sellner" werden wollte. Aber
warum empfanden sie dies als ein Unglück für die Gesammtheit, welches die Gesammtheit abzuwehren verpflichtet sei?

Der alte Rabbi sprach es aus:

„Wir müssen etwas thun, denn er will Gott beleidigen, und wir haben die Pflicht, Gottes heiligen Namen
vor jeder Schmähung zu schützen. Und dann, führt er
den Frevel aus, so spottet ganz Israel über unsere Gemeinde, wie wir unsere Kinder erziehen. Und wenn sich
nach Jahren wieder ein solcher Frevler findet, so werden
sie mit Fingern auf uns weisen und sagen: „Von ihnen
ist das böse Beispiel ausgegangen!" Also thun wir

2*

etwas — ich weiß nur noch nicht, was. Gut wenigstens, daß wir es rechtzeitig erfahren haben!"

Was das Letztere betrifft, so war der arme Mosche allerdings anderer Ansicht, als jener würdige Greis. Freilich hatte er nur unter erklecklichem Zwange sein Geständniß abgelegt. Was die harten Worte und die Elle des Vaters nicht vermocht, das bewirkten am Tage darauf die milden Reden und die Faust der Mutter. Sie sprach dem Sohne gütig zu, ihr sein verstocktes Herz zu offenbaren, und vergrub dabei die Faust immer dichter in sein krauses, schwarzes Haargestrüpp. Diesen Mitteln widerstand er nicht und rief endlich jammernd:

„Ein Sellner . . . ."

Entsetzt schrie die Frau auf und fiel, ein Büschel Haare in der Rechten, in Ohnmacht. Sie kam sehr bald zur Besinnung. Und wie die Kunde im Städtchen wirkte, ist gleichfalls schon berichtet. Aber nicht Jeder war so rathlos, wie jener fromme Greis. „Die Eltern sollen schlagen", empfahlen die Einen. Aber das nützte nichts, obwol die Elle zerbrach und viele krause, schwarze Haare in des Schulklopfers Stube umherflogen. „Der Rabbi soll beten", meinten die Anderen. Aber auch das fruchtete nichts, Gott hörte das Gebet nicht, obwol der alte Mann beängstigend schrie. Und so war man schon im Begriffe, fremdem Rathe zu folgen — dem jenes Handelsjuden aus Bessarabien. Er empfahl, Mosche zum

Wunderrabbi von Sadagóra zu führen und ihm von diesem
gewaltigen Manne, welcher mit Engeln und Dämonen
auf gleich gutem und vertrautem Fuße stehe, den Sol-
datenteufel austreiben zu lassen. Da fand sich aber in
Barnow selbst Rath und Hilfe. Sie kam von Isaak
Türkischgelb, dem „Marschallik" des Städtchens.

Der Mann spielt eine wichtige Rolle in dieser Geschichte — schon darum will er gebührend gewürdigt sein.
Aber da muß vor Allem gesagt werden, was ein „Marschallik" ist und das ist schwer. Sehr schwer! Mit der
bloßen Uebersetzung des Namens ist hier vollends nichts
gethan. Das Wort stammt aus dem Polnischen — in
dieser Sprache bedeutet es „Haushofmeister". Aber der
hat sich ja nur um eine Familie zu kümmern, und zudem
auch nur in gewissen Beziehungen. Der „Marschallik"
aber hat sich um Alle zu kümmern und um Alles.

Um Alle und Alles! Aber dabei hat er doch anscheinend absolut nichts zu thun. Ihr könnt ihn an
Wochentagen während der Betstunden in der „Schul'",
die übrige Tageszeit hindurch auf der Gasse und im
Wirthshause finden; am Sonnabend aber macht er außer
den Betstunden regelmäßig Besuche bei den Honoratioren.
So ist es ein Räthsel, wovon er lebt, und er ist auch
zumeist ein blutarmer Teufel. Aber was kümmert sich
auch ein „Marschallik" um sich selbst; er hat ja keine Zeit
dazu! Er weiß Alles, ohne Ausnahme Alles, was in der

Gemeinde vorgeht und berichtet ebenso genau, in welchem Gliede den alten Rabbi das Zipperlein quält oder wie viel Essig Frau Golde Hellstein trinkt, um magerer zu werden, wie er bei Heller und Pfennig herzählen kann, welchen Profit Nathan Silberstein an seinem letzten To- kayer gemacht. Er ist stets bereit, mit Jedermann zu plaudern, ihm fehlt es nie an Zeit, nie an einer erhei- ternden Neuigkeit, nie an guter Laune. Seine Zunge ist stets gleich scharf gespitzt und weiß der besten Sache, dem edelsten Menschen eine lächerliche Seite abzugewinnen, aber auch wieder jeder trüben Sache eine helle, heitere Seite. So ist er Klatschbase und Neuigkeitskrämer, öffent- liches Gewissen und Zeitvertreib zugleich — mit einem Worte: das lebendige, ewig durstige, auf zwei Beinen einherschlotternde Localblatt der Gemeinde.

Aber das ist noch gar nichts! – eine Zeitung kann man vielleicht entbehren, aber wer wäre so vermessen, zu behaupten, daß man einen „Marschallik" entbehren kann? Ohne ihn wäre ja keine Beschneidung möglich, keine Ver- lobung, keine Hochzeit, kein Familienfest. Denn er lädt die Gäste ein, er decorirt die Feststube, er bestimmt die Speisen und die Weine, er kennt die Formen und weiß, wann sich dies schickt, wann jenes, er unterhält die Ge- sellschaft, er bringt die Trinksprüche aus, er improvisirt, er erzählt Schwänke, er macht Witze, kurzum — er ist die Seele des Festes und ohne ihn ist es todt. Man kann

dreist behaupten, daß bei einer Hochzeit eher der Bräutigam fehlen könnte, als der „Marschallik". Denn wenn
der Bräutigam fehlt, so langweilt sich nur die Braut,
fehlt aber der „Marschallik", so gähnt die ganze Gesellschaft.

Das ist schon immerhin etwas, aber noch lange
nicht das Wichtigste. Wißt Ihr wol, daß ohne diesen
Würdenträger — freilich erwirbt oder ererbt man diese
Würde nicht, kann auch hiezu nicht gewählt werden,
sondern sie fällt dem Talente von selbst in den Schooß;
zum „Marschallik" muß man geboren sein, wie etwa
zum Dichter — daß also ohne den „Marschallik" das
Menschengeschlecht in Podolien, wenigstens insofern es
jüdischen Glaubens ist, glattweg aussterben müßte?!
Das soll keine zarte Anspielung auf die unbestreitbare
Thatsache sein, daß der „Marschallik" ebenso regelmäßig
mit einem Ueberfluß an Kindern gesegnet ist, wie mit
einem Ueberfluß an Geldmangel — nein! er erwirbt
sich, von diesem directen Wege abgesehen, auch noch
anderweitig hundertfältige Verdienste um die Ver-
mehrung der Menschheit. Denn er ist das einzig
autorisirte und patentirte Heirats-Bureau. Er führt
ein Verzeichniß aller nur erdenklichen „Partien" in der
Gemeinde und auf zehn Meilen im Umkreis — ein Verzeichniß, in welchem kein Jüngling zwischen Vierzehn und
Achtzehn fehlt und keine Jungfrau zwischen Dreizehn

und Siebzehn. Darum kann er auch jeder Nachfrage
entsprechen. Sucht Ihr einen gesunden, stattlichen
Jüngling? Er kennt einige, gegen welche Adonis ein
Krüppel ist! Oder eine schöne Braut? Hier sind welche,
neben denen sich die leibhaftige Sulamith nicht sehen
lassen dürfte! Oder fragt Ihr nach Reichthum? Hier
sind Millionen! Oder seht Ihr auf eine vornehme Familie? Er kennt ein Dutzend Sprößlinge aus David's
königlichem Stamme! Der „Marschallik" ist mit Allem
versehen, er kommt nie in Verlegenheit. Würde ihm
Jemand sagen, er sei gesonnen, nur aus Neigung zu
heiraten, er könnte ihm allsogleich sogar eine Braut mit
Neigung liefern. Und er eröffnet nicht blos die Prä-
liminarien, sondern er allein setzt auch die Verhandlungen
fort und führt sie zum gedeihlichen Abschluß.

Aber nicht blos verwaister Herzen nimmt er sich an,
sondern auch der verwaisten Gemeinde, des rathbedürf-
tigen Staates. Er ist patentirter Agitator, er macht
den Gemeindevorstand und entwickelt auch bei den
Landtagswahlen ungeheure Thätigkeit. Nur von einem
Zweig öffentlicher Thätigkeit hält sich der „Marschallik"
ferne. Bestechungs-Agent bei der Rekrutirung ist er
nicht. Dazu ist der arme Teufel zu ehrlich.

Nun wißt Ihr beiläufig, was ein „Marschallik" ist.
Freilich nur eben beiläufig, denn die ganze wundersame Vielseitigkeit und Bedeutung dieser Würde zu

offenbaren, ist dem armen, dürftigen Menschenwort un=
möglich.

In Barnow bekleidete, wie erwähnt, Herr Isaak
Türkischgelb diese Würde. Er war ein „Marschallik"
im vollen, ganzen Sinne des Wortes, damit ist genug
gesagt. Sein Spitzname „Itzig Schicker" erregte Schmun=
zeln im ganzen Kreise, wo immer er genannt wurde.
Es war dies ein ehrenvolles Prädicat, ein nom de
guerre, den er sich redlich erkämpft. Mit welchen
Waffen? Man sah's ihm deutlich an. Denn er trug
auf dünnen Beinchen ein dickes Bäuchlein und im Gesichte
einen feuerrothen Berg, eigentlich ein Bergsystem, an
jener Stelle, wo andere Menschen eine schlichte Nase
tragen. Der Mann haßte jedes geistige Getränk mit
der ganzen Kraft seiner edlen Seele und vertilgte es
daher, wo er es antraf, in unglaublichen Quantitäten.
„Schicker" heißt Trunkenbold. Aber obgleich „Itzig
Schicker" schwerlich den Bodenstedt'schen Mirza=Schaffy
gelesen, so hielt er es doch mit diesem Weisen: sein
Rausch war nichts, als gesteigerte Begeisterung.

Als jedoch über alle Leute von Barnow der Rausch
des frommen Entsetzens kam, da blieb er allein nüchtern.
Und er heckte einen Plan aus, das verirrte Knäblein
zu retten. Der Plan war verständig, einfach, das Ei des
Columbus, und darum war er gut. Und er offenbarte
ihn auch zu guter Stunde.

Das war an jenem Sabbath, welcher die schläge-
und folgenreiche Woche im Leben Mosche's beschloß, und
in der Dämmerung. Da standen und saßen die Männer
nach vollbrachtem Nachmittagsgebete müssig vor der
„alten Betschul'" und erharrten das Erscheinen der
ersten drei Sterne am Himmelszelte, um das Abendgebet beginnen zu dürfen. Es ist dies eine Stunde, wo
man sich so recht vergnüglich und mit Muße aussprechen
kann. Das geschah auch heute, nur daß das Gespräch
gar nicht vergnüglich klang. Und ganz besonders laut
jammerte Abraham Veilchenduft.

Da trat der „Marschallik" auf ihn zu.

„Was jammert Ihr?" fragte er würdevoll. „Hört
mich an! So wahr mir der Herr Kreishauptmann
voriges Jahr gesagt hat: „Türkischgelb", hat er gesagt,
„Sie sind ein feiner Kopf!" — so wahr bring' ich Euer
Jüngel zur Vernunft zurück und zu einem ehrlichen Brod.
Was nützt das Schlagen? — Das kann ein Bauer
auch! — Die Vernunft ist die Hauptsache — versteht
Ihr? — ein feiner Plan! — Und so einen Plan hab'
ich mit Euerem Mosche und ich werd' ihn ausführen,
wenn mir Gott hilft und wenn Ihr mir mindestens
fünf Gulden gebt für meine Mühe!"

Des Schulklopfers bekümmertes Antlitz erglänzte
freudig. „Was hab' ich immer gesagt?" betheuerte er
und erhob die Hände zum Himmel; „ein feiner Kopf

ist er, hab' ich immer gesagt, aber ein gut Herz hat er auch. Also wollt Ihr mich wirklich erretten aus meiner Noth? Gott wird Euch gewiß helfen bei dem guten Werke und Euch Euere Mühe tausendfach lohnen, aber wo sollt' ich die fünf Gulden hernehmen?"

Der „Marschallik" wiegte sich bedächtig in den Hüften und musterte dabei seine Fußbekleidung, welche allerdings genauerer Betrachtung werth war, denn sie war merkwürdig zerrissen. „Ach ja! hab' ich's Euch schon erzählt?" fragte er dann, wie aus tiefem Sinnen emporfahrend. „Gestern früh war ich bei dem krummen Manasse, dem Schuster. Ich hab' ihn gebeten, daß er mir neue Schuhe, oder mindestens neue Absätze an die alten Schuhe macht, Gott wird ihm die Mühe tausendfach lohnen. Schaut selber nach, ob er's gethan hat!"

Die Umstehenden lachten. Aber Nachum Hellstein sagte: „Wenn Ihr es wirklich zu Wege bringt, Reb Itzig, könnt Ihr Euch bei mir einen Gulden abholen!"

„Und bei mir fünfzig Kreuzer", rief ein anderer reicher Mann. Dann versprach ein Dritter vierzig, ein Vierter zwanzig Kreuzer, und so fort. Schließlich fehlte nur noch ein „Sechser", das geforderte Honorar voll zu machen. Besagten Sechser spendete nach längerem Zögern Froim Luttinger, genannt „Froim Chammer". Letzteres Prädikat ist nicht sonderlich ehrenvoll, denn „Chammer" heißt zu deutsch „Esel". Aber dieser jugendliche Hausvater war besser als sein Ruf, ein weitsichtiger Denker, das bewies die Motivirung seiner Gabe: „Ich opfere es", sagte er, „weil gar Niemand berechnen kann, was über ganz Israel kommen könnte, wenn Einer von uns freiwillig „Sellner" würde."

„Es wird nicht geschehen!" versicherte der „Marschallik" feierlich. „Freilich ist mit den fünf Gulden nicht Alles gethan. Jetzt müßt Ihr mir noch für mich und Mosche ein Fuhrwerk beschaffen, welches uns nach Zalesczyky bringt und wieder zurück. Und schließlich brauche ich natürlich auch die Wegzehrung für uns Beide."

„Nach Zalesczyky?" rief Abraham „wozu?"

„Weil ja dort „das Werbbezirk" ist", erwiederte Herr Türkischgelb mit ruhigem, überlegenen Lächeln.

„Das Werbbezirk?" brach der Lärm aus zwanzig Kehlen zugleich los — „er will den Verrückten noch selber hinführen" — „er foppt uns" — „keinen Heller geb' ich!" klang es im wirren Chorus. Am lautesten schrie Froim Luttinger.

Der „Marschallik" ließ den Lärm austoben. Dann sprach er wieder ruhig und würdevoll: „Gottlob, jetzt hab' ich gefunden, was ich mein ganzes Leben vergeblich gesucht hab' — den Unterschied zwischen Froim und einem Esel. Jetzt weiß ich's: wenn ein Esel schreit, so schweigen die Pferde, aber wenn Froim schreit, so schreit Ihr Alle mit. Aber Ihr solltet mich doch besser kennen! Bin ich ein Frevler? — werd' ich spaßen, wo es sich um Israel handelt? Bin ich ein Narr? — werd' ich spaßen, wo es sich um fünf Gulden handelt? Ich sag' Euch nur kurz: laßt mich mit Mosche zum „Werbbezirk" fahren, dort curir' ich ihn. Bring' ich's nicht zu Stande, so schlagt mich todt, oder nennt mich sogar mit demselben Namen, welchen sich Froim bei Euch verdient hat!"

Diese Energie wirkte. Simon der Kutscher erklärte, er habe am nächsten Morgen ohnehin einen Wagen voll frommer Weiber zum Wunderrabbi nach Sadagóra zu führen und da könnten auch noch die Beiden hinten aufsitzen und bis zur Kreisstadt mitfahren. Auch die übrigen Schwierigkeiten lösten sich durch die Freigebigkeit Nachum Hellstein's.

So verrichteten schließlich Alle beruhigten Gemüthes das Abendgebet. „Der „Marschallik" wird es schon richten", dachten sie.

In der That machte sich der Mann ihres Vertrauens auch noch am selben Abend an's Werk, indem er dem vielgeprügelten Gegenstande seines Experiments einen Besuch abstattete. Aber Mosche war unsichtbar, in stummem, drohenden Schweigen kauerte er hinter dem väterlichen Ofen. Herr Türkischgelb mußte alle seine Beredsamkeit entfalten, um den jungen Riesen zur Reise zu bestimmen. Endlich gelang's. „Gut", sagte Mosche und kam zögernd hinter dem Ofen hervor, „ich will mit Euch

fahren. Aber wenn Ihr nur so einen Spaß mit mir
vorhabt oder gar noch Schlimmeres, dann" — er ballte
die Fäuste — „dann fahr' ich Euch an die Kehle!"

„Gut", erwiederte der „Marschallik" freundlich und
fuhr über das durch Mutterliebe so arg gelichtete Haar
des Jungen, „dann, Moschele, darfst Du mich erdrosseln,
wenn es Dir Spaß macht — warum nicht? — ich will
sogar keinen „Muck" thun."

— ———

Drittes Kapitel.

Am nächsten Morgen rasselte der schwere, lein=
wandgedeckte Korbwagen Simon des Kutschers — der
Ahn des Mannes mußte jener kaiserlich=königlichen Militär=
Commission, welche zu Josef II. Zeit den Juden Galiziens
Familiennamen octroirte, wenig imponirt haben, denn
sie hatte ihm den Namen Galgenstrick ertheilt — voll=
geladen zum Städtchen hinaus. Herr Simon Galgen=
strick führte diesmal zwölf Passagiere. Ganz hinten auf
dem Korbe, welcher das Heu enthielt, thronte der roth=
nasige Mentor mit seinem ungeberdigen Telemach. Im
Wagen aber saßen zehn Weiber, die sämmtlich zum
Wunderrabbi, nach Sadagóra, fuhren. Sie hatten sehr
verschiedene Anliegen an diesen gewaltigen Mann. Die
Eine fuhr hin, um Segen und Rath für ihr armes, krankes
Kind zu erbitten, das inzwischen vielleicht in fremder
Pflege starb; die Zweite wollte durch das Gebet des

Rabbi zu einem passenden Schwiegersohn für ihre Tochter
kommen, welche bereits achtzehn Jahre alt und — eine
ungeheuere Schande, ein unsägliches Unglück in den
Augen der Juden jener Landschaft! — noch immer ledig
war; die Dritte fuhr im Auftrage ihres Mannes, um
nachzufragen, ob dieser einen Handel mit moldauischen
Weinen beginnen sollte; die Vierte hatte einen Erbschafts-
prozeß beim Kreisgerichte in Tarnopol und wollte sich
den Ausgang segnen lassen; die Fünfte lebte in kinder-
loser und darum unglücklicher Ehe, und das Gebet des
Rabbi sollte ihren Schooß fruchtbar machen; der Sechsten
war der Sohn zum Militär abgestellt worden und da
dies ohne Wunder nicht mehr rückgängig zu machen war,
so wollte sie den Rabbi um so ein kleines Wunder bitten;
die Siebente hatte ein hartnäckiges Magenleiden und
wollte es sich besprechen lassen, wogegen die Achte sich
reuig dem Rabbi zu Füßen werfen wollte, um durch seine
Fürsprache von Gott die Vergebung für ein fürchter-
liches Verbrechen zu erhalten. Sie war nämlich in einer
Nacht von Freitag auf Sabbath aus schreckhaftem Traume
emporgefahren und hatte in ihrer Verwirrung, des Sab-
baths vergessend, Licht gemacht — Licht am Sabbath! —
die Feder versagt bei dem Versuche, die Schwere dieses
Verbrechens auch nur annähernd anzudeuten! . . . . . .
Die neunte und zehnte Pilgerin verfolgten sehr verschiedene Ziele. Die Eine die Scheidung von ihrem Gatten,

die Andere, daß der Rabbi durch seinen Machtspruch die geplante Scheidung verhüte.

Als der Wagen nur noch mäßig rasselnd im tiefen Kothe der Heerstraße dahinschlich, begannen die Weiber einander ihr Herz auszuschütten und ihre Reisezwecke darzulegen. An dieser Unterhaltung nahm unaufgefordert Herr Isaak Türkischgelb eifrigst Theil und fand hiebei so reichliche Gelegenheit, sein mitfühlendes Herz und seine natürliche Beredtsamkeit zur Geltung zu bringen, daß selbst der finstere Knabe lächeln mußte und dem munteren Herrn Simon Galgenstrick vollends die Thränen stromweise über die rothen Backen liefen. Die Weiber freilich nahmen dieses Mitgefühl sehr übel und brachten endlich durch ihre vereinigten Leistungen auf dem Gebiete höherer Höflichkeit selbst den „Marschallik" zum Weichen. „Vor tausend Teufeln", sagte dieser endlich philosophisch, „würde ich mich nicht fürchten, aber vor zehn Weibern graut es mir!" Dann wandte er sich an den jungen Riesen.

„Moschele", begann er vertraulich flüsternd, „jetzt solltest Du mir wenigstens sagen, warum Du ein „Sellner" werden willst?"

Aber der Knabe schwieg. Erst nach längerem Zureden begann er zögernd, fast stotternd: „Also gut — ich will — aber Ihr dürft mich nicht auslachen. Also — selbst ernähren muß ich mich jetzt, aber was soll ich

werden? Ich bin so stark und groß über mein Alter —
soll ich ein Schneider werden? — Oder ein Schuster? —
Da muß man immer sitzen und hat am Ende doch nichts
zu essen! Oder ein Dorfgeher, oder sonst ein Handels-
mann? Ich hab' ja kein Geld und hab' auch keinen Verstand zum Handel. Auch ein Rabbi oder ein Lehrer
kann ich nicht werden — alle Lehrer sagen, ich hab' einen
harten Kopf. Aber stark bin ich und arbeiten kann ich
und prügeln kann ich — oh — Reb Itzig — warum
bin ich ein Jud'?"

„Wie kommst Du darauf?" fragte der „Marschallik"
erstaunt.

„Ich weiß es selbst nicht", erwiederte zögernd der arme
Junge, „ich hab' nur so gemeint. Wär' ich ein Christ,
so könnt' ich bei einem Bauer als Knecht einsteh'n oder
bei Wassilj dem Schmied als Geselle. Aber so — wer
nimmt mich? Der Jud' ist faul, werden Alle sagen und
mich fortjagen. Oder auch: Du bist ein Jud', Ihr habt
Gott gekreuzigt, Ihr seid Alle Hunde, geh' zum Teufel!
Aber bei den Sellners, wo sie starke Menschen brauchen,
da nimmt man auch Juden. Der Jud' hat dort dieselbe
Montur, wie der Christ. Also — darum will ich ein
Sellner werden. Also — jetzt wißt Ihr's. Was sagt
Ihr dazu?"

Aber der „Marschallik" sagte nichts; er war in tiefe
Gedanken versunken. „Wenn ich nicht wüßte", dachte er,

„daß des Schulklopfers Weib von jeher nicht blos sehr
brav war, sondern auch sehr häßlich, so könnt' ich's mir
noch erklären. Aber so! — wie kommt das Jüngel auf
solche Gedanken? Der Mensch weiß gar nicht, was für
eine Merkwürdigkeit er ist. Um's Geld könnt' er sich
zeigen lassen!... Und jetzt seh' ich erst deutlich, was
für ein kluger Mensch ich bin. Hätt' man's ihm aus=
reden können? Nein! Aber so rennt er sich selber den
Kopf beim „Werbbezirk" ein und ich krieg' fünf Gulden
und hab' die Reise umsonst. Denn nach Zalcsczyky hätt'
ich ohnehin müssen — ich muß ja für Josef Sauerstein's
Rosel einen Mann kriegen!"

In der Kreisstadt kamen sie am späten Nachmittage
an. Der mitfühlende Türkischgelb konnte nicht umhin,
hier von den Frauen so innigen Abschied zu nehmen,
daß sie ihm wohl eine Viertelstunde nachfluchten. Heute
noch das „Werbbezirk" aufzusuchen, war es zu spät; so
gingen denn die beiden in eine Herberge. Hier traf der
„Marschallik" unvermuthet auf einen seiner grimmigsten
Feinde: echten, alten Moldauerwein. Aber er fürchtete
sich nicht, sondern lieferte ihm ein vernichtendes Treffen.
Freilich unterlag er schließlich und schnarchte bis in den
lichten Morgen. Aber schlaflos wälzte sich der arme
Junge auf seinem Lager.

Am nächsten Morgen gingen sie zum „k. k. Ergän=
zungs=Commando". Vor dem Thore lagen einige faule
3*

Schlingel in Commiß-Uniform und sonnten sich. „Schau,
wie die arbeiten", sagte Herr Türkischgelb zu dem Knaben,
der vor Erregung zitterte, „man bekommt ein wahres Mitleid, wenn man ihnen zuschaut! Wie sie sich anstrengen!"
Dann nahm er von ihm Abschied. „Geh' zum Hauptmann", meinte er treuherzig, „und sag' ihm deutlich,
was Du willst. Behält er Dich), so bleib' gesund und
werde bald General, wenn nicht, so findest Du mich bis
zwei Uhr in der Herberge und wir können zusammen
heimfahren."

Sie schieden, und als der „Marschallik" von der
nächsten Straßenecke zurückblickte, sah er, wie Mosche schon
mitten unter den Soldaten stand und wie diese ihn an
seinen Wangenlöckchen zerrten und sonstige zarte Witze
mit ihm trieben. „Ich bin neugierig", dachte der schlaue
Mann, „wie viel Prügel er bekommt, bis er mit dem
Hauptmann sprechen kann, und wie schnell er wieder die
Stiege hinunterfliegt, wenn der Hauptmann erfährt, daß
er erst dreizehn Jahr alt ist. Aber das thut nichts! die
Barnower Prügel waren überflüssig, aber die hiesigen
werden ihm gesund sein." Dann aber machte er sich
rasch auf den Weg, um für Fräulein Rosel Sauerstein
aus Barnow einen würdigen Lebensgefährten zu erkunden.

Ob er ihn gefunden, gehört nicht hierher und es
bleibt der Phantasie des Lesers unbenommen, sich Fräu-

lein Rofel Sauerftein fogar noch gegenwärtig unverehe=
licht zu denken. Als Thatfache fei nur verzeichnet, daß
der „Marfchallif" bei feinen Beftrebungen wieder auf
einen feiner Erbfeinde ftieß, denn er kam gegen die zweite
Nachmittagsftunde fehr fchwankenden Schrittes zur Her=
berge. Aber jählings wurde er vor Schreck nüchtern, als
er den Knaben dort nicht vorfand.

„Am Ende haben fie ihn doch behalten!" rief er
und rannte fchleunigft zum „Werbbezirk". Aber die Sol=
daten, welche draußen noch immer im Sonnenfchein um=
herlungerten, gaben ihm eine etwas orakelhafte Antwort.
Sie begnügten fich nämlich, auch ihn bei den Wangen=
löckchen zu zerren. Als aber der „Marfchallif" zwei.
Kreuzer als Prämie für die geforderte Auskunft ausfetzte,
fagte endlich Einer: „Der Herr Hauptmann hat das
jüdifche Hundsblut geohrfeigt und darauf ift der Burfch
da hinunter gerannt — zum Waffer."

„Zum Waffer?" — dem „Marfchallif" gerann das
Blut zu Eis und er rannte fo fchnell, als nur immer
die dünnen Beinchen das dicke Bäuchlein tragen
wollten, an den Dniefter, und dann unter lautem
Rufen den Fluß entlang. Und da traf er wirklich den
Vermißten. Mofche ftand am Waffer und blickte in
die Flut.

„Was thuft Du da?" fchrie der „Marfchallif".

Der junge Riefe fuhr zufammen und ftarrte ihn mit

verstörten Augen an. Ueber diesen unheimlichen Blick
erschrak der „Marschallik" noch mehr, umkrallte fest des
Knaben Arm und drängte ihn langsam der Stadt
zu. Erst als sie wieder nächst der Herberge waren,
fragte er ihn: „Narr, was hast Du am Wasser ge=
sucht?"

Moschele schüttelte den Kopf. Dann erwiederte er
dumpf: „Ich hab' überlegt, was besser ist: in's Wasser
zu springen oder mit Euch nach Barnow zurückzufahren.
Aber ich hab's nicht entscheiden können — es ist Beides
gleich bitter."

Darauf wußte sogar Türkischgelb nichts zu erwiedern
und sorgte nur doppelt rasch, daß sie ein Fuhrwerk zur
Heimfahrt bekamen.

Erst als sie den Dniester und das „Werbbezirk"
weit hinter sich hatten und das kleine Fuhrwerk munter
in die dämmernde Nacht hineinpolterte, kam dem „Mar=
schallik" wieder der Humor: „Narr!" sagte er, „jetzt im
April will er ein Bad nehmen? Und warum? Du hast
noch gar nicht gesagt, warum?"

Aber dazu schien der Knabe auch jetzt wenig Lust
zu haben. Der „Marschallik" drang lange in ihn, bis er
erzählte:

„Also — ich komm zum „Werbbezirk" und frag' die
Sellner's: „Wo ist der Herr Hauptmann?" Fragen sie
mich: „Du jüdisches Hundsblut, wozu brauchst Du das

zu wissen?" Sag' ich: „Weil ich auch eintreten will!"
Lachen sie und ziehen mich bei den Haaren und schreien:
„Der Kaiser braucht keine jüdischen Hunde!" Besonders
Einer war da, ein kleiner gelber Kerl, ein Corporal, der
war der Aergste. Da geb' ich ihm einen Stoß und schreie:
„Dich wird der Kaiser nicht fragen!" Darauf fangen sie Alle
an, mich zu prügeln. Da schaut der Herr Hauptmann
zum Fenster hinaus und ruft: „Warum schlagt Ihr den
Juden?" Da lassen sie von mir ab und ich rufe hinauf:
„Weil ich eintreten will!" Da lacht der Hauptmann und
sagt: „Komm herauf!" Ich geh' hinauf in die Kanzlei. „Wie
alt bist Du?" fragt er. — „Im Vierzehnten." — „Das
ist nicht wahr", sagt er, „so schaut kein Knabe von vierzehn
Jahren aus, Du bist vielleicht achtzehn. Aber was willst
Du?" Da sag' ich: „Dreizehn Jahre bin ich vorige Woche
geworden und eintreten möcht' ich als Freiwilliger." —
„Was?" sagt er, „Kinder brauchen wir hier nicht, pack'
Dich!" — „Aber ich bin so stark", sag' ich. — „Aber
ein Jud' bist Du", schreit er. „Es ist genug, wenn wir
Euch feiges Hundsblut bei der Rekrutirung nehmen müssen!
Marsch!" — Da sag' ich: „Wir sind kein Hundsblut, wir
sind Menschen!"

„Das hast Du gesagt?" unterbrach ihn der „Marschallik" ungläubig.

„Ja! — und darauf hat er mich geohrfeigt und
hinaus geworfen. Und da bin ich zum Wasser gelaufen,

weil ich gesehen habe, daß auch hier keine Gleichheit ist. Nirgendwo will man einen Juden . . . ."

Der „Marschallik" widersprach nicht; er schwieg und dachte nur immer: „Warum ist dieser Bursche anders als wir andern Juden? Warum? . . . ."

Viertes Kapitel.

—

Weit draußen vor dem Städtchen, abseits der Heerstraße, an dem Feldwege, der gegen Korowla führt, liegt eine einsame Hütte — da haust und hämmert der Schmied von Barnow, Wassilj Grypko. Er ist sehr geschickt und darum kommen die Leute aus der ganzen Umgegend zu ihm, aber ohne Zweck kommt sicherlich Niemand, denn er ist finster und unheimlich, der alte Riese. Ganz einsam haust er — wozu braucht er auch Gesellschaft? Wer solches erlebt hat, wie es einst über diesen Menschen gekommen, ist am liebsten allein und was etwa die Furcht vor Dieben und Räubern betrifft, so ist die Kasse des Steueramtes mitten im Städtchen trotz der drei alten Nachtwächter minder sicher behütet, als dieses Mannes Besitzthum in der einfachen Feldschmiede. Denn die Leute kennen seinen riesigen Hammer und wissen, daß selbst das Eisen schmerzlich aufkreischt, wenn dieser niedersaust; kein Schädel ist so hart, daß er ihm widerstehen könnte, und

an dem Hammer klebt aus vergangenen Tagen eines
Menschen Hirn, auch das wissen die Leute. Schreckhafte
Geschichten gehen über diesen Menschen; die Wahrheit,
ohnehin düster genug, ist im Munde des Volkes zu schauer=
licher Sage geworden. Aber wer den Mann sieht, möchte
sogar der Sage glauben. Es ist fast unheimlich: er ist
hoch in den Sechzigen, aber die Jahre gehen spurlos an
ihm vorüber. Nur sein Haar haben sie gebleicht und
dieses silberweiße Haar hängt wirr und langsträhnig um
das berußte Antlitz. Aber seine Körperkraft ist unge=
brochen, die hünenhafte Gestalt auch nicht um eine Linie
gebeugt und das plumpe Antlitz ist wie fest gemeißelt,
es ist kein Fältchen darin. Aber wie festgemeißelt liegt
auch auf diesem Antlitz ein Zug unsäglicher, dumpfer
Trauer. Wer ihn so den Hammer schwingen sieht in der
öden Schmiede, immer schweigsam, die Lippen zusam=
mengepreßt, die Stirn drohend gefurcht, die Augen halb
geschlossen und glanzlos, den überkommt der Gedanke:
das ist ein Verdammter der Hölle, der unaufhörlich,
hoffnungslos, stumpf seine Arbeit verrichtet, wissend, daß
es keine Erlösung für ihn gibt.

Und Wassilj ist wirklich ein Verdammter; er ist ver=
dammt, zu leben. Warum der Mann den Hammer nicht
einmal, statt ihn auf das glühende Eisen fallen zu lassen,
auf das eigene Haupt herabsausen ließ, ist eigentlich un=
erklärlich. Aber der Schmied hat es einmal gesagt:

„Es ist mir schwer gefallen, zu warten, jedoch ich warte auf den Tag, da wir Ruthenen unsere Rechnung machen mit den Polen. Und an dem Tage möchten wir, ich und mein Hammer, nicht fehlen wollen."

Es ist ein furchtbares Wort, aber es kann nicht befremden im Munde dieses Greises.

Einst, vor langen Jahren, war er ein fröhlicher, glückseliger Mensch gewesen. Der junge Schmied sang den ganzen Tag, und so hell, daß seine Stimme den dumpfen Hammerschlag übertönte — warum auch nicht? Er war gesund, hatte seinen guten Erwerb und sein eigenes Haus, und in diesem Hause das schönste Weib in der Runde — noch heute sprechen die alten Leute in Barnow mit Entzücken von der blonden, üppigen Marina. Um sein Glück voll zu machen, hatte ihm sein Weib ein liebes, holdes Töchterchen geboren. Aber just als dies Kind drei Jahre alt geworden, kam einmal der Herr Staroste aus Wegnanka, Jan von Lipecki, vorbeigefahren und ließ seine Pferde beschlagen. Während dies geschah, spielte er mit dem Kinde und plauderte mit dem Weibe, denn er war ein leutseliger Mann, der Herr von Lipecki. Und von da ab wurde Wassilj merkwürdig oft in's Schloß zu Wegnanka geholt, um da Pferde zu beschlagen oder Gartengitter auszubessern. Und sobald er sich zur Arbeit eingefunden, ritt oder fuhr der Staroste davon. So spann sich die Sache fort, bis eines Tages der

Kutscher des Starosten den lustigen Wassilj im Schloß-
hofe antrat:

„Wir sind Beide Ruthenen, er ist ein Pole, also
höre!"

Und er flüsterte ihm etwas zu. Von jenem Augenblicke ab hat den lustigen Schmied Niemand mehr lustig
gesehen. Seinen Hammer nahm er auf und stürmte heim.
Er fand den Herrn Starosten im Stübchen bei der schönen Marina. Aber Wassilj schrie nicht, er tobte nicht,
ganz gelassen fragte er den Herrn Jan, der zitternd
dastand:

„Wie hat sich Ihnen das Weib ergeben? Haben Sie
viele Mühe gehabt, bis Sie ihr Gewissen betäubt haben?"

„Nein", betheuerte der Pole, „nach der ersten Stunde
war sie mein."

„Sie haben einen alten Vater", fuhr Wassilj fort,
„schwören Sie mir bei seinem Leben, daß Sie nicht
lügen."

„Ich schwöre", sagte der Starost fest.

Der Schmied wankte wie ein Trunkener.

„Marina!" sagte er dumpf, „wehre Dich gegen diesen Menschen! Eine Ehebrecherin bist Du, aber zu einer
gemeinen Metze macht Dich erst sein Wort. Wehre Dich,
wenn Du kannst!"

Aber sie schwieg und umklammerte seine Kniee.

Und darauf verfuhr der Schmied sehr einfach —

die Leute von Barnow stritten noch lange darüber, ob dies klug gewesen oder thöricht, feig oder muthig.

„Da hat dann der Hammer nichts zu thun", sagte er gleichmüthig und griff zum Ochsenziemer. Mit dem prügelte er zuerst den Starosten durch und dann sein Weib, warf darauf zuerst den Starosten hinaus und das Weib ihm nach. Er ließ es auch nie wieder über seine Schwelle.

Das war Alles. Die schöne Marina blieb die Geliebte des Starosten, bis er sie an seinen Verwalter abtrat und dieser an seinen Oberknecht. Und darauf ward sie eine Soldatendirne und verkam in Noth und Schande.

Ihr Kind aber blühte heran und wurde ein schönes Mädchen. Da fügte es sich, daß der Sohn des Jan, der junge Victor von Lipecki, eines Tages an der Schmiede vorüberritt und das Mädchen sah. Es gefiel ihm sehr gut; das Mädchen war schön, wie die Mutter, und der Sohn hatte den Geschmack des Vaters. Da er aber dem Mädchen nicht gefiel und da es für einen Starosten= sohn unziemlich gewesen wäre, das Gelüste seines Herzens zu bezähmen, so brach er einst Nachts, als der Schmied just abwesend war, mit einigen Knechten in's Haus und richtete das arme, schöne Kind mit Gewalt zu Grunde. Als Wassilj heim kam und die Unthat erfuhr, sagte er nichts, sondern griff nur zum Hammer, wie einst, und ging fort. Erst am nächsten Morgen kam er wieder,

nachdem er zwei Dinge verrichtet. Zuerst hatte er dem
jungen Herrn auf offener Heerstraße mit dem Hammer
die Stirn zerschmettert und dann war er in das Schloß
zu Wegnanka gegangen, dies dem alten Starosten selbst
zu melden. Niemand hat die Worte vernommen, welche
die beiden Männer zu einander gesprochen. Es muß
wol ein furchtbares Gespräch gewesen sein, denn der
Schmied ging frei davon und der junge Starost wurde
in aller Stille beerdigt. Wenige Monate darauf begrub
auch der Schmied sein Kind, das langsam hingewelkt war,
und hantirte nun einsam fort in der öden Schmiede —
ein unheimlicher, weißhaariger Riese . . . .

Die Leute hielten viel auf seine Geschicklichkeit und
sein Wort, aber im persönlichen Verkehr beschränkte sich
Jeder gern auf das Nothwendigste. Und obwol er bei
der vielen Arbeit gerne einen Helfer genommen hätte,
so fand sich doch selten ein Geselle oder Lehrling, der
bei ihm einstehen wollte. Noch seltener hielt's einer lange
aus — der Meister war zu unheimlich. Da fand sich
endlich ein Bursche, der es sich als eine Gnade erbat, in
der Schmiede bleiben zu dürfen. Das war Mosche
Veilchenduft, und eine Woche nach seiner Rückkehr
aus Zalesczyki trat er als Lehrling bei Wassilj
Grypko ein.

Diese Woche hat im Gemüthszustande des Knaben
wenig Veränderung hervorgebracht. Nur daß er, statt

am Dniester zu stehen, vor seines Vaters Haus saß.
Aber noch immer brütete er darüber, ob es bitterer,
in's Wasser zu gehen, oder in Barnow den Hohn der
Leute zu ertragen.

Es ist traurig genug, wenn ein Mann über derlei
Fragen grübelt, aber wenn ein Knabe auf solche Ge-
danken kommt, so mag dies einem Menschen, der von
Natur nicht allzu hart ist, leicht an's Herz gehen und
das Mitgefühl wecken. Und der „Marschallik" war kein
harter Mensch, höchstens was guten, alten Moldauerwein betrifft. Darum blieb er, als er zufällig an des
Schulklopfers Hause vorüberkam, mitleidig vor dem
Knaben stehen, und als dieser sein blasses, abgehärmtes
Antlitz zu ihm erhob, gab es ihm schier einen Stich durch's
Herz. Aber er war ja nicht blos gutherzig, sondern
auch, wie ihm dieses Knaben Vater einst nachgerühmt,
ein „feiner Kopf", und während er unseren Mosche durch
allerlei Witze und Schmeicheleien zu erheitern suchte,
arbeiteten das gute Herz und der feine Kopf gemeinsam
in der Stille.

„Was soll man", dachte er, „mit diesem merkwürdigen Jüngel anfangen? Es ist nicht auszuklügeln,
warum er anders ist, als wir Juden, aber er ist nun
einmal anders. Ein Schneider oder Schuster will er
nicht werden, weil das zu wenig Mühe macht, zum
„Dorfgeher" ist er zu ehrlich, denn die Bauern werden

ihn beschwindeln, statt daß er sie betrügt. Zum Rabbi
oder Lehrer ist er zu dumm, und als „Schnorrer" wird
er noch schwerer sein Fortkommen finden, weil er dafür
zu gesund ausschaut. Also was wird aus ihm, wenn
man ihn so müßig in der „Gasse" herumlaufen läßt?!
Entweder ein Narr, der einmal, statt in den Dniester,
in unseren Sered geht, oder ein Dieb, — ein schlechter
Mensch. Und warum dies Alles? Weil er stark ist, weil
er gern arbeiten möcht'! Das wär' eine Sünde an dem
armen Jüngel. Warum soll er nicht zum Beispiel Schmied
werden? Ist denn das durch die Thora verboten oder
durch das Gesetz der Talmodim? Kein Wort steht da=
rüber in den heiligen Büchern, keine Silbe! Freilich
— kein Jude wird Schmied! Aber warum nicht? Weil
er zu schwach dazu ist und dann, weil er sich vor seinem
eigenen Hammer fürchten thät'! Aber der ist nicht zu
schwach, und fürchtet sich nicht einmal vor einem Kor=
poral, ja nicht einmal vor einem Hauptmann! Also
warum sollt' der kein Schmied werden? Wenn ihn nur
Wassilj als Lehrling aufnimmt! Aber der wird keinen
Juden nehmen wollen? Wie bringt man diesen verrück=
ten Menschen dazu? . . ."

So weit war der Monolog still, aber nun wurde
er plötzlich überlaut.

„Halt", schrie Herr Türkischgelb, „ich hab's, ich
hab's!" Und dabei drehte er sich dreimal um sich selbst,

daß die Kaftanschöße nur so flogen und Mosche er=
schreckt aufsprang.

„Was habt Ihr?" fragte er.

„Ich hab', was Du brauchst", erwiederte der „Mar=
schallik" athemlos und zog den verdutzten Knaben eifrig
mit sich fort und zur Judengasse hinaus. — Hei!
wie wälzte sich das Bäuchlein rasch auf den dünnen
Beinen vorwärts, und wie leuchtete die Mutternase
sammt allen Töchternasen in tief rothem Glanze! Und
dies Alles im Bewußtsein eines schlauen Gedankens und
im Eifer, eine gute That zu vollbringen!

So kamen die Beiden auf die Heerstraße — der Knabe
immer zögernd hinterdrein — und dann auf den Feldweg
gegen Korowla, bis sie dicht an der Schmiede standen.

„Weißt Du nun, was ich habe?" wandte sich hier
der „Marschallik" triumphirend zu seinem Schützling, „ich
will mit Wassilj sprechen, daß er Dich aufnimmt. Wider=
sprich mir aber nicht vor ihm! — hörst Du? Und nun,
fürcht' Dich nicht und komm'."

Sie traten auf die Schwelle. Es war just kein
freundliches Bild, das sich ihnen bot. Die düstere, ruf=
sige Schmiede, in der trotz Tageslicht und Feuerschein
ein seltsames Zwielicht herrschte — im Vordergrunde
der finstere, weißhaarige Riese, der eben auf einen
glühenden Eisenblock loshämmerte, daß Hunderte von
Funken umherstoben. . .

„Fürcht' Dich nicht", wiederholte der „Marschallik" etwas zaghaft, „treten wir näher."

Aber während der Knabe darauf in die Schmiede trat, blieb er selbst vorsichtig auf der Schwelle stehen und rief, mit den Augen blinzelnd, so oft ein Schlag fiel:

„Guten Tag, Meister Wassilj! Wie geht's? Immer frisch bei der Arbeit?"

Der Riese blickte auf. „Was willst Du?" fragte er kurz.

„Was wir wollen?" erwiederte der „Marschallik". „Euch helfen, den Polen einen Trotz zu thun, das wollen wir. Aber ich bitt' Euch, laßt Euch nicht stören, macht nur vorher Euere Arbeit fertig. Und geht's nicht schnell genug, so denkt Euch, der Block da sei ein Polenkopf und Ihr müßtet ihn weich schlagen!"

Des Alten Antlitz verzerrte sich einen Augenblick — das war wol ein Lächeln.

„Ein Polenkopf", murmelte er — „eines Herren Kopf" — und die Schläge fielen doppelt wuchtig auf den Block — „der Jud' hat Recht — ein Polenkopf . . . So — o!"

Dann trat er an die Beiden heran.

„Nun redet!"

„Ich hab's schon gesagt", erwiederte der schlaue Türkischgelb. „Ein Geschäft — den Polen zum Trotz

und Euch zum Nutzen! Schaut Euch diesen Burschen an!
So stark und groß ist kaum ein Christ von fünfzehn
Jahren, aber dieser Jud' da ist kaum dreizehn vorbei.
Dreizehn Jahre! — schaut Euch diese Hände an, wahre
Bärenpratzen! Und dabei fürchtet er sich auch gar nicht
und sein liebstes Geschäft ist Prügeln. Darum wollte
er freiwillig zu den Soldaten. Ich bin sein Onkel,
also fahre ich mit ihm nach Zalesczyki, wo das „Werb=
bezirk" ist, und wir gehen dort zu einem Hauptmann.
Es war ein Pole, und wie ich das sehe, will ich gleich um=
kehren. Die Polen sind mir nämlich gar zu verhaßt. Aber
es war gerade der Hauptmann, welcher die Freiwilligen
aufzunehmen hat, also muß ich dableiben und ihm sogar
gute Worte geben. „Herr Hauptmann", sag' ich, „wollen
Sie diesen Knaben zu ihrem Regimente nehmen?" Da
sagt der Pole: „Diesen Juden nehm' ich nicht! Dem
Kaiser dienen nur Ruthenen und Polen. Die Polen
werden Feldwebel und Offiziere, aber die dummen Ru=
thenen bleiben ewig Gemeine, die gehen überhaupt nur
zum Militär, den Polen die Stiefel und die Gewehre zu
putzen. Aber Juden sind nicht einmal dazu gut." Ich
schweige, mein Zorn schnürt mir die Kehle zu, aber
dieser Bursche, so wie Ihr ihn anschaut, thut den Mund
auf und sagt: „Das ist eine Lüge, was Ihr da von
den Ruthenen und Juden gesagt habt. Ihr lügt, wie
alle Polen." Der Hauptmann wird wüthend, aber an

uns zwei traut er sich natürlich nicht heran und läßt
fünf Soldaten kommen. Die haben uns hinausgeworfen."

Der Schmied stand regungslos da, aber seine Faust
hatte sich unwillkürlich geballt. Der Jude fuhr fort:

„Nun, sag' ich zum Mosche da, Soldat kannst Du
nicht werden, weil dich diese verdammten Polen nicht
nehmen wollen. Aber Du bist stark und willst arbeiten,
wie wär's, wenn Du ein Schmied werden möchtest?
Das ist ein sehr schönes und ehrbares Gewerbe. Ich
selbst wäre für mein Leben gern Schmied geworden,
aber woher die Kräfte nehmen? Und da sagt er: „Ich
habe die Kräfte, ich werd' es!" Da gehen wir gerade
an einer Schmiede vorüber, sie steht gleich bei der
Dniester-Brücke in Zaleszczyki. „Probiren wir's hier",
sag' ich und wir treten ein und ich erzähle dem Schmied
ausführlich, wie wir beim Hauptmann waren, und daß
wir von Barnow sind, und was wir von ihm wollen.
Aber wißt Ihr, Meister Wassilj, was er uns erwiedert?
Er lacht höhnisch und schreit: „Ich bin selbst ein Pole
und der Hauptmann hat Recht gesprochen. Ruthenen
und Juden sind gar keine Menschen!"

Der Riese zuckte zusammen und in seinen glanz=
losen Augen begann es unheimlich aufzulohen.

„Ruthenen und Juden sind gar keine Menschen",
wiederholte der „Marschallik" nachdrücklich. „Und
darum", sagt er, „kann ich keinen solchen Lehrjungen

brauchen. Aber Ihr seid ja aus Barnow, dort ist ja der Schmied Wassilj Grypko. Der ist selbst so ein Ruthene — freilich mehr Narr, als Schmied, aber für einen Judenbuben wird er als Meister noch genug gut sein." Da haben wir auch dem unsere Meinung gehörig gesagt und jetzt sind wir zu Euch gekommen und fragen Euch: "Wollt Ihr den Knaben da als Lehrling annehmen? Ihr braucht ihm nichts zu geben, nicht einmal das Essen und eine Schlafstelle, dafür sorgen wir selbst. Also, was sagt Ihr?"

Aber Wassilj sagte nichts. Er brütete still vor sich hin. "Doch nur ein Jude!" murmelte er und stierte dann wieder vor sich hin. Aber plötzlich ging er auf den Knaben zu und legte ihm die schweren Hände auf die Schultern.

"Hassest Du wirklich die Polen?" fragte er.

"Ja!" erwiederte der Knabe fest.

"Und willst Du ein ehrlicher Schmied werden?"

Mosche's Augen glänzten. "Ja!" rief er freudig.

"Nun — dann komm nächsten Montag Morgens hieher. Jetzt aber — geht!"

Als die Beiden wieder auf dem Feldwege waren, blieb Mosche stehen und faßte die Hand seines Begleiters. Dem Jungen standen die Thränen in den Augen. "Wie soll ich Euch danken?" fragte er stammelnd.

"Du Narr", rief Herr Türkischgelb heftig, aber da-

bei mußte er selbst lebhaft mit den Augen zwinkern . . . .
„Wofür hast Du mir zu danken? Heißt ein Glück, bei
Wassilj Lehrling zu sein! Alle jüdischen Kinder sollen
vor so einem Glück bewahrt bleiben. Aber was soll man
mit Dir anfangen? Du hast es ja so gewollt! Und
dann — was dankst Du mir jetzt? — Brauchst Du
mich denn nicht mehr? Jetzt muß ich ja erst Deinetwegen
noch zwei Wunder thun!"

Und er that die beiden Wunder, ein größeres und
ein kleineres, sofort und ohne Säumen.

Die ganze Gemeinde stemmte sich dagegen, daß
Mosche ein Schmied werde, und der „Marschallik" brach
den Widerstand der ganzen Gemeinde, Abraham Veilchen=
duft nicht ausgenommen, selbst Froim nicht, den Inhaber
des höflichen Prädicats. Ein richtiges Wunder! Denn:
„ein jüdisch Kind soll Schmied werden!" — das klang
so ungewohnt, so unerhört, daß es den Leuten auch
gotteslästerlich dünkte. In der That! Einige grübelten
darüber, ob nicht etwa Gott durch solche Berufswahl
beleidigt werde. Ach! durch was Alles wähnen nicht
diese armen, sehr armen Menschen, auf denen ihr Aber=
glaube wie ein Alp lastet, ihren gestrengen Herrn zu
verletzen! Wundert Euch das? Ach! so ist nun einmal
vom Urbeginn der Tage bis heute, und von heute bis
zur unsäglich fernen Stunde, da auf der erkalteten Erde
das letzte Wesen verathmet, uns beladenen Menschen=

söhnen das harte Los gefallen: was uns das Höchste
und Herrlichste ist — Gott und die Liebe — das wird
uns auch zum schlimmsten Fluch. Und nicht etwa selten
nur, nein! alltäglich sehen wir's, wie diese beiden
höchsten Güter nicht helle, stete Leitsterne sind über dem
Leben der Einzelnen und der Völker, sondern tückische
Irrlichter, hineinlockend in Nacht und Moor . . . . Ob
Itzig „Schicker", der „Marschallik" von Barnow, Aehnliches dachte? Ihr lächelt? Nun — wer weiß?!
— er
war ein kluger Mann und der Erste wäre er nicht gewesen
unter den Leuten mit Kaftan und Schmachtlöcklein, über den
solche Gedanken gekommen; der Talmud ist ein seltsames
Buch und streut seltsame Saat in die Gemüther . . . .
Aber gleichviel! — weil er ein kluger Mann war, ließ
er sich in keinen Disput ein, sondern fragte nur kurz und
bündig: „Wo steht es geschrieben?" Nun steht glücklicher
Weise nirgendwo ausdrücklich geschrieben, daß ein Jude
kein Schmied werden darf; man konnte es höchstens aus
einer oder der anderen Talmudstelle spitzfindig heraus-
klügeln. That man dies, so machte sich der weise Lustigmacher den Scherz und klügelte aus derselben Stelle das
pure Gegentheil heraus. Das war just kein Zauber-
stücklein; der Talmud eignet sich vortrefflich zu solchen
lustigen Uebungen. Dann packte aber unser Mann die
Leute von Barnow da, wo sie schön und menschlich
fühlen: der Jude des Ostens hat warmen Sinn für die

Ehre der Gesammtheit; verlottert sich ein Jude, sinkt er
in Schmach und Schande, so thut dies Allen weh. Auch
dies hat jene eiserne Klammer von außen her bewirkt;
so niederträchtig schwarz ist eben kein Ding auf Erden,
daß es nicht auch sein lichtes Flecklein hätte. Nun hielt
also der „Marschallik" vor der Betschul', im Wirthshaus
und auf der Gasse lange Reden, schöne Reden, flammende
Reden, welche so verschieden sie klangen, doch stets den=
selben unerbittlichen Schluß hatten: „Des Schulklopfers
Jüngster wird entweder ein Schmied oder — ein Dieb!"
Und das Wunder geschah. „Schmied oder Dieb!" das
ist eine harte Wahl, aber schließlich schickte sich die Ge=
meinde doch lieber in das Erstere.

Und nun schmiedete der Mann das Eisen, so lange
es warm war, und brachte auch gleich das andere, weit
größere Wunder zu Stande.

„Ein Schmied wird er also!" sprach er düster und
energisch, aber die rothe Nase blinkte fröhlich dazu und
das Bäuchlein schien sich doppelt stattlich zu runden; „er
wird ein Schmied, und da es keinen jüdischen Meister
gibt, so muß er das Handwerk bei Wassilj erlernen.
Ich war schon bei dem Alten, er nimmt ihn gerne!
O wie gerne! Eine ganze Stunde hat er mir gedankt,
daß ich ihm einen so gesunden Lehrling bringe, und auf
beide Backen hat er mich geküßt, wie einen Bruder.
„Ein so starker Bursche!" — getanzt, ich sag' Euch,

getanzt hat der alte Narr! Nun — darum will er ihm
auch eine Schlafstelle geben und das Essen. Aber dürfen
wir das zulassen? He, was meint Ihr? — Ich glaube:
nein! Es geht gegen unseren Glauben, gegen unser
Gewissen. Denn in eines Christen Hause zu hämmern,
ist keine Sünde, wol aber dort zu wohnen oder gar an
seinem Tische zu essen. Also, wir bedanken uns für
Wassilj's Güte und wollen selbst für Moschele sorgen.
Die Schlafstelle erhält er bei seinem Vater, das Essen
bekommt er von uns; denn thun wir das nicht, dann
muß er eben bei Wassilj essen, dann treiben wir ein
„jüdisch Kind“ selbst aus der „Jüdischkeit“ heraus, dann
— mag Gottes Grimm über unser Haupt kommen!“

So schloß der Lustigmacher düster und drohend.
Dann aber wandte er sich an Nachum Hellstein und fragte
lächelnd: „Was meint Ihr, würdet Ihr es deshalb nöthig
haben, bei mir zwei Sechser zu leihen, wenn das arme
Jüngel jeden Sabbath bei Euch Freitisch hätte?“

Der reiche Mann lächelte und nickte, und ebenso
lächelten und nickten im Laufe des nächsten Tages sechs
andere Familienhäupter und — das zweite große Wunder war vollbracht: eine podolische Judengemeinde ließ
auf ihre Kosten Einen aus ihrer Mitte bei einem christlichen Meister das Schmiedehandwerk erlernen.

Itzig Türkischgelb, Du bist, weiß Gott, keine alle-
gorische Figur! Du hast gelebt, Deine dünnen Beine

haben Dein stattliches Bäuchlein wirklich und wahrhaftig durch den Koth dieser Erde getragen und in durchaus irdischem Lichte hat Deine Nase geflammt. Aber als der verförperte, gesunde Menschenverstand magst Du in dieser Historie erscheinen, als der schlaue, zähe Bekämpfer erbgesessener Unvernunft. Gegen sie kämpfen — der Dichter ˙hat Recht — die Götter vergebens: die Begeisterung und der Idealismus verbluten sich gegen die Dummheit. Aber Du besiegst sie doch, Du, Itzig Türkischgelb, Du, der nüchterne Menschenverstand! . . . .

Fünftes Kapitel.

So ward Mosche Lehrling bei Wassilj Grypko und blieb es durch vier Jahre. Dann kam der Freudentag, an welchem sich der Lustigmacher im Kampfe mit seinem Todfeind die größte Begeisterung seines Lebens erstritt und auch Abraham einen unerhörten Grad von Rührung erreichte. Der festliche Tag, da Mosche freigesprochen wurde und Grypko unter den Freibrief sein Kreuz setzte: „Sein Handwerk kann er, Gott helfe ihm weiter, obwol er nur eben ein Jude ist!" Aber das war kein Abschiedswort; der junge jüdische Schmiedegeselle blieb dann noch weitere drei Jahre im Hause seines düsteren Meisters.

Von seinen äußeren Schicksalen während dieser sieben Jahre wäre sehr wenig zu berichten. Aber desto mehr ist von seinen inneren Schicksalen zu erzählen. Es muß gezeigt werden, wie Mosche ward, als er so mit einem Theil seines Wesens draußen in der Schmiede Wurzel faßte und mit dem anderen im Ghetto wurzeln blieb. Wie er mit seinem Lehrherrn auskam, wie mit seinem fröhlichen Mitgesellen Hawrilo Dumkowicz, wie mit seinen Glaubensgenossen. Welche Gedanken ihm kamen, wenn er fünf Tage der Woche mächtig schaffte, und zwei andere, den Sonnabend und Sonntag, nothgedrungen müßig ging. Und schließlich, wie er „sein Herz entdeckte". Freilich geschah dies in so wenig poetischer Art, daß es ihm die Antipathie aller romanteskten und zartbesaiteten Gemüther zuziehen dürfte. Denn bei Mosche Veilchen= duft äußerte sich die Liebe nicht, wie bei dem Helden einer Novelle in Goldschnitt, sondern wie bei einem — Schmiedegesellen in Podolien . . . .

Mosche Veilchenduft war ein glücklicher Bursche und darum wurde er ein guter Mensch. Wie die Pflanze, welche vollen Sonnenschein genießt, gerade und tadellos heranwächst, so wird ein Herz, welches sich glücklich fühlt, brav und gut. Nur muß das Glück echt sein, und nicht etwa ein erlogenes, wie es Reichthum und Ansehen häufig sind. Mosche fühlte sich wohl, weil er Behagen fand an selbsterwählter Thätigkeit. Solches Behagen ist echtes Glück — vielleicht das einzige auf Erden.

Ein guter Mensch also ward Mosche, aber durchaus nicht ein Ideal, ein Ausbund aller Tugenden. Ein still= fröhlicher, gesetzter, fleißiger Bursche ward er, der auch zuweilen log, trank, raufte, fluchte, einer Dirne nachlief —

aber Alles mit Maß. Ehrgeizig war er wohl auch, aber
sein Streben richtete sich äußerlich nur darauf, von
Halbjahr zu Halbjahr einen schwereren Hammer schwingen
zu können, wobei ihm Wassilj's Riesen-Instrument als
Ideal vorschwebte.

Freilich war des Meisters Hammer nur anscheinend
das Ziel; in Wahrheit schwebte diesem jungen Juden
Höheres vor, wobei besagter Hammer nur Mittel zum
Zwecke war. Mosche Veilchenduft wußte, daß er der
erste Mensch seines Glaubens war, der in diesem Lande
das Schmiedehandwerk erlernte. „Also muß ich zeigen“,
sagte er sich, „daß auch ein Jud' dazu taugt.“ Dies
Bewußtsein machte ihn fleißiger, ernster und darum auch
tüchtiger, als er sonst geworden wäre. Das war Alles —
stolze Gedanken über seine Bedeutung als Vorkämpfer
kamen ihm wahrhaftig nicht. Höchstens dachte er zuweilen: „Wenn ich einmal Meister bin und ein jüdisch
Jüngel will Schmied werden, so nehm' ich ihn auf. Aber
dann werden ihn auch vielleicht Christen nehmen, denn
sie werden ja an mir sehen, daß auch ein Jud' dazu
taugt.“

Es fand sich aber kein solcher Nachfolger, weder
damals noch in der Folge — bis auf den heutigen Tag
hat sich keiner gefunden. Denn diese Menschen sind sehr
zähe und halten fest an ihren Vorurtheilen. Bezüglich
unseres Mosche schickten sie sich freilich allmälig in's Un-

abänderliche und betrachteten ihn trotz seines Handwerks nach und nach wieder als einen der Ihrigen. Kam ein Mann aus Barnow in die Nachbarschaft, so erzählte er gewiß von ihm, nicht als von Einem, auf den man stolz sein darf — durchaus nicht! — aber wie man eben von einer Kuriosität erzählt, deren man sich just nicht zu schämen braucht. Und zum Schluß hieß es immer: „Er betet täglich, er hält alle Gebote. Wir haben's nicht gerne zugelassen, aber man müßte lügen, wenn man sagen wollt', daß es ihm an seiner „Jüdischkeit" geschadet hat."

Aber da irrten die Juden von Barnow. Mosche ward allmälig ein anderer Jude, als sie. Er arbeitete am Sabbath nicht und betete täglich und hielt alle Ge= bote — das ist wahr. Aber in seinem Kopfe ging es eigen zu, und über sein Herz kamen schwere Kämpfe. Er blieb gläubig, er zweifelte nicht einmal an dem Wunderrabbi von Sadagóra, viel weniger an Gott. Aber er ahnte, daß der Mensch zunächst ein Mensch sei und dann erst ein Christ oder ein Jude. Er zweifelte nicht, daß es Gott wohlgefällig sei, wenn ihn Jeder nach seinem Bekenntniß verehre, aber er grübelte darüber, warum Gott die verschiedenen Religionen gestatte und damit den Haß und Streit unter den Menschen. Er rüttelte nicht daran, daß ein Jude keine Christin hei= rathen dürfe, aber das Herz that ihm dabei weh, und

wieder forschte er nach den Gründen für diese Noth=
wendigkeit, und wieder vergeblich.

Die Leute von Barnow erfuhren es nie. Wir aber
wollen es sogar des Näheren erkunden. Es ist vielleicht
der Mühe werth. Ja! es ist der Mühe werth, zu sehen,
wie sich jene großen, ewig giltigen Gesetze, nach denen
sich alles geistige Wachsthum auf Erden richtet, das ge=
sammte Treiben der Menschheit regelt, auch im Einzelnen
offenbaren. Und nicht blos in einer herrlichen, macht=
vollen Persönlichkeit, sondern im Geringsten und Unschein=
barsten: in dem armen Herzen eines rohen Arbeiters
in einem armseligen Winkel der Erde. Die Liebe und
die Arbeit — sie allein brechen unsere Ketten und ge=
leiten uns aus der dumpfen Niedrigkeit gemeiner In=
stinkte und trüber Vorurtheile auf die Höhe reinen
Menschenthums. Die Arbeit erhellt uns das Hirn, die
Liebe — die Geschlechts=, die Eltern=, die Kindesliebe —
erhellt uns das Herz. So bei den Völkern, so bei den
Heroen der Menschheit und nicht anders bei — Mosche
Veilchenduft.

„Wie ein Wurm hat es sich mir eingebohrt“, pflegte
er später darüber zu erzählen, „schreien hätte ich manch=
mal mögen, wie es so gebohrt hat, aber ich bin still ge=
blieben. Wem hätte ich auch klagen sollen — oder wen
anklagen? Es war ja Niemand daran schuldig — ich selbst
— ich allein habe mir jenen Wurm in das Herz gesetzt.“

Da irrte er freilich. Es war auch nicht sein Verschulden, nicht sein Wille gewesen. Jener „Wurm", der
in jedem Menschen schlummert, war ohne sein Zuthun
in ihm wach geworden, während er so vom Morgen bis
zum Abend einsam bei der Arbeit stand und die müßigen
Gedanken unwillkührlich den Gegensatz erwogen zwischen
seinem eigenen Geschick und dem der Glaubensbrüder
drüben im Ghetto.

Der äußere Anlaß zu solchen Vergleichen bot sich
oft genug. Da war er zum Beispiel einmal bei einem
Familienfeste gewesen. Seinem Bruder Mendele, dem
goldenen Menschen mit den zwei Anzügen, hatte der liebe
Gott nun auch einen Sohn beschert. Die Beschneidung
wurde überaus reich und fröhlich gefeiert. Und da sah
er sich so den blassen, hochmüthigen Menschen an und
wie gut es ihm erging. Er arbeitete nichts, gar nichts —
er war nur Tag und Nacht „fromm". Und doch ehrten
alle den Müßiggänger, und ihn, Mosche, der so mühsam
arbeitete, blickten sie scheel an.

„Ist das gerecht?" fragte sich der Bursche, als er
wieder bei seinem Ambos stand. „Sie sagen, das sei
Gott wohlgefällig. Aber kann es Gott gefallen, wenn
ein Mensch müßig geht? Und kann es Gott mißfallen,
daß ich arbeite? Die Weisen sagen es so, aber vielleicht verstehen sie nicht, was Gott als Gesetz hat aufschreiben lassen.
Oder wenn sie es verstehen, — dann ist das Gesetz schlecht!"

„Nein! nein!" rief es in ihm. „Was Gott will,
ist vernünftig. Bei uns muß es eben anders zugehen
als bei den Christen. Wir sind ja Sein Volk . . .
Wir müssen uns heiligen, und darum ist Ihm das Lesen
im Gesetze die liebste Arbeit. — Wir müssen uns heili=
gen — wir müssen stolz dastehen vor anderen Völkern."

„Stolz!" Er richtete sich hoch empor und schwang
den Hammer wuchtiger. Aber jählings brach er zu=
sammen, wie unter dem Drucke einer Riesenfaust. Ueber
ihn war der Gedanke gekommen, wie erbärmlich es in
Wirklichkeit mit seinem Volke stand. „Hundsblut", pflegt
man uns zu rufen" — seufzte er, „ach ja! schlechter
als Hundsblut werden wir behandelt." Er erinnerte
sich, was er neulich zufällig auf der Straße mit an=
gesehen.

Da war der Herr Baron Starsky durch die Stadt
geritten. Beer Blitzer, der Faktor, war demüthig heran=
getreten und hatte gefragt, ob der gnädigste Herr nichts
brauche. Der gnädigste Herr brauchte nichts, er spie dem
Juden schweigend in's Antlitz. Und was that Beer
Blitzer darauf? Er trocknete sein Gesicht und sagte:
„Also vielleicht ein andermal!"

Beer Blitzer war der schlechteste Mensch in der Gasse
und ein schamloser Kriecher. Aber angenommen, es hätte
ein anderer Jude die Schmach erfahren. Nicht er,
Mosche, er hätte den Baron vom Pferde herabgerissen

und entsetzlich zugerichtet. Aber jeder Andere? Er hätte schweigend sein Gesicht getrocknet und wäre stumm davongeschlichen, ohne den entsetzlichen Schimpf zu rächen.

„Und wir sind Sein Volk!" schrie es in Mosche. „Und wir sind auserwählt vor allen Völkern!"

Es dünkte ihm wie Hohn, bitterster, grimmigster Hohn!

Das waren die ersten, schweren Kämpfe, die seine Seele durchkämpfen mußte. Der Gedanke senkte sich ihm bleiern in die Glieder, er fühlte sich müde davon, müder, als von der schwersten Arbeit.

Aber diesmal fand er noch den Ausweg. Das Jenseits fiel ihm ein. „Aller Jammer ist ja nur in dieser Welt", tröstete er sich. „Drüben sind wir ja wirklich das auserwählte Volk. Da gehen wir in einem schönen Garten spazieren, wo ewiger Frühling ist, und essen und trinken sehr gut. Niemals Arbeit, niemals Noth. Und die Christen? — Die müssen in der Hölle sitzen, in der dunklen, eiskalten Hölle und beben und hungern ...."

Aber der schöne Garten und das gute Essen im Jenseits blieben nicht lange sein Trost. Schon die spärlichen Gespräche mit dem düsteren, wortkargen Meister ließen jenen „Wurm" immer wieder erwachen.

Da war einmal am Freitag eine dringliche Be-stellung gekommen. Sie mußte bis zum nächsten Morgen erledigt sein. Aber als die Sonne sank, legte Mosche den Hammer aus der Hand und rüstete zum Gehen. „Es wird Sabbath, Meister."

„Könntest Du nicht heute doch vielleicht da bleiben?" fragte Wassilj.

„Nein!" sagte Mosche erschrocken. „Was würde mein Vater sagen — und die Leute!"

„Die Leute!" Der Riese grinste. „Sie schreien und beten genug in Eurer Schule — Jeder schreit für drei — da könnte es auch für Dich langen."

„Aber Gott würde mich strafen!"

„Bitte ihn morgen um Verzeihung — oder beichte es dem Rabbi, der absolvirt Dich."

„Wir haben keine Beichte, Meister", sagte der Bursche. „Und unser Gott verzeiht nicht so leicht eine absicht= liche Sünde. Er ist ein Gott der Rache."

„Der Rache!" Der Greis nickte beifällig. „Weißt Du, daß mir Euer Gott ganz gut gefällt? Gerechtig= keit! — Rache! Die Rache ist das Nothwendigste auf Erden. Was meinst Du? Aber Du bist noch zu dumm dazu! Nun — geh' heim — ich will Dich nicht ver= führen, daß Du diesen Gott der Rache beleidigst. Er gefällt mir. Geh'!"

Mosche hatte dieses Gespräch bald vergessen, aber der Meister nicht. Einmal — es waren Wochen seit jenem Abend vergangen — kam er plötzlich wieder darauf zu sprechen. Er ließ den Hammer ruhen, stützte sich nachdenklich auf denselben und rief hinüber:

„Du, Jud', ich will Dich um etwas Wichtiges fragen. Darum überlege die Antwort gut!"

„Ja, Meister!"

„Euer Gott ist ein Gott der Rache?"

Mosche nickte.

„Verhilft er auch Jedem zu seiner Rache?"

„Ja — ich glaube" —

„Jedem? — verstehst Du, Jud'? — Jedem? Ich meine ob er auch einem Christen dazu verhelfen würde, falls ihn dieser darum anflehen wollte —"

Mosche zögerte. „Da müßte man im Talmud nach= schauen —"

„Dann frage Deinen Rabbi!"

In der That entledigte sich Mosche seines seltsamen Auftrages. Mit welchem Erfolge — läßt sich leicht er= rathen. Der alte Chassid, den er befragte, erwiederte ihm im Geiste dieser fanatischen Sekte: „Nein — ein Christ darf keine Hilfe von Gott hoffen."

Mosche berichtete dies dem Meister. Aber dieser glaubte wol dem Rabbi nicht recht. Nur durch diese Vermuthung wird das Folgende erklärlich.

Einige Wochen nach der Unterredung sollte an der Synagoge das große Thor beschlagen werden. Wassilj und sein Lehrling fertigten den Beschlag.

Als Alles niet= und nagelfest war, kam Joffef Grün, der
Säckelmeister der Gemeinde, zu Wassilj, um die Arbeit
zu bezahlen. Natürlich war er für jeden Fall entschlossen,
auf's Aeußerste zu feilschen. Aber Wassilj machte ihm
die Ausführung dieses Entschlusses recht schwer. Er for=
derte nur zehn Gulden, einen überaus billigen Preis.

Der Jude war freudig überrascht. „Viel zu theuer!"
rief er natürlich doch.

„Nein!" war die ruhige Antwort. „Viel zu billig!"

„Zu theuer!" wehklagte Joffef.

„Zu billig — aber ich nehme auch die Hälfte!"

„Die Hälfte?" Der Vorsteher wußte sich vor Er=
staunen kaum zu fassen. Er beeilte sich den Papierschein
rasch hinzulegen. „Hier sind fünf Gulden. — Ich geb'
Euch, was Ihr selbst wollt."

„Hol' Euch der Teufel!" war die höfliche Antwort.
„Nicht Eueretwegen hab' ich es gethan, sondern —"

Er brach ab und griff zum Hammer.

Als der Vorsteher gegangen war, hörte Mosche den
Greis sagen: „Vielleicht hätte ich auch die fünf Gulden
nicht nehmen sollen .... Es ist f e i n Haus und ich
bin ein Greis; wenn der Tag der Rache nicht bald
kommt, so erlebe ich ihn nicht mehr!"

Einige Zeit darauf konnte der Lehrling belauschen,
wie sich der unglückliche Mann noch in anderer Art auf
diesen Tag vorbereitete ......

Das war im heißen August; der schöne Hochsommer-
tag ging zur Rüste und der Wiederschein der abendlichen
Gluth erfüllte so hell die Schmiede, daß der Schein des
kleinen Feuers dagegen fast verschwand. Der Lehrling
wollte es eben gänzlich löschen — denn Arbeit gab es
für heute nicht mehr und morgen war ein Feiertag —
als ihm der Meister befahl, es recht anzumachen, so
glühend, als es nur der Ofen vertrage. Mosche gehorchte
und sah staunend zu, wie der Meister, der heute noch
finsterer war, als gewöhnlich, den größten Ambos herbeirückte, der sonst gar nicht in Gebrauch kam.

„Und nun geh'", befahl er.

Mosche gehorchte und schlich heim. Aber die Neu-
gier quälte den Knaben und so machte er sich gegen die
elfte Nachtstunde auf und ging zum Städtchen hinaus,
gegen die Schmiede. Der Mond lag hell auf der Haide,
silbern wogten darüber leichte Nebel, aber schon von
Weitem sah er dazwischen, wie rothes Gold, das Feuer
der Schmiede schimmern; so gewaltig war die Glut, daß
der Knabe anfangs heftig erschrak, er glaubte das Haus
in Flammen.

Dann schlich er näher und duckte sich hinter einen
Baum, auf dem sonderbares Licht lag. Ueber den
Zweigen stritt der Mond mit der Herdglut.

Nun konnte der Knabe Alles deutlich sehen. Drinnen
stand hochaufgerichtet der Meister und sein schwerster

Hammer fiel langsam und wuchtig auf ein gewaltig un-
förmlich Eisenstück. Die Funken stoben, das Eisen ächzte,
die Schläge dröhnten, aber vernehmbar über all' dem
Getön schwebte dumpf und feierlich die Stimme des
Schmiedes: „Keule, ich weihe Dich! Werde schwer, werde
hart! Spalte den Polen den Kopf! Bring' Einem den
Tod, bring' ihn Zweien ..... Dreien ..... Vieren."
Und bei jedem Wort fiel der Hammer wuchtiger nieder.

Da übermannte den Knaben das Grauen, und er
floh, und bis in den tiefsten Traum folgte ihm das
grausige Bild.

Als er am zweitnächsten Morgen wieder in die
Schmiede kam, fand er den Meister ruhig wie immer.
Eine neue Eisenkeule lehnte an der Wand.

„Die dreißigste", sagte Wassilj. „Ich habe nicht geglaubt, daß mich Gott dazu verdammen wird, so viele zu
schmieden. Aber vielleicht ist es nothwendig." ......

„Wozu?" fragte furchtsam der Lehrling.

„Zur Vertilgung der Polen! so oft sich der Todes-
tag meiner Tochter jährt, schmiede ich eine Keule. Daran
zähle ich die Jahre, welche ich durchharren muß. Dreißig
Jahre! — es ist eine lange Frist! Aber vielleicht ist
es notwendig, bis das Maß der Leiden voll ist, bis
sich mein Volk erhebt."

Der Riese starrte vor sich hin. Dann fragte er:

„Werdet Ihr Juden uns auch helfen? Ihr seid ja

auch die mißhandelten Knechte der Polen! Wollt Ihr nicht auch Euere Rache?"

Der Bursche wußte keine Antwort; er schwieg.

„Es ist seltsam!" fuhr der alte Mann fort. „Sehr seltsam! Euer Gott ist der Gott der Rache und Ihr — Ihr seid das Volk der hündischen Demuth. Ihr werdet uns nicht helfen — Ihr seid ja alle feig!"

„Ich bin nicht feig!" sagte Mosche.

„Nein, — Du nicht — das ist wahr! Vielleicht bist Du ein gestohlenes Christenkind. Sonst wär's unerklärlich. Du bist wirklich anders als die Juden. Freilich, eine solche Nase kann kein Christ haben. Es ist unerklärlich."

Da hörte der Bursche aus fremdem Munde dasselbe Wort, auf welches er einst selbst in seiner Noth gerathen. „Anders wie die Juden — und doch ein Jude!" Das Wort klang in ihm nach und wollte nicht wieder verstummen. Aber noch stärker begann jener Wurm zu bohren, als er einen christlichen Jüngling zum Kameraden bekam.

———

Sechstes Kapitel.

Das war ein starker, rothbackiger, flachshaariger Bursche, Hawrilo Dumkowicz, der Sohn eines armen Tagelöhners aus Korowla. Als der Vater gestorben war und das Mißverhältniß zwischen dem gesunden Magen des Burschen und den Brotrationen im elterlichen Hause immer greller wurde, da entschloß sich seine arme Mutter endlich, ihn zu Wassilj in die Lehre zu geben.

Es kostete sie aber schwere Herzenskämpfe und ihr christliches Gewissen fühlte sich tief beunruhigt. Wassilj Grypko ging nie zur Kirche! Und nun hatte er sogar einen jüdischen Lehrling im Hause; durfte sie ihren einzigen Sohn mit diesen beiden Menschen verkehren lassen?

Nun — sie entschloß sich doch dazu. Freilich befragte sie vorher eine sehr competente Persönlichkeit: den hochwürdigen Herrn Mikita Borodaykiewicz, den griechisch-katholischen Seelenhirt von Korowla. Das war ein dicker Mann, der eine dicke Frau hatte und drei

dicke Töchter. Den Polen galt sein Haß, dem Schnaps
seine Liebe. Im Uebrigen war er ein guter Mann, der
gern „Ja" sagte und ungern „Nein!"

Darum sagte er auch nicht „Nein!", als ihm die Witwe
ihren Plan vortrug. Weil er aber sowohl Familien-
vater als Seelsorger war, so vereinigte er das Angenehme
mit dem Nützlichen, indem er einerseits die Gefahr nicht
verhehlte, andererseits aber auch die Mittel zur Abwehr
in Vorschlag brachte. „Der Eine ist ein Heide", sagte
er gewichtig, „der Andere ein Jude — das ist freilich
wahr. Aber wenn ich den Hawrilo in mein Gebet ein-
schließe, und zwar täglich, so steht die Sache doch anders.
In mein Gebet, versteht Ihr mich! — das Gebet eines
Priesters und noch dazu täglich! Dann könnte ihm sogar
der Verkehr mit dem Teufel nichts am Seelenheile
schaden!"

Das Gebet eines Priesters! Dem armen Weibe
leuchtete dies vollkommen ein. Gleichwol fragte sie:
„Und was wird es kosten?!"

„Das Gebet eines geweihten Priesters! Das dürft
Ihr nicht vergessen! Also, einen Gulden monatlich wird
es kosten!"

Das war natürlich für die arme Witwe viel zu
theuer und sie begann zu feilschen. Vergeblich versicherte
der gute dicke Mann, die Sache sei des Preises unter
Brüdern werth! „Bedenkt doch nur, täglich muß ich mich

seiner erinnern, wenn ich vor dem Altare stehe, das ist keine Kleinigkeit!"

Aber, wie gesagt, es half nichts. Schließlich mußte er doch mit dem Preise herabgehen, tief, ganz tief. Um monatlich dreißig Kreuzer mußte l. sich verpflichten, den Hawrilo Dumkowicz täglich Gott zu empfehlen. Freilich bat er auch: „Versprecht mir wenigstens, daß Ihr Niemand sagt, wie billig ich es Euch gelassen habe."

Das Weib versprach es. „Aber, Du, hochwürdigster Vater", bat sie, „mußt mir auch Etwas versprechen: Du wirst es deshalb nicht schlechter thun, weil Du es billiger thust."

Auch dies gelobte Vater Mikita mit feierlichem Eidschwur.

Er hat es auch sicherlich redlich gehalten. Und dieser mächtigen Verwendung ist es vielleicht zuzuschreiben, daß mindestens in den ersten Monaten das Seelenheil des Hawrilo in der Schmiede keinen Schaden nahm.

Seine unsterbliche Seele nicht. Aber desto mehr das Theil, was vergänglich war. Die Jacke und die Hose und das junge Stück Menschheit, welches darin steckte. Die Kleider erhielten täglich andere Risse und die Menschheit andere Püffe. Christenthum und Judenthum vertrugen sich anfangs in der Schmiede bitter schlecht und so oft der Meister den Rücken kehrte, gab es ein Gefecht — nach Schluß der Arbeit aber geriethen sie vollends täg-

lich mit größter Regelmäßigkeit an einander. Und da
das Judenthum stärker war, so ging es stets triumphirend heim, während sich das Christenthum still fortschlich
und dabei fortwährend an der oder jener Stelle rieb.

Aber allmälig verloren diese Kämpfe für sie den
Reiz der Neuheit und sie prügelten sich nur noch aus
Langeweile und prügelten sich allmälig in eine Art be-
haglichen Verhältnisses hinein, ja schließlich in eine Art
Freundschaft.

Eine wahrhaftige Freundschaft, welche durch mancherlei äußere Zeichen befestigt wurde. Aber schier jedes
dieser Zeichen machte jenen „Wurm" im Herzen des armen
Judenjungen stärker bohren.

Da war einmal „Simchat Thora" im Städtchen gewesen. Das ist ein Fest, welches die Juden alljährlich
in freudenvoller Erinnerung daran begehen, daß ihnen
Gott die Thora gegeben, die Quelle der Weisheit, den
Schlüssel zum Jenseits. Die Erinnerung ist so lebhaft
und die Freude so groß, daß an diesem Tage Meth, Wein
und Schnaps in unglaublichen Quantitäten vertilgt werden. Je frommer der Mann, desto größer sein Rausch.
Ob dies die rechte Art ist, Jehovah zu ehren, den Gott
der Heerschaaren, oder wie ihn Wassilj respectvoll zu
nennen pflegte: „den alten Herrn Vater vom jetzigen
Herrgott" — das bleibe dahingestellt. Genug, es geschieht, es geschieht sehr ausgiebig.

Auch Mosche hatte sich aus Freude über die Existenz des Pentateuch einen mächtigen Dusel angetrunken. Und da es an diesem Tage gleichfalls Sitte ist, in symbolischer Würdigung der vielen geistigen Süßigkeiten der Bibel sehr viele Rosinen und Mandeln zu essen, so hatte er auch dies redlich erfüllt. Aber dabei hatte er doch ein ganzes Säckchen voll der guten Dinge bei Seite zu bringen gewußt. Und zwar für Einen, welcher freilich die Rosinen und Mandeln ohne jene symbolische Nebenbedeutung essen mußte: für Hawrilo Dumkowicz.

So saßen die beiden Jungen am nächsten Morgen — der Meister war über Land gegangen — friedfertig neben einander und griffen Beide emsig in das Säckchen.

Die süßen Rosinen machten auch das Herz des Hawrilo süß und lieblich. Ihn ergriff ein sanftes Fühlen, er gab seinem jüdischen Kameraden einen derben Schlag auf die Schulter und meinte mitleidig:

„Ewig schade! — Bist ein braver Kerl! — Mußt aber deshalb doch in die Hölle, Du ungläubiger Jud'! — Ewig schade!"

Moschko sah ihn verdutzt an. Dann begann er zu lachen, immer lauter, immer wiehernder — es klang wie ein Brüllen. Die Thränen stürzten ihm über die Backen, die Rosinenkerne geriethen ihm in die Luftröhre, aber er wieherte fort.

Hawrilo sah ihn verdutzt an. „Lach' nur", sagte er

ärgerlich. „Wenn Dich der Teufel in den Topf steckt und
an's Feuer stellt, wirst Du schon weinen!"

Aber Mosche lachte nur immer stärker. Es war
auch wirklich gar zu komisch! . . Ganz ungeheuer
komisch! Er, Moschko, hatte die Thora, den rechten Glau=
ben, die Freuden des Jenseits! Er hatte es schwarz auf
weiß, in den fünf Büchern und unzähligen dicken Bän=
den! Er hatte darum gestern Meth getrunken und Rosinen
gegessen! Und nur weil dieser arme Christ nichts im
Jenseits hoffen durfte, hatte er ihm wenigstens im Dies=
seits einige Rosinen zugewendet. Und nun ward er von
diesem armen Jungen, dessen doch ganz bestimmt die
Hölle wartete, bedauert! Er, ein „Auserwählter", dessen
vor dem Angesichte Gottes alle möglichen Freuden war=
teten! Es war zu komisch!

Dann trocknete er sich die Thränen und schob dem
Hawrilo das Säckchen zu. „Da! Du armer Teufel, greif
hinein und iß. Drüben kriegst Du ohnehin nichts mehr.
Da hockst Du dort in der ewigen Kälte und in der ewigen
Dunkelheit und mußt beständig arbeiten, Du weißt nicht
was und wozu!"

So stellen sich die Chassidim die Hölle vor. Bei
einem trägen Volke des Südens kann dieses Bild für
ewigen Jammer nicht befremden . .

Aber nun ward es an Hawrilo, heiter zu werden.
Er, der das Sacrament der Taufe empfangen, Er, dessen

der hochwürdige Mikita Borodaykiewicz täglich gegen einen Monatlohn von dreißig Kreuzern vor dem Altar gedachte, Er in die Hölle kommen! Und der christliche Knabe begann nun seinerseits zu wiehern und Moschko mit, obwol er diese Heiterkeit eines Candidaten der Hölle nicht begriff.

Vielleicht hat über ihnen Beiden irgendwo im All der ewige Weltgeist herzlich mitgekichert. Vielleicht! — wenn der liebe Gott überhaupt lachen kann, so bieten ihm die Menschen Stoff genug dazu in der Art, wie sie ihn fassen und suchen und sich vor ihm beugen.

Als sich die Jungen müde gelacht, blickten sie einander wieder mitleidig an.

„Ja — Du kommst in die ewige Kälte —"

„Aber ich bitte Dich, Du Jud', so sei doch vernünftig — Du mußt ja in's ewige Feuer —"

„Ich muß? woher weißt Du das?"

„Aber es steht ja in den Büchern —"

„Und in unseren Büchern steht, daß wir das auserwählte Volk sind. Und unser ist der Himmel! Und unsere Bücher sind von Gott selbst —"

„Hahaha! Das sind ja die Unsrigen. Bei Euch steht dummes Zeug —"

„Hawrilo!" Der junge Riese ballte die Fäuste. Dann besann er sich. „Sage mir", sagte er, „woher weißt denn Du, daß Eure Bücher von Gott sind?"

„Weil es in den Büchern steht! Und unser hoch=
würdiger Herr Pfarrer sagt es jeden Sonntag. Und
bei den großen Feiertagen, oder wenn er früher ge=
trunken hat, so schluchzt er immer dazu, wenn er es
sagt —"

„Der Pope!" rief Mosche verächtlich.

„Der Rabbi!" näselte Hawrilo. „Aber woher weißt
Du, daß Ihr in den Himmel kommt?"

„Weil es in den Büchern steht — und weil es unsere
Frommen sagen — und —"

Er hielt inne. Es fiel ihm plötzlich jäh auf's Herz,
daß er für seinen richtigen Glauben eigentlich auch nicht
bessere Quellen habe, als Hawrilo für seinen Irrglauben.
Und wer konnte wissen, ob —

Er dachte diesen Gedanken nicht aus, er wagte
es nicht.

So saßen die Jungen schweigend nebeneinander und
aßen Rosinen und Mandeln, bis das Säckchen leer war.

Da begann Moschko zögernd, wie scheu:

„Du, Hawrilo — ich möchte —"

„Was?"

„Genau wissen, wer von uns Beiden in die Hölle
kommt."

„Bah! Vielleicht Keiner!"

„Oder Beide!" sagte Moschko grimmig und sprang
auf und eilte in die Schmiede.

Er hämmerte an jenem Tage ganz fürchterlich. Aber seine Gedanken schlug er nicht todt . . . .

Es kommt nicht oft vor, daß Lehrjungen über Religion und Unsterblichkeit grübeln. Auch die beiden Bursche in der Barnower Schmiede machten hierin keine Ausnahme. Wenn sie gleichwohl zuweilen in ein solches Gespräch geriethen, so fügte sich dies naturgemäß, weil der ungeheuere Unterschied der Anschauungen, in denen sie erzogen worden, bei mancher Gelegenheit hervortreten mußte.

Da gingen sie einmal im Mondschein heim, von Wolowce nach Barnow. Auf der Haide, welche sie durchschritten, stand wenige Schritte vom Wege ein mächtiges Kruzifix aufgerichtet, übergroß und plump gefügt.

Die Nebel wallten um das Bild des Gekreuzigten und der Mond schien hell darauf. Fromm entblößte Hawrilo sein Haupt und schlug ein Kreuz. Aber sein Kamerad blickte scheu zu Boden und schritt rasch vorbei.

„Warum grüßest Du Gott nicht?" fragte Hawrilo.

„Gott kann man nicht sehen. — Und warum sprichst Du so? Willst Du wieder einmal Prügel haben?"

„Aber es ist doch wenigstens der Sohn Deines Gottes?"

„Wir Juden sind alle Söhne Gottes. Er war ja auch ein Jude. Aber ein Irrlehrer war er."

Hawrilo ballte die Fäuste. „Moschko — "

„Also sage Du, was war er?"

„Gottes Sohn, das Lamm, der Erlöser. Nämlich: die verfluchten Juden haben ihn gekreuzigt und durch seinen Martertod ist die Erbsünde von uns genommen und wir Christen kommen alle in den Himmel!"

Moschko dachte nach. „Also Ihr kommt in den Himmel, weil Ihn die Juden gekreuzigt haben?"

„Natürlich!"

„Und wenn wir Ihn nicht gekreuzigt hätten, so wäret Ihr noch mit der Erbsünde beladen?"

„Freilich!"

„Nun, dann solltet Ihr uns ja nur dankbar sein, daß wir ihn gekreuzigt haben. Sonst kämet Ihr Alle in die Hölle. Warum verfolgt Ihr uns deswegen?"

Darauf wußte der verblüffte Hawrilo nichts zu erwiedern.

„Ich glaube aber", fuhr Moschko fort, „wenn ein Mensch in den Himmel kommt, so geschieht es deswegen, weil er es verdient. Aber nicht weil Jemand vor so langen Jahren gekreuzigt worden ist. Es sind ja schon vielleicht zehntausend Jahre .... Uebrigens, ich hätte ihn nicht kreuzigen lassen. Wenn er schon den Tod verdient hat, so hätten ihn unsere Leute mit einem Gewehr todtschießen sollen. Wozu einen Menschen quälen? Aber man sagt, daß er ein Irrlehrer war. Sage mir, was hat er denn eigentlich gelehrt?"

„Und das weißt Du nicht? — Also, er hat gelehrt,

daß man in der Kirche beten soll und nicht in der Syna=
goge. Und dann, daß man Alles essen darf und nicht
so nur Einiges, wie die dummen Juden. Er hat aus=
drücklich gesagt, daß man Schweinebraten essen soll. Und
dann hat er noch Manches anbefohlen, zum Beispiel:
„Liebe Deinen Nächsten, wie Dich selbst!"

„Das ist nicht wahr", rief Moschko, „das kann er
nicht gesagt haben! Das steht ja bei uns geschrieben!
Rabbi Hillel hat es gesagt! Wir beten es täglich am
Morgen!"

„Aber bei uns steht es im Katechismus!"

„Und handelt Ihr darnach?"

„Nein! — Und Ihr?"

„Es ist wahr", sagte Moschko, „wir beten es, aber
wir thun es auch nicht! Sonderbar! Also bei Euch ist es
auch so? Jeder sagt es und Keiner richtet sich darnach —
warum?"

Schweigend gingen sie weiter. Dann blieb Hawrilo
plötzlich stehen. „Moschko, mir fällt etwas ein. Es gibt
einen alten Jäger in Korowla, Milian Hruszko. Der hat
einmal in der Schenke gesagt: „Wenn Christus ein Jäger
gewesen wäre, so hätte er nicht gesagt: „Liebe Deinen
Nächsten, wie Dich selbst!" Dann hätte er gewußt, daß dies
unmöglich ist. Die Thiere bekämpfen einander und der
Starke mordet den Schwachen und dasselbe Gesetz ist für
den Menschen. Aber, hat der Jäger gesagt, Christus war

ein Gelehrter, war ein Jude, und die kommen selten in
den Wald hinaus. Wer im Walde lebt, hat der Milian
gesagt, der lernt die Welt verstehen und weiß, wie thö=
richt jenes Wort ist!"

„Wer weiß", erwiederte Moschko, „vielleicht hat der
Jäger Recht. Es wäre schwer, nach dem Worte zu han=
deln. Aber schön wäre es! Und wenn es wirklich unmöglich
ist, warum steht es geschrieben?"

Nun wißt Ihr, wie der Wurm beschaffen war. Aber
schwereren Kampf, den schwersten, hat die Liebe über unse=
ren Moschko gebracht.

Siebentes Kapitel.

.

Es war eine sonderbare Liebesgeschichte, die zwischen dem Moschko Veilchenduft und der Schwester seines Mitlehrlings, Kasia Dumkowicz. Anscheinend handelte es sich in dieser Geschichte gar nicht um zwei Herzen, sondern um Prügel, eine Wurst, zwei hartgesottene Eier und einen großen Bottich voll Wasser. Schließlich aber wieder um Prügel.

Die Kasia war die leibliche Schwester des Hawrilo, aber sie war lange nicht im Hause der Mutter gewesen. Sie mußte dienen und kam dann mehrere Jahre nicht heim, denn sie war sehr weit weg, ganze fünf Meilen. Das ist unter diesen Leuten, welche so sehr an der Scholle haften, eine ganz respectable Entfernung. Eines Tages aber — sie war damals achtzehn Jahre alt und Moschko neunzehn — kam sie zurück nach Korowla, weil ihr die Mutter einen guten Dienst verschafft hatte, bei dem reichen Jacek Hlina. Es hatte zwar dieser Dorfkönig einen berüchtigten Sohn, der auch Jacek hieß, und wegen dieses ebenso hübschen, als liederlichen Erbsohnes ging kein anständiges Mädchen gern in dies Haus, aber Kasia fürchtete sich nicht. „Der Alte gibt guten Lohn", erwiederte sie den Leuten auf ihre Warnungen, „und wenn der Junge mehr von mir verlangt, als ich ihm zu leisten schuldig bin, so habe ich Gottlob meine beiden Arme und Hände, und diese Arme können abwehren und diese Hände können ohrfeigen!"

Sie sahen auch ganz darnach aus, diese Hände. Riesig waren sie und roth und derb und schwielig.

Am nächsten Morgen erzählte Hawrilo in der Schmiede seinem Kameraden diese Neuigkeit. Seine Schwester Katharina sei zurück, um Magd zu werden bei Jacek Hlina und fürchte sich gar nicht vor dem jungen Jacek.

Moschko hatte sonst ein theilnehmendes Herz, aber diesmal interessirte ihn die Neuigkeit gar nicht. Denn seine Gedanken beschäftigte damals ausschließlich ein anderes Mädchen: seine eigene Braut, und er grübelte eben darüber, wie sie wohl aussehen möge. Denn verlobt war er wohl, aber seine Braut hatte er noch nie gesehen. Er kannte sie nur nach den Beschreibungen des Herrn Itzig Türkischgelb. Der allerdings sagte kurzweg: „Ein Diamant. Ein Brillant. Ein Engel. Schön wie die Sonne. Und wenn sie nicht zwei Centner wiegt, so darfst Du mir den Kopf abbeißen."

Darauf kam es aber unserem Moschko nicht so sehr an. Im Gegentheil! Viel lieber hätte er seinem alten Freunde und Gönner den Kopf dafür abgebissen, weil er ihm eine solche Wagenladung von Liebreiz aufdisputiren wollte. Er wäre gern ledig geblieben, der arme Moschko. Nicht, weil er ein Weiberfeind war. Auch der „Marschallik" erfuhr den wahren Grund nicht, als ihm der Geselle sagte: „Mein Bruder, der Goldene, kann leicht ein Weib haben — wegen seiner Frömmigkeit wird er sammt Weib und Kind gefüttert. Aber ich bin ein Schmiedegesell, wer wird das für mich thun?" Der wahre Grund war, weil es ihm ungemein komisch vorkam, sich so früh zu beweiben. Kein Christ that es, warum die Juden? Und was sollte ihm ein Weib, ihm, der auf die Wanderung gehen und die Welt sehen wollte, sofern er der Assentirung glücklich entginge! Denn Soldat werden wollte er nun nicht mehr; ihm schauderte vor dem Müßiggang.

Aber Itzig Türkischgelb hatte es sich nun einmal in den Kopf gesetzt, aus „Rosel Sprinzeles Krämer's", zu deutsch aus Fräulein Rosa Reinkopf, Tochter der Frau Sprinzele Reinkopf, welche einen kleinen Kramladen zu Chorostkow besaß, und dem Herrn Mosche Veilchenduft ein Paar zu machen. Nur im Interesse seines Schützlings wollte er dies. Besagte Rosel war nämlich eine der reichsten Erbinnen in Chorostkow, sie besaß außer den zwei Centnern ihres Ich auch baare dreihundert

Gulden und die Anwartschaft, nach dem Tode der Frau Sprinze den Laden zu erben. Daß sie ein wenig taub war, läßt sich freilich nicht läugnen, aber ihr Aeußeres war gewinnend. Nur mußte, wer sie längere Zeit ansah, rasch ein Gläschen Liqueur trinken, weil sich sonst Sod= brennen bei ihm einstellte, eine Qual, welche ja regel= mäßig dem Genusse allzu fetter Substanzen folgt.

Bei Mosche hatte sich diese Erscheinung noch nicht eingestellt. Er hatte, wie gesagt, Sprinzeles Rosel noch nie gesehen. Vergeblich suchte ihn Herr Itzig Türkischgelb nach Chorostkow zu locken, er wußte es stets unter neuen Vorwänden auszuschlagen. Aber der „Marschallik" war nicht der Mann, ein Vorhaben, das ihm vernünftig dünkte, aufzugeben. Mit tausend Mitteln wirkte er auf ihn ein. Bald erschien das Ehepaar Veilchenduft vor seinem Jüng= sten und flehten ihn unter Thränen an, die Schande von der Familie zu nehmen und zu heiraten, die Leute wiesen ohnehin schon mit Fingern auf sie und ihn. Bald wie= der mußte der alte Rabbi in Aktion treten und dem armen Burschen mit den kräftigsten Farben die Wahrheit des Spruches ausmalen: „Wer mit sechszehn Jahren nicht verheiratet ist, ist ein Narr, aber wer mit achtzehn Jahren ledig ist, ist ein Frevler und versündigt sich gegen Gott, der nicht will, daß sein Volk aussterbe!" Am Nach= drücklichsten arbeitete aber Türkischgelb selbst und zwar mit purer Vernünftigkeit. „Vielleicht", wiederholte er oft,

„hat der alte Rabbi Recht und Du versündigst Dich gegen
Gott, wenn Du Sprinzeles Rosel nicht heiratest, gewiß
aber ist, daß Du Dich gegen Dich selbst versündigst. Ein
so schönes, so schweres Mädchen und dreihundert Gulden
und dann ein Laden — Du Narr, greif' zu, das kommt
nie wieder. Gerade wenn Du Schmied bleiben willst,
mußt Du doch endlich einmal Meister werden wollen und
dazu braucht man Geld. Also entschließe Dich. Taub
ist sie ein wenig, das ist wahr; aber wenn man von Dir
spricht, so hört sie Alles, so verliebt ist sie schon jetzt in
Dich — wie soll das erst werden, wenn sie Dich kennt!
Also — wann fahren wir nach Chorostkow auf Brautschau?"

Aber dazu war Mosche gar nicht zu bewegen. Und
als es ihm endlich der Quälereien zu viel wurde, da rief
er: „Meinetwegen! ich will heiraten, wenn es sein
muß, aber ich will nichts dabei zu thun haben! Verlobt
mich, wenn es Euch nun einmal so beliebt, aber ich
bleibe in meiner Schmiede, bis ich unter die „Chuppe"
(Trauhimmel) gehen muß."

Eine Verlobung ohne persönliches Dabeisein des
Bräutigams ist gerade keine Seltenheit in Halb=
Asien, wo die Ehe ein Geschäft ist. Itzig Türkisch=
gelb wäre übrigens der Mann gewesen, auch hier so=
gar Wunder wahr zu machen. So ward Mosche, ohne
daß er seine Schmiede zu verlassen brauchte, glücklich ein
Bräutigam.

Ein glücklicher Bräutigam freilich nicht. Was ihn quälte, war aber nicht etwa das Gefühl, daß eine unrechte Wahl für ihn getroffen worden, sondern überhaupt das Gefühl, heiraten zu müssen. Wie die Braut aussah, war ihm übrigens auch nicht ganz gleichgültig. Er stand im Allgemeinen im Banne der Schönheitsideale seiner Volksgenossen, oder prosaischer ausgedrückt: auch ihm, wie jedem polnischen Juden, schien ein Mädchen um so schöner, je dicker es war. Eine Venus Kallipygos würde noch den relativ größten Anwerth bei diesen Menschen finden, und käme eine „Riesendame" aus dem Wiener Wurstelprater nach Podolien, sie würde in jedem Ghetto viele Herzen liebessiech machen. Was also diesen Punkt betrifft, so war Moschko durch die feierlichen Zusicherungen seines Gönners beruhigt. Aber im Uebrigen? Welcher Gemüthsart war die Braut? Und hatten ihre Ohren wirklich die wunderssame Eigenschaft, Alles zu hören, sobald man von ihrem Bräutigam sprach?

Darüber also hatte Moschko nachgedacht, als ihm Hawrilo berichtete, die Kasia sei wieder daheim, und freue sich des jungen Jacek Hlina wegen, daß sie Hände habe, die nöthigenfalls einen Ochsen niederschlagen könnten. Er vernahm es gleichmüthig; ob die Kasia dem Jacek Liebe spenden wollte oder Ohrfeigen, war ihm ganz egal. Aber das änderte sich, als er das Mädchen einige Tage später zum ersten Male sah.

Es war gegen Abend, der rothe Sonnenglanz lag auf der Haide, da blickte die hübsche, rothbackige Dirne in die Schmiede hinein, in der nur Moschko arbeitete. Der Meister war im Städtchen, Hawrilo im Hofe. Die Dirne trat auf die Schwelle und blickte den Gesellen verächtlich an. Nicht weil er ein häßlicher Junge war, sondern weil er Wangenlöckchen trug und ein schwarzes Käppchen auf dem Haupte und Bindfäden an seiner Weste, die „Schaufäden" — kurzum, weil er ein Jude war. Darum bot sie ihm auch keinen Gruß, sondern fragte kurz: „Jüdchen, wo ist mein Bruder?"

Dem Moschko gefiel sie. Sie war so stattlich, daß sie ein gut Theil der mächtigen Thür einnahm. Sie gefiel ihm sehr. Und darum grüßte er freundlich. „Guten Abend, Mädchen. Du bist wol die Kasia?"

„Die bin ich. Aber Dich geht's nichts an!"

„Warum nicht?"

„Weil Du ein verdammter Jude bist."

Das war dem Burschen nicht neu. Er war den Schimpf so gewohnt, wie seinen Namen. Aber diesmal kränkte es ihn. Er hatte so freundlich gefragt!

„Du grober Kloß!" sagte er, „packe Dich sogleich hinaus!"

„Du Hundsblut" war die Antwort, „zu Dir bin ich nicht gekommen."

„Dann geh'!" schrie er laut.

Hawrilo hörte es im Hofe und kam nachzusehen, wem der Gruß gelte. Als er seine Schwester so behandelt sah, stürzte er auf Moschko los. „Warum schreist Du so? Soll ich dir zeigen, wie man mit meiner Schwester spricht?"

„Zeige ihr zuerst, wie man mit mir spricht. Uebrigens dürftest Du auch stiller reden, sonst prügle ich Dich wieder einmal durch, wie schon so oft."

Niemand läßt sich gerne an empfangene Prügel erinnern. Im nächsten Augenblicke waren Moschko und Hawrilo ein Knäuel. Aber diesmal siegte das Christenthum. Die Dirne half dem Bruder so kräftig, daß es dem Juden schwärzlich vor den Augen wurde und bläulich am Rücken. Er war in sehr bedenklicher Lage, als der Meister erschien und alle Drei vor die Thüre setzte.

Nach verschiedenen Richtungen zogen beide Parteien grollend vom Schlachtfeld ab. Grollend, aber mit einem gewissen Gefühl der Hochachtung vor einander.

„Du!" sagte die Kasia ihrem Bruder, „es ist merkwürdig, dieser Jud' wehrt sich und prügelt! Das hab' ich noch nie gehört!"

Und vollends Moschko! Immer wieder sagte er vor sich hin: „Diese Hände! Diese rothen Backen! Und schlägt drein, wie ein Mann! Das ist ja eine wahre Freude!"

So kamen sie durch Prügel zu gegenseitiger Achtung und eine Wurst sollte dies bestärken.

Jacek Hlina, der Dorfkönig von Korowla, hatte ein neues Haus erbaut, richtiger eine neue Hütte. Denn Häuser gibt es nicht in den podolischen Dörfern. Aber eine stattliche Hütte war es, denn Fenster waren d'ran und in den Fenstern echte, wirklich=wahrhaftige Glas= scheiben. Und die Hüttenthür und das Hofthor sollten Eisenbeschlag haben und Schlösser. Anderen Leuten ge= nügt ein einfacher Querpflock aus Holz, und es ist be= zeichnend für die Zustände dieser Landschaft, daß selbst diese bescheidene Vorrichtung selten genug benutzt wird. Tag und Nacht steht die ruthenische Bauernhütte offen oder wird höchstens nur so geschlossen, daß sie auch von auswärts geöffnet werden kann. Denn gerauft und todtgeschlagen wird viel in Podolien, aber feiger Dieb= stahl gehört hier zu den Seltenheiten. Anderwärts ist es gerade umgekehrt, was man auch Segnungen der Cultur zu nennen pflegt.

Unser Dorfkönig also wollte es anders haben. Und so kamen die beiden Gesellen des Schmieds von Barnow in das neue Gehöfte, die Arbeit zu fertigen.

Am frühen Morgen hatten sie begonnen und da= rum waren sie recht hungrig gegen die zehnte Stunde und blickten sehnsüchtig nach dem Frühmahl aus. Aber als es endlich herangetrabt kam, da verging dem Moschko

sein Appetit, oder er entwickelte sich vielmehr nach
anderer Richtung. Denn der Korb kam auf den mäch=
tigen Schultern seiner rothbackigen Feindin heran, der
Kasia, der Magd des Jacek.

Aber ihn würdigte sie keines Blickes, nur den
Bruder lachte sie freundlich an. „Da bring ich etwas
Gutes", sagte sie, „rath' einmal, was?"

„Fleisch!" rief Hawrilo schnuppernd. Und als er
den Deckel vom Korbe gerissen, verzogen sich seine Züge
zu seligem Lächeln. „Wurst" flüsterte er gerührt, „Blut=
wurst! Und Brot und Speck! Kasia, wie gut Du
bist . . . ."

Das Letztere klang schon undeutlich, er hatte eben
den ersten ungeheueren Bissen in den Mund gesteckt.

„Will nicht der Jude mitessen?" fragte die Dirne
und that dabei sehr harmlos. Aber die braunen Augen
blitzten schadenfroh. „Es ist ja genug für Beide und
auch für Beide bestimmt."

Grollend stand Moschko abseit und seine Fäuste
ballten sich unwillkürlich. In ihm wüthete der Grimm
und dies um so gefährlicher, weil er hungrig war.
Ein satter Mensch kann gar nicht so recht zornig
werden.

„Du bist ein schlechtes, boshaftes Ding", sagte er
und trat dicht an das Mädchen heran. „Ein ganz nieder=
trächtig Ding."

„Hundsblut!" rief die Dirne gellend. „Hawrilo, kannst Du ruhig anhören . . .."

Aber Hawrilo war viel zu sehr beschäftigt; von der Wurst war fast nichts mehr zu sehen.

„Ganz niederträchtig!" fuhr Moschko fort. „Du hast mir deshalb Wurst gebracht und Speck auf das Brot gelegt, damit ich nichts davon essen kann . . . .."

„An Dich habe ich gar nicht gedacht!" rief das Mädchen. „An einen solchen Juden denke ich niemals. Und dann: hätten wir vielleicht eigens eine jüdische Köchin für Dich aufnehmen sollen?"

„Das habe ich nicht verlangt", war die Antwort. „Ich habe deinen Herrn gestern gebeten, daß er mir zwei hart gesottene Eier schickt und ein großes Stück Brot. Du selbst bist dabei gestanden, wie ich ihn darum gebeten habe und in meiner Gegenwart hat er es Dir aufgetragen. Also, warum hast Du es nicht gethan?"

„Ach was!" sagte die Dirne schnippisch, aber roth war sie doch geworden, denn sie fühlte ihr Unrecht. „Wenn man sich merken sollte, was der Alte Alles befiehlt . . . . Uebrigens, es ist nun einmal geschehen, und wenn Du nicht hungrig bleiben willst . . . .."

„Sie hat Recht", fiel Hawrilo ein. Und gutmüthig fügte er hinzu: „Du begehst wirklich keine große Sünde. Die Wurst habe ich ganz gegessen und den Speck vom

Brote. Und Brot ist auch nicht viel mehr da. Für
diese paar Bissen wird Dich dein Gott nicht strafen!"

„Das geht Dich nichts an, Du Fresser", erwiederte
Moschko grimmig. „Das habe ich mit meinem Gotte selbst
auszumachen. Aber ich fordere, was mir gebührt. Du,
Mädchen, wirst mir zwei hartgesottene Eier bringen und
ein großes Stück Brot, sonst —"

Er ballte die Fäuste und trat an sie heran. Mancher Mann wäre da zurückgewichen, denn Moschko machte
in solchen Augenblicken einen etwas unbehaglichen
Eindruck.

Aber die Kasia war eine muthige Dirne. Trotzig
warf sie den Kopf zurück und streckte die Fäuste vor.
„Wenn es eine Andere thun will — meinetwegen. Aber
ich koche Dir nichts und bringe Dir nichts — gar nichts!"

Noch einen Schritt trat Moschko vor und seine Fäuste
hoben sich. Aber dann ließ er sie wieder sinken. „Frauen-
zimmer", murmelte er verächtlich und ging an die Arbeit.

Die Kasia blieb verdutzt stehen. Dann nahm sie
rasch den Korb auf und ging dem Dorfe zu. Nach einigen Schritten blieb sie stehen und wandte den Kopf
zurück, als wollte sie etwas sagen. Aber dann eilte sie
rasch davon.

Als sie verschwunden war, machte sich bei Moschko
eine andere Wirkung des Hungers bemerkbar, er wurde
sentimental. „So schön!" seufzte er, „so dick! und dabei

so schlecht! Ich habe ja der Dirne nie etwas gethan! Und doch hat sie das Herz, mich fasten zu lassen! Höre, Hawrilo, Deine Schwester verdient wirklich nicht, daß Gott sie so schön und schwer gemacht hat!"

Hawrilo hörte des Jünglings Klage nicht mehr. Er verschlief eben auf der halbgehobelten Diele sein Raststündchen.

Seufzend zog Moschko seinen Ledergurt enger und streckte sich dann gleichfalls hin. Weil aber nicht blos Grimm und Sentimentalität aus dem Magen kommen, sondern auch die Träume, so läßt sich denken, welche unbehaglichen Gesichte den armen Gesellen quälten.

Ein Traum war besonders lebhaft und fürchterlich. Da sah er sich im Wagen des munteren Simon Galgen= strick hilflos gegen Chorostkow geschleppt, über ihm der unerbittliche Türkischgelb, mit den Armen immer weitere Kreise in der Luft beschreibend, den Umfang der Braut anzudeuten, der er ihn zuführte. Aber da sie nun in Chorostkow waren, wehe! wie häßlich und mager war Rosele Sprinzeles! Eben wollte er sich entsetzt abwenden, als eine erfreuliche Veränderung an ihr sichtbar ward. Itzig Türkischgelb blies sie aus vollen Backen an, und immer dicker ward sie dabei und schöner. Darum auch immer ähnlicher der Kasia und — es war die Kasia selbst, und als er sich ihr näherte, da schwang sie plötz= lich einen Teller voll Wurst und Speck wie ein Wurf=

K. E. Franzos, Moschko von Parma.   7

geschoß gegen ihn, daß ihm die ganze Bescheerung an den Schädel flog und da klirrend zerbrach.

Mit einem Angstruf fuhr Moschko empor — das Klirren hatte er so deutlich gehört! Das war kein Traum gewesen! Aber als nun der Bursche sah, woher es rührte, da dünkte es ihm erst recht ein lieblicher Traum. Nichts auf der weiten Welt hätte ihn so sehr erfreuen können, als was vor ihm stand.

Und was war's?

Ein Korb. Und in dem Korbe auf funkelnagelneuem Holzschüsselchen vier Eier, ferner ein Salztönnchen und ein Leib Brot, beide ungebrochen. Ganz, wie er sich's gestern erbeten. Nur daß hier vier Eier lagen, anstatt der zwei, die ihm von Rechtswegen zukamen.

Das übersah Moschko mit einem Blick und sprang dann jählings auf, um noch den Spender erspähen zu können, oder, wie er hoffte, die Spenderin.

Aber weit und breit war Niemand zu sehen. Nur fern, durch die Aecker hin, sah er den kleinen, braunen Lyško traben, den Hirten des Hlina. Hatte die Magd den Knaben zum Boten erwählt?

Er setzte sich hin und aß behaglich. Was ihn da freute, war freilich zunächst das Essen selbst. Aber daneben sättigte es ihn auch, daran zu denken, daß die hübsche Dirne ihr Unrecht eingesehen und es sogar durch die doppelte Anzahl Eier gesühnt.

Das lockte ihn noch in ganz andere Gedanken hinein. Und als er längst wieder neben Hawrilo bei der Arbeit stand und mit ihm die schmalen Eisenbänder in plumpen Mustern auf das Thor nagelte, dachte er noch immer an die Kasia.

Es müssen eigenthümliche Gedanken gewesen sein. Denn plötzlich ließ er den Hammer sinken und fragte heftig:

„Wie kannst Du Deine Schwester in einem solchen Hause lassen?"

Hawrilo blickte erstaunt auf. „Wa—as?"

„In einem Hause, wo der Erbsohn bisher jede Magd zu Grunde gerichtet hat!"

„Meine Schwester richtet er nicht zu Grunde, so schön und schlau er auch ist. Von der kriegt er Prügel, aber keine Liebe. Uebrigens, was geht es Dich an?"

Auf diese begreifliche Frage gab Moschko keine Antwort, weil er selbst keine wußte. Roth wurde er dabei auch, zu seinem eigenen Erstaunen. Endlich meinte er zögernd: „Nun — weil ich Dein Kamerad bin. Natürlich — warum sonst?"

Als er in der Dämmerung gegen Barnow heimging, dachte er wieder einmal darüber nach. „Trotzig ist sie, aber nicht schlecht, sonst hätte sie mir nicht vier Eier geschickt. Es wäre wirklich schade, wenn dieser Jacek —"

7*

Er schüttelte den Kopf. „Nein — der thut ihr nichts!
Aber einen Geliebten wird sie wahrscheinlich haben, wie
jede Christendirne. Es ist doch komisch bei den Christen —
diese Liebe zum Beispiel! Sehr komisch! Bei uns kommt
es nicht vor. Warum? In der Bibel freilich steht es,
da ist ja die Geschichte von Jakob und Rachel. Aber
heute sind wir Juden anders — nun — wahrscheinlich
will es Gott so!" Das war eine Erklärung, aber sie
genügte ihm nur für fünf Schritte. Dann blieb er stehen
und starrte vor sich hin: „Es ist doch sehr merkwürdig!
Also der Hawrilo und ich! Zwei Menschen, zwei Kameraden! Und doch ein Unterschied, wie Tag und Nacht!
Hm! Hm! wer hat es besser? Er hat eine Liebschaft
mit der schwarzen Magdusia, die beim Pfaffen dient, all-
nächtlich ist er bei ihr, der Schlingel, wird er sie heiraten?
Nein! Und sie ist nicht seine erste und nicht seine
letzte Liebschaft. Also nur dann, wenn ihm eine besonders gefällt, heiratet er sie; ich aber, der ich auch ein
Mensch bin, ich habe eine Braut! und kenne sie nicht!
Ich bin ein Narr gewesen, ein großer Narr! Und ich
will meinem Reb Itzig sagen —"

Von ferne kam ein seltsames Klingen, urplötzlich,
jäh; Moschko verstummte und horchte. Schrill schnitt es
anfangs durch die laue Luft, dann ward der Ton immer
weicher, zitternder, leiser. Endlich war's nur noch ein
süßer, melodischer Seufzer, der langgedehnt dahinschwamm

und endlich ertrank und starb in der Stille des Sommer-
abends.

Moschko wußte nicht, woher das Tönen rührte, aber
er grübelte auch nicht lange darüber. „Ja!" fuhr er
heftig fort, „mit dem Marschallik will ich reden. Gefällt
ihm die Rosel so gut, so soll er sie selber heiraten. Ich
nehme nur eine solche, die mir gefällt! Und wenn er mir
sagt: „so schau sie Dir doch erst an!", so erwiedere ich:
„Mir gefällt überhaupt keine, mit der ich ohnehin schon
verlobt bin!" — Ja! selbst will ich suchen! War ich der
erste Jude, der Schmied geworden ist, so kann ich auch
der Erste sein, der sich seine Braut selbst wählt! Gleich
morgen will ich mit Reb Itzig reden, morgen früh und —"

Wieder war das seltsame Klingen in den Lüften,
aber nicht dies schnitt ihm das Wort entzwei, sondern
ein Gedanke, der ihn jählings übermannte. „Wie komme
ich darauf? Und wenn mir der Marschallik sagt: „Gestern
hast Du mir noch gesagt: Thut was Euch Recht scheint —
und heute willst Du nichts mehr davon wissen, wie
heißt?" — was werd' ich ihm sagen? Nun, für ihn werde
ich schon eine Antwort haben, meinetwegen sag' ich ihm:
„weil ich heute mehr Verstand habe als gestern und
weniger als morgen! —" Aber was sag' ich mir selbst?
Wenn es mir gestern recht war, warum heute nicht?"

Ein Name klang in ihm auf, eine Gestalt tauchte
vor ihm empor, aber heftig schüttelte er den Kopf und

murmelte zornig: „Nein, es ist nicht wegen der dummen
Christendirne! Nichts geht sie mich an, gar nichts! Und
warum soll ich nicht das Mädel von Chorostkow hei=
raten? Ich thu's — nein! ich thu's doch nicht! . . . .
Ach!" seufzte er plötzlich auf, so recht aus tiefstem Herzen,
„was ist mit mir geschehen, daß ich selbst nicht weiß, was
ich will!"

Die Klänge waren immer deutlicher geworden, aber
auch immer schriller durchtönten sie die Mondnacht. Es
war, als strahle sie ein kleines Goldklümpchen aus, wel=
ches fern, fern mitten in der silberbeglänzten Haide sich
hob. So war es auch. Jenes Goldklümpchen war ein
Hirtenfeuer: da lagen die jungen Bursche im Kreise und
bliesen auf der Tritschka, der kurzstieligen, helltönenden,
ukrainischen Hirtenpfeife.

Der Weg des Gesellen führte dicht vorbei. Aber
schon von Ferne konnte sein scharfes Auge die einzelnen
Gestalten unterscheiden. Da saß auch sein Retter aus
der Noth des Hungers und banger, wursterfüllter Träume,
der braune Lysko. Kaum fünfzehnjährig konnte das
Bürschlein sein, aber die Einsamkeit reift den Menschen:
dieser Hirtenknabe war verwegen und schlau, wie ein
Mann. Auch in anderer Richtung mochte sein Wissen
über die Jahre gehen, denn sehr hell und mit bedeuten=
dem Verständniß begann er plötzlich das Schelmenlied zu
singen:

Braun wie die Haselnuß
Ist meine Dirn'
Und ihre Tugend ist
Dünner als Zwirn.

Daß ein dünn' Fädchen reißt
Das ist ja Brauch,
Doch wären's Ketten, ich
Bräche sie auch!

Aber der Bursche neben ihm, der blonde Hritzko, der
es trotz seiner Jugend bereits zu der Würde eines Stadt-
Gemeinde-Hirten-Gehilfen von Barnow gebracht, war
weit sentimentaler aufgelegt. In langgezogenen Tönen
sang er, daß jedes Wort dem Nahenden entgegenschlug:

Meine Liebste hab' ich lieb
Und sie ist mir theuer,
Wie an staubig-heißen Weg
Ein tiefblauer Weiher.

Wie das erste, süße Kind
Einer Kinderlosen;
Wie dem lang Gefangenen
Duft der rothen Rosen . . . . .

Vielleicht war der blonde Hritzko verliebt — blond
genug war er dazu. Vielleicht war er verliebt, denn er
sang das schöne, zarte Volkslied wirklich so, daß es fast
zauberhaft über die mondhelle Haide klang.

Auch auf Moschko übte es seine Wirkung. Er blieb stehen und lauschte. „Dummes Zeug!" brummte er dann grimmig. „Schon wieder etwas von dieser Liebe! Wenn ich nur erfahren könnte, was das eigentlich ist!"

Vielleicht war er gar nicht so weit mehr von dieser Erkenntniß. Denn es war eine pure List von ihm, eine List gegen sich selbst, wenn er nun vor sich hinmurmelte: „Ich will mich ein wenig zu den Burschen setzen, weil die Nacht so schön ist." In Wahrheit zog's ihn nur zum braunen Lysko, weil er mit dem über ein gewisses, rothbackiges, boshaftes und doch gar nicht übles Ding sprechen konnte.

„Guten Abend, Bursche", sprach er und trat in den Kreis.

„Hoi! der Jud', der Schmied!" riefen die Hirten und begannen dann wie aus einem Munde zu singen:

> „Schweinefleisch, willst Schweinefleisch?
> Jud'! Jud'!
> Handelst dem Teufel die Seelen ab?
> Jud'! Jud'!"

Das ist das allgemein gebräuchliche Spottlied, mit welchem die Ruthenen ihre kaftanbekleideten Mitbürger begrüßen. Es ist nicht allzuviel Bosheit darin, noch auch, wie man sieht, allzuviel Geist.

Moschko ließ sie ruhig zu Ende singen, was einige Zeit währte, obwol das Lied nur eben diese zwei schönen Verse hat. Aber sie können nach Belieben wiederholt werden. Als die Jungen sich satt gesungen, sagte er ruhig: „Schweinefleisch habt Ihr selber nicht, Ihr verhungerten Lumpenkerle und was Eure Seelen betrifft, so handle ich sie dem Teufel nicht ab, weil sie keinen Knopf werth sind! Jetzt aber rückt zusammen!"

Das thaten sie, und nachdem sich Moschko neben den Hirten des Jacek gesetzt, begann er, indeß die Anderen weiter johlten und pfiffen, seine diplomatischen Fragen. Aber der schlaue Lysko sagte nichts, oder gab verdrehte Antworten.

„Warum bist Du mit dem Korbe hinausgekommen?"

„Weil der Korb nicht selber gehen kann!"

„Und wie kamen vier Eier in den Korb?"

„Weil man so viele hineingelegt hat!"

Erst als ihm Moschko als Preis für einen wahrheitsgetreuen Bericht, ein Hufeisen versprochen hatte, erzählte der Knabe:

„Also, wie ich heimkomme, den kranken Ochsen zu pflegen, da sagt mir die Kasia, die just athemlos gelaufen kommt: „Du mußt einen Gang für mich thun." „Gut", sag' ich, „für Dich thu' ich Alles." Und da seh' ich, wie sie zwei Eier aus einem großen Korbe nimmt und zwei aus einem Körbchen und sie dann siedet. Da frag' ich: „warum nimmst Du nicht alle aus dem großen Korbe?" Und darauf sagt sie: „Weil die im Korbe dem Bauer gehören und er hat nur zwei Eier zu geben. Im Körbchen liegen jene, welche mir meine eigene Henne gelegt hat. Und ich gebe zwei Stück von den meinigen; ich thu' es nicht gern und ich thu' es doch gern." — „Das versteh' ich nicht!" sag' ich. — „Das ist auch nicht nöthig", sagt sie und thut die Eier und Brot und Salz in ein Körbchen und schickt mich zu Dir. „Und wenn er Dich frägt, wer Dich geschickt hat, so mußt Du sagen: „Die alte Magd!" Aber Du hast geschnarcht und so hab' ich nicht zu lügen gebraucht. Das ist Alles. Und wann kann ich mir das Hufeisen abholen?"

„Morgen", sagte Moschko. „Und hm! — was hat sie für eine Miene dabei gemacht, wie sie Dich fortge=schickt hat?"

„Höre, Jud'", sagte der Knabe, „Du fragst komisch. Du und die Kasia — ha, ha! Mir scheint, ha, ha! — o Du Hallunke!"

Moschko war feuerroth geworden, aber er wußte sich zu helfen: „Du Galgenstrick", rief er, „Du Lump, was willst Du da ehrlichen Leuten nachsagen? Nicht so viel geht mich die Kasia an, nicht so viel wie der Schnee vor zwanzig Jahren!"

„Mich geht sie mehr an", sagte der blonde Hritzko Stefiuk seufzend.

„Nämlich, weil sie nichts von ihm wissen will!" flüsterte Lysko seinem Nachbar zu. „Obwol er fort= während hinter ihr her ist, wie der Mönch hinter der Nonne ...."

„Sie hat wol einen anderen Geliebten?" fragte Moschko.

„Wahrscheinlich! Aber bestimmt weiß es Nie= mand. Sie ist ein braves Ding — das muß man ihr lassen."

„Schlecht ist sie", sagte Moschko, „ganz schlecht ich weiß es. Obwol sie gewiß nicht lieberlich ist" — setzte er hinzu. „Gute Nacht, Ihr Bursche!"

„Gute Nacht!" erwiederten sie freundlich, begannen aber doch wieder, nicht aus Bosheit, sondern nur aus purer Gewohnheit:

Schweinefleisch, willst Schweinefleisch?
Jud'! Jud'!

Lange hallte es ihm noch nach. Aber Moschko achtete nicht darauf. In tiefen Gedanken ging er dahin oder blieb stehen und hielt sonderbare Monologe, in welchen er sich selbst mit den ausgewähltesten Schimpfwörtern regalirte. „Du Narr, Du Hund, was geht Dich die Christin an?" Aber die beiden Eier gingen ihm doch nicht aus dem Kopfe. „Von ihrem Bischen Armuth hat sie mich beschenkt. Und keinen Geliebten hat sie!

Morgen muß ich mit dem Marschallik reden. Natür=
lich nicht wegen der Christin — was geht mich die
Christin an?"

Voll wirrer, streitender Gedanken kam er heim und
konnte lange keine Ruhe finden.

———

Achtes Kapitel.

Am nächsten Morgen suchte er den Marschallik nicht auf. „Es wäre zwar gut", vertheidigte er sich in Gedanken selbst, „aber es ist ja nicht so dringlich." Wol aber sollte an diesem Tage etwas Anderes geschehen, was weder dringlich, noch gut war.

Er war nicht mehr nach Korowla gegangen zur neuen Hütte des Jacek Hlina. Nun konnte Einer dort die Arbeit richten und er überließ es dem Hawrilo, den es mächtig hinzog, der Schwester und der Würste wegen. Er selbst blieb in der Schmiede und arbeitete da neben dem Meister.

Der alte Wassilj war heute ungewöhnlich erregt. Sein Antlitz war minder düster als sonst, und zuweilen flüsterte er etwas vor sich hin. Es fiel dem Moschko auf, aber er wagte es nicht, darnach zu fragen. Was der Meister mittheilen wollte, das sagte er ungefragt.

So auch heute. „Du, Moschko", begann der Greis,

„ich habe Nachts einen Traum gehabt, so just um Mit=
ternacht, wo die Träume am Meisten bedeuten. Ein
schöner Traum war's, ich freue mich darüber und auch
Du wirst Dich freuen, wenn Du es hörst."

„Gewiß, Meister!"

„Nun — so war es. Da liege ich gestern auf
meinem Lager und mein Herz ist dunkel und ich wälze
mich hin und her und kann nicht einschlafen. Ich denke
nach über die vergangene Zeit, und wie ich einst jung
war, und tausend Dolche gehen mir durch die Brust. Und
wieder flehe ich zu Gott, wie schon so oft: „Herr, den
sie den Allgerechten nennen, gib mir meine Rache, oder
laß' mich sterben. Welches von Beiden Du willst, aber
Eines von Beiden gönne mir!" Und noch lange wälze
ich mich hin und her und endlich schlafe ich ein. Mir
träumt, daß ich in einem tiefen, tiefen Keller liege, in
dunkelster Dunkelheit. Aber da fängt es plötzlich am
Boden hell zu schimmern an und er öffnet sich und empor
steigt eine weiße Lilie und Licht strahlt aus ihrer Blüthe.
„Lilie", sage ich erfreut, „liebe Lilie, nicht wahr, Du
bist mein Töchterchen Marina, welches so jung hat sterben
müssen?" — „Ja, Väterchen", sagt die Lilie mit einer
sanften schönen Stimme, „wol bin ich Dein Töchterchen
Marina, welches an seiner Schande gestorben ist. Aber
die Schande ist unverdient über mich gekommen, und da=
rum hat mich unser Heiland in seiner Barmherzigkeit in

eine weiße Lilie verwandelt und in seinem himmlischen
Garten darf ich blühen." — Da weine ich vor Freude
und sage: „Töchterchen, wie danke ich Dir, daß Du ge=
kommen bist; nun habe ich wenigstens einen Trost in
meinem dunklen Alter." — Und da sagt die Lilie: „Ja
wohl, Dich zu trösten bin ich gekommen und Dir zu sagen,
daß Deine Zeit nahe ist. Nur noch ein Jahr mußt Du
dulden und tragen, dann wird erfüllt, was Du er=
sehnst." — Da richte ich mich vor Freude jäh auf und —
erwache. Ach! wie leid hat es mir gethan, daß ich so
ungestüm war! — Von der Lilie war gar nichts mehr
zu sehen. Aber hell war es noch in der Stube, vielleicht
nicht vom Monde allein . . . ."

Der Greis verstummte. Auch Moschko schwieg, er war
tief erschüttert. Nie wäre es ihm beigefallen, daß sein
harter, düsterer Lehrherr so weich und gütig sprechen
könnte.

„Meister", sagte er theilnehmend, „habt Ihr nie
bedacht, warum es so hat kommen müssen?"

„Oft! O — wie oft!" klagte der Greis bitter. „Aber
ich habe es nie ergründen können. Warum so viel Blut
und Jammer? Oh! Das Schicksal ist böse . . . ."

„Und hätte es sich damals nicht zum Guten wenden
lassen?"

„Du Thor!" rief der Greis heftig. „Auf welche
Art etwa? Ich konnte nur Eines thun, den Elenden

tödten, und das habe ich gethan. Aber ihn zwingen, das Mädchen zu heiraten, das konnte ich nicht; der Tod wäre diesem Polen weit lieber gewesen. Und selbst wenn ich das Unmögliche möglich gemacht hätte, so wäre nur Noth und Jammer daraus entstanden. Ein Edelmann eine Bäuerin heiraten? Es wäre gerade so, als wenn ein Christ eine Jüdin heiraten wollte — oder Du eine Christin. Es geht gegen die Natur und darum kann nur Fluch daraus werden. Von Gott sind die Schranken auf Erden aufgerichtet und wehe dem: der sie überschreiten will!"

Der Jude war sehr bleich geworden. „Ihr habt Recht, Meister", stammelte er und beugte sich tief auf den Ambos hinab.

Das Wort hallte ihm den ganzen Tag im Ohr. Aber als die Sonne sank und der Schatten der Schmiede immer länger auf den Feldweg gegen Korowla fiel, da war's ihm doch, als zeigte ihm der Schatten den Weg, den er gehen müsse.

„Meister", sagte er, „ich will doch nachsehen, wie der Hawrilo die Arbeit gefertigt hat, ehe wir sie übergeben." Und Wassilj nickte eifrig dazu. Aber da hatte Moschko nur sich und ihn belogen. Der junge Geselle wußte recht gut, warum er nach Korowla ging, und ärgerte sich sehr darüber, und blieb oft auf dem Wege stehen, um halblaut die schwersten Ehrverletzungen gegen sich zu begehen — und ging schließlich doch vorwärts, auf die neue Hütte zu.

Hawrilo war nicht mehr im Hofe, aber die Kasia war dort. Da stand die stattliche Dirne am neuen Brunnen und schöpfte Wasser in einen großen Bottich. Der Rock war aufgeschürzt und die Arme entblößt, sie war wol eben daran, die Thüren und Fenster zu reinigen.

Hätte sie Moschko so sehen können, sie wäre ihm wahrscheinlich jetzt noch hübscher erschienen, als je zuvor. Aber er sah sie nicht, oder doch mindestens sehr unklar. Denn bei jedem Schritte nach vorwärts begannen die Hütte und der Hof, der Brunnen, das Mädchen und der Bottich einen immer tolleren Tanz im Kreise um ihn auszuführen. Es wirbelte ihm nur so vor den Augen, daß er alle Mühe hatte, nicht zu stolpern. Der arme Bursche war grenzenlos verlegen.

Die Dirne begann zu kichern, als sie ihn so hilflos dastehen sah und das brachte ihn wieder einigermaßen zur Besinnung.

„Hawrilo hier?" konnte er endlich fragen.

„Bei der Mutter!"

„Ich wollte mir seine Arbeit besehen."

„Bist Du sein Herr?"

„Der Meister hat mich geschickt —"

„Der Meister sollte wissen, daß ein Christ besser

arbeitet, als — ein Anderer. Uebrigens, sieh' nach, wie lange es Dir gefällt."

Und sie drehte ihm den Rücken zu und that, als wäre er nicht mehr auf der Welt.

Aber just das gab unserem Moschko Muth. Sein ganzes Herz faßte er zusammen und trat auf sie zu. Und obwol sein Blick auf ihren entblößten Nacken fiel, so stotterte er doch nicht, sondern begann fest:

„Höre, Mädchen, endlich geht mir doch die Geduld aus. Ich will ein ernstes Wort mit Dir sprechen."

Sie wendete sich um und blickte ihn halb erstaunt, halb zornig an. Er aber fuhr fort:

„Immer wirfst Du mir vor, daß ich ein Jude bin. Immer! Warum?"

„Weil Du es bist."

„Aber wenn Jemand krumm oder einäugig ist, oder ein heimliches Laster hat, so wirft man es ihm auch nicht immer vor, sondern nur, wenn man mit ihm zankt. Also warum thust Du es ohne Grund?"

„Ich — ich kann alle Juden nicht leiden", sagte sie etwas unsicher.

„Warum?"

„Weil Ihr Christum gekreuzigt habt."

„Ich bin nicht dabei gewesen", betheuerte er.

„Und weil Ihr solche Schwindler seid. Im vorigen Jahre hat mir Einer Glas für Korallen verkauft."

„Ich handle nicht mit Korallen."

„Und weil Ihr feig und heimtückisch seid."

„Ich bin nicht feig", sagte er stolz. „Und was meine Heimtücke betrifft, so frage Deinen Bruder Hawrilo."

„Es ist wahr, er lobt Dich", gestand sie zu. „Aber Jud' bleibt Jud'. Und übrigens ist das ja in Euren Augen eine große Ehre, ein großes Glück, ein Jude zu sein. Wie kann es Dich also beleidigen?"

„Weil es in Deinen Augen ein Schimpf ist."

„Aber in Deinen Augen eine Ehre?" fragte sie hart-näckig wieder.

„Weder eine Schande", erwiederte er, „noch eine Ehre, sondern — wenn es schon Etwas Besonderes ist, so ist es — ein Unglück!"

Er erschrak fast, daß er so unvorsichtig seinen tiefsten, heimlichsten Gedanken ausgesprochen.

Aber sie lachte lustig auf. „Ein Unglück! — etwa, weil Du keine Blutwurst essen darfst und keinen Speck zum Brote?"

„O nein!" lachte nun auch er. „Dafür bekomme ich ja vier frische Hühnereier. Und zwei davon hat mir eine gute, schlimme, schöne, häßliche Dirne aus ihrem eigenen Körbchen geschenkt. Kasia, ich danke Dir herzlich!"

Sie war sehr roth geworden. „Es ist ja nicht wahr", sagte sie. „Wer hat es Dir erzählt? Der Lysko? Der lügt immer!"

Er ergriff ihre Hand. „Diesmal hat er nicht gelogen. Und wenn Du wüßtest, wie sehr es mich gefreut
hat —"

„Warum?" fragte sie harmlos. „Warst Du so
hungrig?"

„Nicht deßhalb, aber —"

Er wollte sagen: „Aber weil es von Dir kam!"
Aber dazu fand er doch nicht den Muth und überdies
ließ sie ihm auch keine Zeit zum Reden.

„Nun geh", sagte sie, „störe mich nicht in der Arbeit. Diesen Bottich hier muß ich noch voll Wasser
füllen und dann einen doppelt so großen drüben auf
dem Meierhofe. Das Wasser muß über Nacht stehen,
damit sich der Kalk setzt. Das ist eine Arbeit von zwei
Stunden und jetzt dunkelt es schon."

„Gute Nacht", sagte der junge Schmied und bot
der Dirne die Hand.

„Gute Nacht", erwiederte sie und schlug sehr kräftig
ein. „Gute Nacht, Du — Du — Du Jud'!"

Aber sie lachte freundlich dazu und er fühlte wohl:
sie sprach nun das Wort in ganz anderer Weise als
bisher. Ganz selig ging er von dannen. Was war das
für eine Prachtdirne, wie schön war sie, wie dick war
sie, wie herzhaft konnte sie lachen! Und wenn Die
Einem die Hand gab, so spürte man es noch eine
Viertelstunde darnach.

„Und ganz freundlich war sie zu mir", sagte er vor sich hin. Vielleicht fiel ihm das nur des Contrastes wegen auf, denn das erste Mal hatte sie ihn ja geprügelt und das zweite Mal beschimpft.

Daß er die Kasia liebe, deß war sich der Bursche wahrhaftig noch nicht klar. Nur eines fühlte er, daß es ihn recht glücklich machen würde, wenn er ihr einen großen Dienst leisten könnte. Am liebsten gleich heute und auf der Stelle. Aber wie?

Da fiel ihm der Meierhof ein und der große Bottich. Wenn er ihn füllte, so konnte die arme, müde Magd schlafen gehen und brauchte nicht in die Nacht hinein zu schöpfen und zu heben. Rasch lief er auf das Vorwerk zu. Es bestand aus prächtigen Aeckern, aber nur ein kleines Hüttchen stand da, in welchem die Eltern des Dorfkönigs hausten, zwei steinalte Leute, die bereits mit den Hühnern schlafen gegangen.

Todtenstill lag im taghellen Mondlicht das kleine Anwesen. Und da stand schon neben dem Schöpfbrunnen der eichene Bottich zurecht gerückt.

Rasch machte sich Moschko an's Werk; der Eimer flog nur so auf und nieder. „Wie sie sich freuen wird!" lachte er behaglich. „Und wie erstaunt sie sein wird! Und ob sie wol erräth, wer es für sie gethan hat?"

Der Gedanke, sie würde es gewiß errathen, machte ihn um so emsiger. Aber der Eimer war klein und der

Bottich groß. Es dauerte eine Stunde, bis das Gefäß voll war.

Just als der schlanke Hebebalken zum letzten Male niederging, hörte er rasche, schwere Schritte hinter sich.

Die Kasia stand vor ihm. Und wie nun schon einmal der Mond ein Zauberer ist, nun kam sie ihm zehnmal schöner vor, als je zuvor.

„Was machst Du da?" fragte sie erstaunt. „Du hast die Arbeit für mich gethan?"

Sie sagte es langgedehnt und in ganz seltsamem Tone.

„Ich dachte — ich wollte — weil Du müde bist —"

Der arme Bursche stotterte, als hätte sie ihn bei einer Frevelthat ertappt.

Aber sie machte in der That ein Gesicht, als wär's ein Verbrechen gewesen. „Das war nicht gut", sagte sie finster. „Das heißt: ich danke Dir, Du hast es gut gemeint. Aber —" Sie stockte und blickte ihn scheu an.

„Verzeih' mir", stammelte er.

„Da ist nichts zu verzeihen, da ist nur zu danken. Aber ich bitte Dich, thu' dergleichen nie wieder. Und ich bitte Dich, erzähle Niemand, daß Du mir den Gefallen gethan."

„Ich hätte ohnehin geschwiegen", sagte er. „Aber wissen möcht' ich doch, warum Du es ausdrücklich verbietest?"

„Weil ich" — brach es ihr leidenschaftlich aus tiefster Brust — „weil ich nicht vertrage, daß mich die Leute in ihren dummen Reden mit einem Juden zusammenbringen!"

Er zuckte zusammen und taumelte zurück, als hätte ihn eine feindliche Faust so recht auf's Herz gestoßen.

Aber sie gewahrte es nicht. Heftig fuhr sie fort:

„Da hast Du Dich gestern bei dem Lysko nach mir erkundigt und Du weißt nicht, was das für ein boshafter Schwätzer ist. Und dann war der Hritzko dabei. Du weißt es vielleicht nicht, obwohl es Alle wissen, dieser Hritzko ist in mich sehr verliebt. Er ist ein braver Bursche, auch wird er einmal von seinem Onkel ein Gütchen erben, aber trotzdem mag ich ihn durchaus nicht. Warum? — das weiß ich selbst nicht, ich habe oft darüber nachgedacht, aber ich bringe es nicht heraus. Er glaubt, weil ich einen Anderen lieb habe und ist sehr eifersüchtig. Nun, und da haben er und der Lysko mich heute geneckt. Deinetwegen, verstehst Du! Und da habe ich mich sehr geschämt" —

Der Bursche lächelte bitter. „Es ist auch eine furchtbare Schande", sagte er dumpf.

Nun wurde sie erst gewahr, wie tief sie ihn verletzt hatte. Sie trat auf ihn zu, der mit gesenktem Haupte dastand.

„Du bist böse auf mich, Moschko?" fragte sie.

„Nein, nicht böse — Du — Du kannst ja nichts dafür!"

„Aber es thut Dir weh'!"

„Freilich!" sagte er. „Wie wär' es anders möglich? Ich bin ja auch ein Mensch, oder glaubst Du, daß ein Jude kein Mensch ist?"

„Moschko!" sagte sie, „es ist doch ewig schade, daß Du ein Jude bist!"

„Rühr' nicht daran", erwiederte er halblaut, hastig, „es ist nun einmal so. Und weil es so ist, will ich thun, wie Du wünschest. Ich will nie von Dir sprechen und werde Dir nur dann begegnen, wenn ich es nicht ändern kann."

„Aber Du wirst in Freundschaft an mich denken!" bat sie. „Ich bitte Dich, verzeihe mir, daß ich Dir immer so schlechte und höhnische Worte gegeben habe. Es war nicht so böse gemeint. Ich bin nun einmal so ein trotzig Ding — "

Eine flammende Röthe stieg ihr ins Antlitz: er konnte es im hellen Mondlicht deutlich sehen „Und", fuhr sie fast flüsternd fort, „es war vielleicht weniger Trotz gegen Dich, als — gegen mich selbst. Ich hätte Dir weit lieber ganz, ganz andere Worte gegeben. Und weil mich das ärgerte, war ich so böse — "

„Kasia!" rief er jubelnd und faßte ihre Hand.

„Nein, laß' mich", stammelte sie in höchster Erregung. „Nun weißt Du Alles. Und — auch ich weiß Alles. Sage mir nichts, es ist überflüssig. Wir haben keine Schuld daran, das hat Gott gemacht, oder vielleicht der Teufel. Denn es könnte nichts als Elend daraus werden, wenn wir schwach wären. Und darum — leb' wohl!"

„Leb' wohl!" sagte er und ließ ihre Hand fahren. In seinem Ohr dröhnte das Wort, welches er heute Morgens vernommen: „Wehe dem, der die Schranken überschreiten will, welche Gott auf Erden aufgerichtet." Er beugte sein Haupt und wiederholte: „Leb' wohl!"

Nach verschiedenen Richtungen gingen sie aus einander.

Aber nun geschah etwas Seltsames zwischen den Beiden. Gleichzeitig wandten sie sich um, Eins dem Andern nachzusehen, und standen so wieder einander gegenüber. Und flugs war er wieder bei ihr.

„Kasia", bat er, „es ist ja das erste und das letzte Mal! Ich möchte Dich einmal küssen."

„Es ist eine Sünde", erwiederte sie.

„Weil ich ein Jude bin?"

„Ja! Aber ich nehme es auf mich." Sie schloß die Augen und ließ die Hände sinken. „Küß' mich!" sagte sie.

Er umschlang sie und küßte sie — wol an die zehn Male. Und sie küßte ihn wieder.

Dann rissen sie sich von einander los und liefen davon, sie in ihre Kammer, er auf die Haide. Sie barg ihr glühendes Antlitz in das Strohkissen, und er in's nasse Haidekraut. Aber das war auch der einzige Unter= schied. Denn sie weinten Beide gleich bitterlich; er zum ersten Male in seinem Leben. Und Beide empfanden sie zwischendurch eine seltsame, wehmüthige, bittere Seligkeit . . . . .

Neuntes Kapitel.

So begann diese Liebe, welche zwei arme, rohe, hilflose Herzen in ihren tiefsten Tiefen aufrührte, und mit dem Beginn schien auch das Ende gekommen. Denn jenes Entsagen, welches sie einander zugestammelt, schien ihnen in der That nothwendig, selbstverständlich. Der jüdische Schmied und die christliche Dirne — die Schranken zwischen ihnen hätten nicht unübersteiglicher sein können, wenn er ein Menschenfresser der Südsee gewesen wäre und sie eine deutsche Prinzessin. Das wußten die Beiden und verlebten nun trübselige Tage ohne Trost und Hoffnung.

Der Kasia erging es übrigens doch noch besser, als dem armen Juden, schon deßhalb weil ihr Gefühl das schwächere war. Daß es nicht tiefer drang, verhinderte wol ihre Frömmigkeit. Sie wußte, diese Liebe gehe gegen den Glauben, und weil ihr der Glaube hoch stand, so fand sie darin einen Trost für den Verlust. Freilich

war sie deshalb doch traurig und sehnsüchtig genug. So
lange sie mit dem anderen Gesinde beisammen war,
zwang sie sich zur Heiterkeit, trug den Kopf hoch und
verdrehte auch dem Hritzko zum Zeitvertreib seinen blonden Kopf noch mehr, als bisher. Letzteres that sie wirklich nur aus Langweile, oder auch, um jenem grausamen
Instincte zu genügen, welcher im Herzen jedes Weibes
lebt, selbst des edelsten Weibes. Aber wenn sie allein
war oder doch nur mit den Kühen, da schüttete sie ihr
Herz aus. „Muh! Muh!" sagte sie zu ihrem braunen
Liebling, einem prächtigen, volhynischen Kalb, „Du hast
es gut! Hast kein Christenthum und kannst nicht sündigen! Und wenn Dir die Leute etwas nachreden, so ist
Dir das gleichgiltig. Muh! Muh! wenn ich doch auch
nur so ein unvernünftiges Thier wäre!"

Und noch einem anderen lebendigen Wesen schüttete
sie ihr Herz aus, aber dieses hatte eine unsterbliche Seele
und sagte nicht „Muh! Muh!" dazu, sondern sehr er-
bauliche Worte. Das war der hochwürdige Herr Mikita
Borodaykiewicz, und es geschah bei Gelegenheit der
Beichte.

„Väterchen", sagte die Dirne und drückte ihr glühendes Antlitz gegen die Holzstäbe des Beichtstuhles, „ich
habe eine schwere Sünde begangen!"

Der Hochwürdige nickte gutmüthig. „Also auch
Du? Nun, woll wiren dem Burschen schon vorhalten,

daß er seine Pflicht gegen Dich thut. Wer ist es denn?"

Röther konnte die Dirne nicht werden, als sie schon ohnehin war, aber zornig wurde sie. „Was fällt Dir ein, Väterchen? Es war ja nur ein Kuß!"

„Ein Kuß! Hoho! Himmelkreuzdonnerwetter! Das ist mir seit dreißig Jahren noch nicht vorgekommen! Ein Kuß soll eine Sünde sein? Das heißt — hoho! — es ist eine Sünde, aber die Leute beichten's nicht — hoho!"

„Es war aber auch ein besonderer Kuß!"

„Besonders? Hoho! ich verstehe —"

„Nein Väterchen, wirklich nur ein Kuß, aber ich habe ihn einem Verfluchten gegeben, einem Juden!"

„Himmelkreuzdonn —" der Hochwürdige war so erstaunt, daß er nicht einmal den Fluch, welcher seinem frommen Munde doch sicherlich sehr geläufig war, zu Ende brachte.

„— nerwetter", konnte er erst nach einer Pause pusten. „Das ist ja eine Sünde, so fürchterlich, daß sich alle Heiligen die Nase zuhalten müssen, wenn sie von der Erde zum Himmel emporstinkt. Das ist ja nicht einmal mit zwölf Wallfahrten, zwölf Fasttagen, ja sogar nicht einmal mit zwölf Gulden Opfergeld gesühnt! Unglückliches Geschöpf — ein Jude, welcher den Heiland gekreuzigt hat . . . ."

„Er schwört, daß er nicht dabei war", versicherte die Magd. „Und wenn ich auch zum Wallfahrten keine Zeit habe und das Fasten mir schwer fiele, weil ich ja immerfort arbeiten muß, so will . ich doch gerne die Sünde durch Opfergeld sühnen! . Zwölf Gulden freilich nicht, so viel macht ja mein ganzer Jahreslohn —"

„Und ist Dir deine Seligkeit nicht so viel werth?" fiel ihr der hochwürdige Mikita in's Wort. „Wenn ich Dir schon den Gang zu unserer lieben Frau in Ulaszkowce erlasse und sogar den zum heiligen Knöchelchen der gebenedeiten Wanda im Kloster zu Buczacz — ich sage Dir, Mädchen, das ist ein so heiliges Knöchelchen, wie man kein zweites auf der ganzen Welt findet, jenes von Mikulince ist dagegen ein Ochsenknochen! — wenn ich Dir also das erlasse und das Fasten dazu, wie könnte ich es dann vor Gott verantworten, wenn ich auch noch ein geringeres Opfergeld von Dir annehmen würde?"

Aber die Kasia blieb fest: das höchste was sie zur Rettung ihrer Seele opfern könne, sei ein Gulden Conventions-Münze. Mehr habe sie auch nicht an Baargeld. Höchstens noch einige Eier und eine Henne.

Seufzend willigte der gute Mikita ein. Er hätte es nicht gethan, wenn nicht die schlaue Dirne so unter Anderem davon gesprochen hätte, daß sie sonst vielleicht genöthigt sein werde, zu dem heiligen Knöchelchen in Mikulince zu pilgern; dort sei die Absolution billig.

Das durfte Mikita nicht zulassen. Das heilige Knöchelchen in Mikulince war sein persönlicher Feind; es hatte ihn, den frommen Hirten, oft genug ein sündiges Schnapsfaß genannt und ihm mehr als einmal das griechisch-katholische Consistorium in Lemberg auf den Hals gehetzt. Wol hatte dies Alles nicht die fragwürdige Reliquie in persona begangen, sondern ihr Hüter, der gleichfalls sehr wohlgenährte und dem Schnaps nicht grundsätzlich abgeneigte Basilianer Pater Andreas. Aber Mikita schlug den Sack und meinte den Esel. Und wenn er auf das heilige Knöchelchen losschimpfte, so traf er dabei besagten Esel gleichfalls auf — den Sack.

„Also", recapitulirte er seufzend, „einen Gulden Conventions-Münze, eine fette, nicht zu alte Henne und zwanzig Eier, daß mir aber keines davon verdorben ist, Mädchen! . . . . Absolvo te!"

Freudig aufathmend sprang die Dirne aus dem Beichtstuhl.

„Aber halt", rief ihr Mikita nach, „Du hast mir ja noch gar nicht gesagt, mit welchem Juden Du die Sünde begangen hast!"

„Das sag' ich auch nicht!"

„Aber dann kann ich Dich nicht absolviren!"

„Das hast Du ja schon gethan, Väterchen", lachte die Dirne. „Und zurücknehmen läßt sich so was nicht!"

. . . . . . Theils mit Hilfe der Beichte, theils durch

die tröstlichen Unterredungen mit ihren Pflegebefohlenen fühlte sich die Kasia merklich erleichtert und trug es leichter, daß sie ihren jüdischen Geliebten in derselben Stunde gefunden und verloren.

Der arme Moschko hatte es lange nicht so gut. Erstlich konnte er nicht beichten, weil das Judenthum die Beichte nicht kennt, zweitens hatte er keine Kühe um sich, und mit Menschen mochte er nicht darüber reden. Und drittens hatte er die Kasia weit, weit lieber, als sie ihn.

Diese Empfindung äußerte sich freilich nur verstohlen, oft komisch genug. So studirte er z. B. täglich die Gesichtszüge des Hawrilo, weil der Bursche seiner Schwester ähnlich sah. Freilich nur, „wie das Schwein der Kuh, sie haben Beide vier Füße", wie sich der poetische Jüngling selber sagen mußte. „Aber", sagte er sich auch, „wer keinen Braten hat, frißt Eicheln." Und darum starrte er dem Hawrilo stundenlang heimlich, verstohlen in das berußte Gesicht. Selbst die schwarze Magdusia, die Magd des Pfarrers, hat ihren vierschrötigen Liebsten schwerlich so oft und so zärtlich angesehen, wie Moschko.

Das merkte der Geselle einmal und ließ erstaunt den Hammer sinken.

„Höre Du", sagte er, „mit Dir ist's nicht richtig. Du schielst ja nach mir, wie der Mönch nach der Nonne!"

Moschko wurde verlegen und darum grimmig.

„Ich habe nur sehen wollen, wie viel Platz auf Deinem Gesichte ist. Jetzt weiß ich es genau. Drei Ohrfeigen kann ich Dir nebeneinander geben."

Aber Hawrilo schüttelte den Kopf.

„Das wird immer verdächtiger!" sagte er. „Nun wirst Du sogar ohne Grund zornig. Bursch', was geht mit Dir vor? Du wirst ja immer schweigsamer und trauriger! Stumm wie ein Fisch, traurig wie ein Ehemann. Daß Du nicht singst, wundert mich nicht, ein Jude singt nie; das hast Du auch früher nicht gethan! Aber sonst hast Du doch gesprochen und jetzt bist Du — ein junger Wassilj. Sogar unser Alter ist seit seinem Traume heiterer, als Du. Also, was geht mit Dir vor?"

„Nichts. Kümmert Dich auch nicht!"

„Weißt Du, auf welchen Gedanken ich komme?"

„Unsinn! — auf welchen?"

„Du bist freilich ein Jud' — und von Juden hört man sonst dergleichen nicht, aber ich komme auf den Gedanken, daß Du verliebt bist!"

„Unsinn", wiederholte Moschko unwillig. Und halb als Ausflucht, halb in bitterem Hohn über sich selbst, fügte er tief aufathmend hinzu:

„Wie sollte ich verliebt sein? — Weißt Du denn nicht, daß ich eine Braut habe?"

„Eben darum!"

„Aber ich kenne sie nicht!"

K. E. Franzos, Moschko von Parma.   9

„Sage, wie ist das möglich? Seine Braut nicht kennen!"

„Unsinn! Bei uns ist das nun schon einmal so!"

„Und wirst Du sie heiraten?"

„Was weiß ich?"

„Aber wer Anderer kann es wissen?"

„Jeder Andere eher, als ich. Gott, oder der Marschallik, oder meine Braut. Ich selbst", fügte er hinzu, „habe wenig dabei zu thun." Er seufzte tief auf. „Es ist übrigens auch gleichgiltig!"

„Wie kannst Du so reden?" verwies ihm Hawrilo. „Aber mich täuschest Du doch nicht — Du bist doch verliebt!"

„Meinetwegen — was so ein Stier glaubt —"

„Und ich weiß sogar, in wen Du verliebt bist. Ganz genau weiß ich das!"

Moschko wurde unruhig. „Du natürlich, Du weißt es!"

„Freilich, weil es mir meine Schwester gesagt hat!"

Der arme Bursche wurde todtenbleich und konnte kaum den Hammer in der zitternden Hand halten.

„Dei — ne Schwe — ster?"

„Freilich! warum erschrickst Du so? Ich sag' es nicht weiter. Mich wundert nur, woher meine Schwester es weiß."

Moschko wäre am liebsten davon gerannt; wie ein Knabe stand er da und zitterte.

Aber der unerbittliche Hawrilo fuhr fort:

„Hast Du es ihr selbst gesagt? Oder hat es ihr Dein Mädchen gesagt?"

„Mein Mädchen? Welches Mädchen?"

„Nun — das Judenmädchen, welches Du lieb hast!"

„Ich?!"

„Du! Ich bitte Dich, verstelle Dich nicht so, es nützt Dir ja nichts. Meine Schwester hat es mir erzählt, haarklein, Alles! Da sage ich ihr neulich: „Du, wie sich der Moschko verändert hat, gar nicht zu sagen, so traurig!" — Und da lacht sie: „Das ist ja kein Wun= der — er ist ja verliebt!" — „In wen?" frage ich neu= gierig. Da denkt sie ein Bischen nach und meint: „Nun — Dir kann ich es sagen, weil Du sein Kamerad bist, aber plaudere es nicht aus, denn es ist ein Ge= heimniß. Der Moschko liebt die Tochter des Juden, der in der rothen Schänke sitzt, an der Kaiserstraße von Barnow nach Rozaczywów. Es ist ein Mädchen mit rothen Haaren, so roth, wie der Anstrich am Hause ihres Vaters, aber sonst ganz dick und schön. Ihr Vater will sie ihm nicht geben, weil er nur ein Schmied ist. Und darum ist der Moschko so traurig." So hat mir meine Schwester erzählt. Du siehst — ich weiß Alles, leugnen hilft nichts."

„Leugnen hilft nichts", wiederholte Moschko, und obwol ihm gar nicht fröhlich zu Muthe war, mußte er doch unwillkührlich lächeln.

9*

„Aber höre nur weiter: „Der Moschko", hat meine
Schwester ferner gesagt, „ist ein sehr braver Junge,
ich glaube nicht, daß sich unter diesen verfluchten Juden
noch ein gleich braver Mensch findet. Also mußt Du
ihm rathen, daß er recht glücklich wird. Denn Du bist
ein vernünftiger Mensch, Hawrilo!" — Ja, wahrhaftig,
so hat sie gesagt: „Denn Du bist ein vernünftiger
Mensch, Hawrilo! Also rede ihm zu, daß er Eine hei=
ratet, die ihm gefällt, die Rothe aus der Schänke oder
sonst Eine, die er sich selbst erwählt. Dann wird er
glücklich sein. Aber die aus Chorostkow soll er nicht
heiraten, oder wenigstens nicht früher, bis er es sich gut
überlegt hat. Höre, sage Du's ihm und rathe ihm gut!
Denn der Moschko verdient glücklich zu werden!"

Dem armen Burschen war es sonderbar zu Muthe.
Und in den Augen hatte er ein ungewohntes Gefühl:
seine Lider begannen leise zu brennen . . . . .

„Danke Deiner Schwester", sagte er ruhig, aber seine
Stimme zitterte doch bei den Worten. „Danke ihr recht
herzlich in meinem Namen . . . . . Und was das
Glücklichsein betrifft — ich werde nie glücklich werden,
niemals!"

Er wandte sich jählings ab, weil er fühlte, wie ihm
Thränen in's Auge schossen. Hastig griff er zum Hammer
und schlug auf das Eisen los, daß eine Funkengarbe
aufflog.

„Aber warum kannst Du denn nicht glücklich werden?" fragte Hawrilo erstaunt.

Moschko gab keine Antwort. Ihm war sehr bitter zu Muthe: als läge da sein eigen Herz auf dem Ambos und er müßte selbst unerbittlich d'rauf losschlagen.

Erst eine halbe Stunde später wandte er sich wieder um und sagte:

„Dir sage ich es und Du kannst es auch Deiner Schwester sagen, wenn Du willst, die aus Chorostkow heirate ich nicht. Wahrscheinlich heirate ich niemals, wenn es nach meinem Willen geht, sogar gewiß nicht, aber die aus Chorostkow schon gar nicht. Und sobald ich den Marschallik sehe, mache ich der ganzen Geschichte ein Ende!"

Und am nächsten Morgen führte er diesen Entschluß wirklich aus.

Jener nächste Tag war ein Sabbath. Bereits am Vormittage war Moschko dem Marschallik in der „Schul'" während des Gottesdienstes begegnet, aber da mochte er ihn nicht ansprechen, zumal in einer so wenig gottseligen Angelegenheit. Erst nach dem Essen suchte er den Gönner auf.

Er fand ihn aber nicht allein, sondern in großem Kreise. Da stand unser Herr Türkischgelb in allerrosigster Stimmung vor der „Schul'", dem Plätzchen, wo sich um diese Stunde Alles zusammenfand, was eine gemüth-

liche Conversation liebte, und sein Bäuchlein wackelte be=
haglich und sein Nasensystem glühte wie eine Centifolie
im heißen Juli. Wahrscheinlich war es Triumph, was
von diesen Hügeln strahlte, Triumph über den Erbfeind,
den alten Moldauer. Aber es war kein Pyrrhussieg
gewesen. Denn aufrecht stand der Wackere und konnte
erzählen und nur die Anderen um ihn her wackelten.
Vor Lachen und Vergnügen wackelten sie, denn wie und
was konnte der Marschallik erzählen!

Wie und was! Man müßte selbst ein geborener
Marschallik sein, um das wiedergeben zu können. Zum
Beispiel die Geschichte, wie Abraham Rosenberg, genannt
„Avrumele Bronfen“, was zu deutsch Schnaps bedeutet,
den Rabbi von Sadagóra mit des Rabbi eigenem Silber=
geräthe beschenkt und hiefür einen vollwichtigen Segen
von dem Wundermanne erschlichen. Oder wie besagter
Schnaps=Abraham einem Bauer um fünf Gulden des
Bauers eigenen Pelz verkauft. Oder wie der Rabbi von
Radworna mit dem von Neu=Sandec in Fehde gerathen,
ob im Jenseits der Fisch Leviathan in einer Zwiebel=
sauce den Gottseligen präsentirt werde, oder ob man
an der Tafel des lieben Herrgottes besagten Fisch süß
eingemacht bekomme, mit sehr vielen Cibeben. Oder wie
Frau Golde Hellstein mit ihrer Köchin rede und in wel=
cher Tonart. Oder — aber was nützt die trockene Auf=
zählung der Themen, welche Herr Türkischgelb überaus

saftig bearbeitete! Genug — es war sehr schön und die Leute lachten so laut, daß es dem Moschko schon von Ferne entgegenhallte, was seine Schritte nicht gerade beflügelte.

Aber der Marschallik hatte ihn schon ersehen und streckte die Arme aus, als wollte er ihn umarmen.

„Wer kommt da?" rief er fröhlich. „Ihr werdet sagen: „Da kommt Avrumele Schulklopfers Moschele, der Schmied!" Ich aber sage Euch: Da kommt das gesegneteste Jüngel unter der Sonne! Denn was macht ein Jüngel glücklich? Eine schöne Braut! Und wer hat die schönste Braut in ganz Polen? Dieser Mensch da hat die schönste Braut und morgen fährt er mit mir nach Chorostkow und in vier Wochen ist die Hochzeit."

„Ist das schon so ausgemacht?" fragte der junge Schmied finster.

„Natürlich!" antwortete der Marschallik harmlos, „wie ich vorgestern in Chorostkow war, habe ich es mit Sprinzele Krämerin so ausgemacht. Und dabei habe ich mir Deine Braut wieder angeschaut, Moschele, und das Wasser ist mir im Munde zusammengelaufen, mir altem Narren — wenn das mein Weib wüßte! Aber das ist ja auch ein Mädel" — der Marschallik schnalzte mit der Zunge — „ein Mädel, wenn die nicht drei Centner wiegt, so will ich mein Lebtag Wasser trinken, ich! Ich sag' Euch, wenn die im Zimmer auf- und abgeht, so ächzt das ganze Haus. Und diese Schönheit —"

„Möchtet Ihr das nicht mir allein erzählen?" fiel ihm Moschko heftig in's Wort.

„Warum Dir allein?" lachte der Marschallik behaglich. „Heißt eine Liebe! Noch niemals gesehen hat er sie und wird schon eifersüchtig, wenn man Anderen von ihr erzählt. Moschele, was wird das erst werden, wenn sie Dein Weib ist! Aber ich wundere mich gar nicht, die Rosel ist ja auch schon heute Deinetwegen eifersüchtig. Und wie! Ich sag' Euch!" rief er pathetisch, „wie die zwei Leut' für einander passen —"

„Reb Itzig", sagte Moschko sehr entschieden, „ich habe mit Euch allein zu reden. Seid also so gut oder —"

Das „Oder" klang sehr drohend.

„Oder?" machte ihm der Marschallik nach und stemmte so imponirend, als es sein Bäuchlein erlaubte, die Hände auf die Hüften. Dann aber ließ er sie sinken und lachte freundlich.

„Gut, Moscheleben, Du sollst Deinen Willen haben. Hört Ihr Leut', das ist kein Mensch, dem man widerspricht. Das ist ein eiserner Kopf, schon als Jüngel mit dreizehn Jahren war er's. Wißt Ihr, was der einmal einem kaiserlichen Hauptmann gesagt hat? „Wir Juden sind auch Menschen!" hat er ihm gesagt. Einem kaiserlichen Hauptmann — dieser Mosche da, sowie Ihr ihn anschaut! Muß man nicht einem solchen Menschen den Willen thun? Also komm'."

Sie schritten abseit, dort, wo die alte Betschul' an den Fluß grenzt.

„Also — was willst Du, mein Goldjüngel!"

„Euch sagen, daß es mit meiner Hochzeit nichts wird. gar nichts!"

Der Bursche stieß es nur so hervor, seine Lippen bebten und sein Herz pochte.

„Mbh!" machte der Marschallik; er gebrauchte diesen unarticulirten Laut, wo ihm Worte fehlten, und wußte ihm durch die Betonung die verschiedensten Bedeutungen zu geben. Hier klang das „Mbh!" wie der Ausdruck höchster Verwunderung.

„Gar nichts!" wiederholte der junge Schmied. „Gebt Euch keine Mühe, mich zu überreden. Ich heirate die Rosel doch nicht und wenn sie von lauter Gold wär'."

„Dann hättest Du auch nicht viel von ihr", sagte der Marschallik: er war wieder so weit gefaßt, daß er einen Witz in seiner Manier machen konnte. Dann aber wurde er ernst und fragte:

„Warum? Wenn Du diese Perle wegwirfst, bist Du ein Esel. Ich will wissen, warum Du ein Esel bist?"

„Das — geht Euch nichts an!"

„Doch!" sagte der Marschallik. „Aus mehr als einem Grund. Zuerst, weil ich Dich lieb hab' und Dir zu Deinem Glück verhelfen möchte! Zweitens, weil ich mich lieb hab' und nicht gern vor ganz Barnow und Chorost=

kow als ein Narr und Lügner dastehen möcht'. Drittens —"

"Und wenn Ihr tausend Gründe hättet — ich habe
nur einen und der ist genügend: Die Rosel gefällt mir
nicht!"

"Kennst Du sie schon?"

"Nein — eben darum!"

"Eben darum — wie heißt?"

"Ich heirate nur Eine, die ich mir selbst ausgesucht
habe und genau kenne. Aber durch den Marschallik heirate ich nicht."

"Mbh!" klang es wieder von den Lippen des dicken
Mannes. Aber diesmal klang es wie Spott.

"Höre, mein Sohn", sagte er, "Du bist nicht dumm
genug, um selbst auf diesen Gedanken zu kommen. Wer
hat Dir die Dummheit eingegeben?"

Mosche wurde feuerroth.

"Ich selbst bin vernünftig geworden", versicherte er
eifrig. "Schreit es nicht gegen Gott, daß man bei uns
so die Ehe schließt, wie man Ochsen verkauft oder ein
Faß Häringe?"

"Nein", erwiederte der Marschallik. "Gegen Gott
schreit, was Du hier zusammenredest. Wenn die Christen
die Mode haben, daß der Bräutigam die Braut genau
kennen lernt, so hat das seinen vernünftigen Grund.
Nicht wegen dem, was sie "Liebe" heißen, sondern die

Vorsicht gebietet es so. Ein Christ weiß eben nicht im Voraus, was er für ein Mädchen bekommt. Aber ein Jude weiß es. Unsere Mädchen sind Alle brav und fromm und gesittet und gehorsam, sie haben weder Muken im Kopf, noch sind sie unzüchtig. Also weiß jedes jüdische Jüngel im Voraus, daß seine Braut eine brave, treue, wirthschaftliche Frau sein wird. Nun frägt sich noch, ob sie für ihn paßt, das heißt: ob sie Geld hat, wenn er Geld braucht, und ob sie stark und gesund ist, wenn er es ist. Diese Sachen bringt aber ein Dritter leichter heraus, als Derjenige, den es selbst angeht. Und darum sind bei uns Juden die Heiraten durch den Vermittler üblich, und es ist gut, daß es so üblich ist."

Der Marschallik hatte ernst gesprochen, man sah es ihm an, daß er hier seine innerste Ueberzeugung aussprach. Dann fuhr er fort:

„Bei den Christen ist es anders, das gebe ich zu. Dort wird das Weib durch die Zucht und Frömmigkeit nicht genug gebunden, vielleicht ist also diese „Liebe" nöthig, damit das Mädchen dem Manne eine treue Gattin werde. Auch bei den Juden, welche sich deutsch kleiden und vom strengen Glauben abfallen, mag es vielleicht nöthig sein. Aber bei uns ist es Gottlob nicht nöthig und ob zwischen Dir und Deiner Rosel eine „Liebe" ist oder nicht, ist gleichgiltig" . . . .

„Meint Ihr?" fiel ihm der Geselle spöttisch in's Wort.

„Das meine ich!" erwiederte der Marschallik. „Weil Ihr für einander paßt in Allem, was eine Ehe glücklich machen kann. Sie hat Geld und ist von „Jichus" (frommer, vornehmer Abkunft), der Bruder ihres Großvaters ist Rabbi in Hussiatyn gewesen. Du bist arm und eines Schulklopfers Sohn. Aber dafür bist Du ein starker, schöner, braver Mensch und sie ist taub — das heißt, sie hört nicht ganz gut und das auch nur an manchen Tagen — ich glaube, nur an den ungeraden Tagen hört sie nicht ganz gut. Was weiß ich! Du hast ja eine starke Stimme, Dich wird sie schon hören. Es war nicht leicht, für Dich eine Braut zu finden, Moschele, denn Du betreibst ein unerhörtes Handwerk und bist ein „Amhorez" (Unwissender), nicht einmal die fünf Bücher kennst Du genau. Also überlege es Dir gut!"

„Ich habe es schon überlegt", sagte Moschko. „Ich heirate die Rosel nicht!"

„Warum nicht?"

„Ich kann nur wiederholen: das geht Euch eigentlich nichts an. Aber meinetwegen, ich will Euch nochmals den Grund sagen: weil ich nur Eine heirate, die mir gefällt."

„So schaue sie Dir an, vielleicht gefällt sie Dir."

„Gewiß nicht!"

„Warum nicht?"

„Weil sie taub ist."

„Hab' ich Dir denn nicht schon gesagt, daß man blos an den ungeraden Tagen mit ihr etwas lauter reden muß? Nun — und übrigens — ich kann ja ein ander Mädel für Dich suchen."

„Nein — ich danke — ich thue es selbst!"

„Wirst Du es wirklich thun?"

„Ja—a!" Es klang langgedehnt und zögernd.

Der Marschallik blickte seinen Liebling scharf an. Dann sagte er langsam:

„Moschele, verstelle Dich nicht. Du bist ein ehrlicher Junge — es gelingt Dir schlecht genug. Darum sage mir offen und ehrlich, wie es die Wahrheit ist, daß Du überhaupt nicht heiraten willst!"

„Nun — also — es ist so!"

„Dann weiß ich auch, warum es so ist! Gott sei es geklagt, was ich da an Dir erleben muß! Aber ich hätt' gleich denken sollen: es thut auf die Dauer doch nicht gut, wenn man so ein jüdisch Kind mitten unter Christen leben läßt."

Er sprach es im Tone aufrichtigster Bekümmerniß.

„Wie — wie meint Ihr das?" fragte Moschko verlegen.

Der Marschallik schüttelte betrübt den Kopf.

„Ich meine nicht, ich weiß. Als wenn ich dabei gestanden wäre, so genau weiß ich es. Ich bin ja kein Esel, ich hab' ja meinen Verstand! Die Sache steht so: Du hast so eine Geschichte mit einer „Goje" (Christin)

und darum willst Du von einem Judenmädel nichts
wissen!"

Moschko wandte sich hastig ab und wechselte jählings
die Farbe.

„Wirf Dich nicht herum wie ein Huzulenpferd und
werd' nicht weiß wie die Wand und roth wie meine
Nase! Es nützt Dir ja doch nichts! Sage mir wenigstens,
wer es ist?"

Aber Moschko richtete sich hoch auf. „Reb Itzig",
sagte er, „ich bin Euch dankbar für Euere Liebe und
wenn ich Euch einen Dienst leisten könnt', einen großen,
großen Dienst, — das wär' mir ein Glück! Aber von
diesen Sachen dürft' Ihr nicht weiter mit mir reden —
auch Ihr nicht, so wenig, wie ein anderer Mensch!"

„Nur vom Nothwendigen wollen wir reden", fuhr
er fort. „Ihr müßt die Sache mit der Chorostkowerin
lösen — bald — gleich!"

„Jetzt habe ich nichts mehr dagegen", sagte der
Marschallik; der Mann war so betrübt, daß er sogar
keinen Witz mehr zu machen wußte. „Ich will die arme
Rosel nicht unglücklich machen. Freilich habe ich sie auch
ohnehin schon tief genug in den Schlamm hineingesetzt.
Wenn ein Mädel verlobt war und die Geschichte löst
sich wieder, etwas Schande bleibt doch immer an ihr
hängen."

„Nein, nein!" rief Moschko, „das darf nicht sein!

Das muß ich natürlich auf mich nehmen! Ich will Euch einen Vorschlag machen: Wir verbreiten, daß ich mit Euch in Chorostkow war und daß ich der Rosel und ihrer Mutter gar nicht gefallen habe. Meinetwegen könnt Ihr sogar den Leuten erzählen, daß sie mich zur Thür hinausgeworfen hat. Mir kann das gleichgiltig sein!"

Der Marschallik schüttelte betrübt den Kopf und legte dem Gesellen die Hand auf die Schulter.

„Moscheleben", rief er, „das mit der Rosel will ich besorgen, aber das Herz thut mir sehr weh um Dich. Du hast eine Geschichte mit einer „Goje", das lasse ich mir nicht ausreden. Und wenn ich so daran denk', daß Du vielleicht dadurch selbst ein „Goj" wirst, so könnt' ich weinen. Ich hab' Dich sehr lieb, Moschele, aber lieber will ich Dich zum „guten Ort" (Friedhof) hinaustragen sehen, ehe ich Dich in der Kirche seh'. Thu's nicht, Moschele!"

„Aber es fällt mir nicht ein!" rief dieser.

„Wirklich nicht?"

Der Jüngling schwor es ihm mit heiligen Eiden zu.

Aber der sonst so lustige Mann blieb gleichwol traurig genug und seufzte.

„Moschele", sagte er, „ich will keinem Menschen von meiner Vermuthung erzählen und hoffe, Du wirst vernünftig und wirfst die „Goje" wieder weg, wie man einen Stein wegwirft. Denn sonst ist es das größte,

größte Unglück! für sie, für Dich, für die ganze „Jüdisch=
keit". Und meinst Du, daß unser Gott mit sich spaßen
läßt?"

Damit verließ er ihn und ging zu den Leuten zurück,
die noch immer seiner und seiner Geschichten harrten.
Aber obwol er mit gewohnter Virtuosität erzählte und
der Stoff sehr glücklich gewählt war — wie einmal ein
Rabbi den anderen dazu gebracht, Schweinefleisch zu essen,
aus Haß und Trotz natürlich — so ging es ihm doch
nicht recht vom Herzen und die Zuhörer merkten dies auch.

Zehntes Kapitel.

So hatte der junge Geselle seinen Entschluß tapfer ausgeführt, aber das Herz ward ihm darum nicht leichter. Und war auch nun das Band gelöst, welches ihn mit jener tauben gewichtigen Schönheit verknüpft hatte — die Kasia blieb ihm doch gleich unerreichbar. Von neuem hatte ihm die Unterredung mit dem „Marschallik" klar gemacht, wie tief, wie unüberbrückbar die Kluft sei, welche ihn von der „Goje" scheide. Diese Kluft zu überspringen kam ihm nicht bei. Er verwünschte, er beweinte das Hinderniß des Glaubens, aber selbst im Augenblicke größter Erregung kam ihm nie der Gedanke, Christ zu werden. Er hatte den „Marschallik" nicht belogen, als er es ihm mit heiligen Eiden betheuert. Es ist dies auch weiter nicht verwunderlich. Wenn ein Jude, der Bekenner einer Religion, welche nicht blos seinen idealen Bedürfnissen dient, sondern sein ganzes Leben bestimmt, den Glauben wechselt, so bedeutet ihm dies nicht blos den Bruch mit

der Vergangenheit, sondern auch mit seinem innersten
Wesen. Keine Religion dringt so tief in's Mark, wie die
jüdische. Darum wird der jüdische Convertit beim besten
Willen kein Christ; die neue Religion dringt ihm nicht
tiefer, als ihr Taufwasser. Und aus demselben Grunde
fällt auch dieser Schritt einer edler gearteten Natur so
schwer; der Jude, der sich gerne und fröhlich tauft, ist
oft genug ein Schurke, welcher dem anerzogenen Handels=
triebe so weit huldigt, um auch seinen Glauben als
Waare zu betrachten.

Moschko wußte wohl, daß der Weihwedel des hoch=
würdigen Mikita das einzige Mittel sei, um die Kasia zu
erkämpfen und eben darum festigte sich sein Entschluß,
ihr zu entsagen. Aber sein Herz ward dadurch nicht ge=
sättigt, es blieb leidvoll und stürmisch. Entsagen ist
immer bitter, auch dem Gebildeten, den Einsicht und Er=
fahrung sanft und zahm gemacht; aber dem Naturmenschen
ist es fast schmerzlicher, als jede andere Prüfung. Denn
es widerspricht dem stärksten Triebe der Menschenbrust:
der Selbstliebe. Zu Leiden sind wir geboren, aber unsere
Instincte predigen uns das Gegentheil und wir glauben
ihnen gerne. So sind wir fest überzeugt, daß wir zu
Freuden geboren sind, und nun krallt das Leben seine
Riesenfaust um uns und drückt uns das Herz wund. Wir
tragen es, aber über uns kommt jener schmerzliche Zwie=
spalt und jene bittere Frage: „Warum so viel Leid?" —

jene Frage, die wie ein gemeinsames, unausgesprochenes Geheimniß durch alle Menschenherzen zittert. Auch durch die rohesten Herzen — und gerade diese sind die hilflosesten!

Verstört ging der junge Schmied umher, mied die Menschen und wurde sehr unhöflich, wenn ihn Jemand um die Ursache seines Kummers befragte.

Das erfuhr auch der Marschallik, welcher ihn eine Woche später, am nächsten Sabbath aufsuchte. Aber dieser wackere Mann ließ sich nicht verblüffen. „Daß Du so grob bist, Moschele", sagte er bekümmert, „ist mir nur ein neuer Beweis, wie tief Du schon in der Sünde bist!"

„Warum?"

„Darum! Wenn ein guter Mensch anfängt, zu sündigen, so ist er zuerst nur auf sich selbst böse und hat Reue. Aber dann verdirbt ihm die Sünde das Herz und er wird auch gegen Andere gereizt. Endlich wirst Du Dich selbst wieder lieb haben und nur die Anderen hassen und wirst ein schlechter Mensch geworden sein! Ja! Ja!"

„Nein! nein!" — rief der Geselle heftig. „Uebrigens — seid Ihr nur dazu gekommen?!"

„Behüte!" erwiederte Türkischgelb. „Einem Verstockten zu predigen, ist Thorheit — ich thue gern Nützliches. Ich wollte Dir nur sagen, daß ich morgen nach Chorostkow fahre, um mit Sprinze Krämerin Deine Sach' zu ordnen.

Du mußt mir dabei helfen, Du mußt die Schuld auf
Dich nehmen. Es soll so geschehen, wie Du selbst es
vorgeschlagen hast. Du gehst morgen in aller Frühe vom
Hause weg und kommst erst am späten Abend heim und
erzählst: „Ich habe der Chorostkowerin nicht gefallen!"
Willst Du?"

„Ja!"

Der Marschallik sah ihn betrübt an. „Moschele" —
begann er weich. Dann aber schüttelte er traurig den
Kopf und ging eilig von dannen.

Am nächsten Morgen verließ der Jüngling, der Ver-
abredung gemäß, in aller Frühe die Hütte der Eltern.
Den Segen, den ihm der Vater für die Brautschau er-
theilen wollte, lehnte er hastig ab — „es wird gewiß gut
ausgehen", murmelte er verlegen und wurde schamroth
über die Lüge.

Zornig eilte er davon, zum Städtchen hinaus. Aber
wenn jenes Axiom des Lustigmachers richtig war, dann
stand Mosche noch immer im ersten Stadium der Sünde.
Denn sein Zorn richtete sich nur gegen ihn selbst und
während er so mit geballten Fäusten über die Haide lief,
titulirte er sich von Zeit zu Zeit knirschend mit den aus-
erlesensten Schimpfnamen.

Als er jenen Wald erreicht, der sich von Korowla
gegen das Grenzdorf Rossow hinzieht, wurde er allmälig
ruhiger. Der herrliche Herbstmorgen, das feierliche Schwei-

gen im Walde, machte ihn sanfter und milder. Und als er sich endlich müde gegangen und nun zur Rast unter einer mächtigen Buche dahinsank, da wich der Zorn aus seinem Herzen und nur die Trauer blieb darin.

Das hatte wol der Herbsttag bewirkt, obwol es Moschko nicht ahnte. Er war häufiger im Freien gewesen als seine Glaubensbrüder, die nur ungern die dumpfen Mauern des Ghetto verlassen. Wald und Haide waren ihm nicht so fremd und unheimlich, wie jenen. Aber vertraut war er nie mit ihnen geworden und es fiel ihm nie bei, die Natur bewußt zu genießen. Auch jetzt nicht, wo er in das matte Blau des Herbsthimmels starrte und erstaunt das wundersame Farbenspiel des welkenden Laubes betrachtete. Nur unbewußt empfand er ihren Zauber, aber eben darum vermochte ihn dieser ganz zu unterjochen. Sein Zorn schwand, sein Herz sänftigte sich, weil ihn die Natur übermannte und seinem Herzen die= selbe Stimmung mittheilte, welche der Wald um ihn athmete. Während er so zusah, wie der Sonnenglanz erbarmend das sterbende Laub verklärte, empfand er zum ersten Male sein Entsagen nicht als bohrenden Schmerz, sondern als wehmüthige Ergebung. Und zu dieser Em= pfindung stimmte auch alles Tönen um ihn her; es klang wie ein Seufzen, wenn sich hie und da ein welkes Blatt löste und raschelnd niedersank, und selbst der gelle Schrei des Kranichs in der Höhe vertönte, durch die Ferne gemildert, wie ein zitternder Ruf in den Lüften.

Da klang plötzlich ein anderer Schrei in sein Ohr, so schrill und bang, daß er jählings aufsprang. Es war eine Menschenstimme. „Hilfe! Hilfe!" klang es durch den Wald. Todtenbleich stand der Jüngling einen Athemzug lang, dann stürmte er davon, dem Rufe nach. Er hatte die Stimme der Geliebten erkannt.

Sie war es auch wirklich; in einer Minute hatte er sie erreicht, sie und den „schönen Jacek". Mit flammenden Wangen, die Augen blitzend vor Zorn und Erregung, die Lippen in die Zähne gepreßt, daß sie bluteten, so rang das Mädchen mit dem Sohne ihres Dienstherrn.

Jacek war wirklich ein schöner Mensch, stark wie ein Bär, geschmeidig wie ein Fuchs. Eines jener kecken, scharfgeschnittenen Falkengesichter, die man heute nur noch selten unter den Ruthenen findet. Die Geißel des Polen, der Weihwedel des Pfaffen, der Schnaps der Juden haben diese Gesichter allmälig furchtsam und stumpf gemacht. Aber der junge Jacek Hlina sah wirklich noch aus, wie einer jener freien Kosaken, die einst gegen Lemberg oder Jassy gezogen, die Männer zu morden, die Frauen zu bezwingen. Und auch jetzt that er, wie Einer jener Ungeberdigen.

Aber das Mädchen erwehrte sich seiner tapfer und

es war ein interessantes Schauspiel, wie die beiden Star=
ken zornig und glühend mit einander rangen.

Moschko freilich sah dies Schauspiel nicht ganz klar,
sondern wie durch einen rothen Nebel. Mit einem
Sprung saß er dem Jacek im Nacken und hatte ihn nie=
dergerungen.

Dann hob er die Fäuste und ließ sie auf dem Rücken,
auf der Brust, auf dem Kopfe des Bezwungenen spielen,
wie Hämmer. Es war kein ungefährliches Spiel: der
junge Schmied hätte da leicht zum Todtschläger werden
können. Zum Glück war sein Gegner sehr geschmeidig.
Er entschlüpfte den Riesenfäusten, richtete sich auf und
stürzte mit einem Fluch davon. Nur seinen zerknüllten
Hut, an dem einige Pfauenfedern prangten, mußte er
zum Zeichen seiner Niederlage auf der Wahlstatt lassen.

Nun stand das sonderbare Liebespaar nach einer
Trennung, die Beiden so ewig lang gedünkt, wieder bei=
sammen, allein im Walde und nach einer so eigenthüm=
lichen Begebenheit. Kein Wunder, daß sie sehr befangen
waren und schwiegen.

Endlich begann Moschko zögernd und leise:

„Siehst Du, heute war es nicht meine Schuld.“

„Was denn?“

„Daß ich Dir begegnet bin!“

„Was sprichst Du da?“ rief sie eifrig. „Du ent=
schuldigst Dich noch? Ich habe ja Dir zu danken!

Ich habe meine schwere Noth gehabt mit dem Menschen. Ich habe ihn gebissen, wie ein Hund, und gekratzt, wie eine Katze, aber ich war doch sehr froh, als mir Jemand zu Hilfe kam."

„Wie bist Du eigentlich in den Wald gerathen?"

„Weil heute Sonntag ist und ich nach Rossow gehen wollte, um dort eine Freundin zu besuchen. Leider habe ich zu Hause gesagt, daß ich hingehe, und der Mensch hat die Gelegenheit benützt, mir aufzulauern. Nun, Du hast ihn gehörig zerbläut. Aber wie bist Du in den Wald gerathen?"

Er erzählte es ihr, anfangs zögernd, dann rasch, warum er sich heute versteckt halten müsse.

Sie hörte es kopfschüttelnd an.

„Das ist gar nicht klug", sagte sie. „Erstens hättest Du sie Dir doch ansehen sollen, ehe Du abgesagt hast. Wer weiß, vielleicht hätte sie Dir recht gut gefallen. Oder wenn Du schon dieses Mädchen nicht gewollt hast, wozu diese Lüge? Das kann Dir einmal sehr schaden — verstehst Du mich? Wenn Dir vielleicht einmal eine Andere gefällt, dann werden die Leute sagen: jene in Chorostkow hat ihn nicht gewollt!"

„Das ist mir sehr gleichgiltig", sagte Moschko seufzend. „Mir wird gewiß nie ein Mädchen gefallen. Ich bleibe ledig."

„Warum?"

Sie fragte es so schlicht, so unbefangen . . . Selbst eine Kuhmagd in Podolien kann kokett sein, wenn es ihr in den Kram paßt.

„Du fragst noch?" rief er, „Du weißt es ja so gut, wie ich!"

„Ja!" sagte sie. „Aber ich weiß auch, daß uns Niemand helfen kann, auch Gott nicht. Es ist das Beste, wenn Du mich vergißt!"

„Aber ich kann nicht!" rief er. „Ich habe es probirt, aber ich bringe es nicht zu Stande. Wenn Du mir verbietest, Dich zu sehen, so werde ich Dir gehorchen. Aber glaube nur nicht, daß dies für mich gut sein wird. Ich werde verrückt werden, das sage ich Dir!"

„Man wird nicht so leicht verrückt — übrigens, was willst Du?"

„Dich!"

„Und ich will Dich und es kann doch nichts daraus werden."

„Es muß!" rief er und faßte ihre Hand und preßte sie so fest, daß diese rothe Hand in der seinen ganz blaß wurde. „Es muß, ich bin ein Feigling gewesen, als ich Dir diese Zusage geleistet habe. Es geht über meine Kraft!"

„Aber es streitet gegen Gott!"

„So soll er mich strafen. Wenn ich nur zuerst glücklich bin!"

„Und was werden die Menschen sagen?"

„Wer Etwas sagt, den schlage ich nieder!"

„Aber was kann ich thun, wenn sie mich quälen?"

„Dir nichts daraus machen! So denke ich! Und darum: ich werde Dich sehen, so oft ich kann. Aber Dich zwinge ich nicht, von Dir verlange ich nichts. Meine Liebe braucht Dich ja gar nichts anzugehen. Du magst es halten, wie Du willst."

„Sprich nicht immer von meinem Willen! Wenn es nur von mir abhinge . . . ."

„Nun?"

„Du weißt ja, was ich dann thäte! Verstelle Dich nicht! Ich habe Dich lieb und darum — gerade darum, lebe wohl!"

Sie riß ihre Hand aus der seinen.

„Gut", sagte er grimmig. „Ich habe nichts dagegen. Es ist mir gleichgiltig, ob Du mich nicht lieb hast, oder ob Du nur zu feig bist, mich zu lieben. Ich aber liebe Dich, und werde Dich wenigstens anschauen, so oft ich kann, jeden Tag."

„Das wirst Du nicht — "

„Warum?"

„Weil dann die Leute mich necken werden!"

„Du und immer Du! rief er. „Nach mir fragst Du nicht. Dir wäre es gleichgiltig, wenn ich mich aufhängen würde."

„Moschko!" rief sie und fing heftig zu weinen an und fiel ihm um den Hals, „wenn ich mir nur zu helfen wüßte!" —

Er achtete nicht auf ihre Thränen. „Willst Du mich lieb haben?" fragte er und erstickte sie fast mit seinen Küssen.

„Ja!" schluchzte sie und riß sich doch wieder aus seinem Arm.

„Und ich darf Dich wenigstens jeden Sonntag sehen und sprechen?"

„Ja, aber jetzt muß ich nach Rossow."

Sie ging, aber doch erst nach zwei Stunden.

Von da ab kamen die Beiden häufig zusammen, und es ist von ihrem Glück nichts weiter zu berichten. Höchstens, wie sie es hehlten. Sie wußten, daß über ihren Häuptern die Gefahr hing, von der Welt entdeckt und erbarmungslos zertreten zu werden. Aber das machte sie nicht trüb, sondern nur schlau und vorsichtig. Sie wechselten häufig ihre Zusammenkunftsorte; sie waren verschwiegen und ihre Liebe gab ihnen sogar die Kraft, unbefangen zu scheinen.

So konnte von den Leuten in Barnow Niemand erfahren, wie schwer sich Moschko vergehe, und von den Leuten in Korowla Niemand, welche Frevlerin die Kasia sei. Auch der hochwürdige Vater Mikita erfuhr es nicht. Wol beichtete die Dirne sehr oft, aber von den Ge=

liebten kam in all' den Geständnissen keine Silbe vor. Und als der Hochwürdige sie einmal fragte: „Nun — hast Du jenem Juden nicht wieder einen Kuß gegeben?" da erwiederte sie unwillig: „Wo denkst Du hin, das thut man einmal, aber nicht wieder!"

Aber andere Sünden beichtete sie, von denen sie keine begangen hatte. Wie sie das Vieh habe absichtlich hungern lassen, wie sie ihrem Herrn einen Metzen Korn gestohlen und Aehnliches. Aber während sie davon sprach, sehr lange, so daß der Hochwürdige einnickte oder ungeduldig wurde, dann pflegte sie sehr rasch dazwischen zu flüstern: „Und ferner: ich habe den Moschko lieb!" Aber das verstand Mikita nicht und sagte zum Schlusse gemächlich, nachdem er ihr eine Buße von einigen Kreuzern oder Eiern auferlegt: „Absolvo te!"

Damit war das Gewissen der Magd beruhigt. Gesagt hatte sie es ja doch. Und war es ihre Schuld, wenn der Hochwürdige nicht aufmerksam zugehört oder gar geschlummert?!

Was aber Moschko betrifft, so hatte er gar nicht die Empfindung einer Sünde und wenn sie ihn zuweilen ankam, so half er sich sehr leicht darüber hinweg. Er hatte das Gefühl, daß ein Verhältniß, welches zwei Menschen so glücklich mache, eigentlich gar keine Sünde sein könne.

Nur dem Marschallik wich er aus. Denn der kleine Mensch sah ihn immer mit sonderbar durchdringenden Augen an, mit traurigen Augen. Der Marschallik sagte nichts, aber er ahnte Alles. Und es betrübte ihn tief, daß sein Liebling auf solche Bahnen gerathen. Im Grunde seines Herzens konnte er sich selbst von einer gewissen Mitschuld nicht freisprechen. Er allein hatte ihn ja einst unter die Christen gebracht.

So ist von den Liebenden und ihren Schicksalen wenig zu sagen aus jener Zeit, da sie glücklich waren.

Aber sie waren nur einen einzigen Winter lang glücklich, und im Frühling des nächsten Jahres wurden sie sehr, sehr unglücklich. Da traten drei Ereignisse hinter einander ein, an welche sie nie gedacht hatten, obwol es sammt und sonders keine unerhörten Ereignisse waren.

Das Erste kann sehr kurz berichtet werden.

Als Moschko wieder einmal zu seiner Kasia kam, da fiel sie ihm unter bitteren Thränen um den Hals und flüsterte ihm etwas zu . . . . .

Das Zweite war, daß sich in einer Märznacht dem greisen Schmied sein Traum erfüllte: er wurde erlöst. Wahrscheinlich hatte er in jener Nacht noch einmal die weiße Lilie geschaut. Denn als ihn seine beiden Gesellen am nächsten Morgen nicht in der Schmiede trafen und darum in sein Kämmerchen traten, da sahen sie des alten

Mannes Antlitz so, wie weder sie, noch andere Leute in
Barnow es je erblickt. Auf diesem sonst so düsteren
Antlitz lag ein Ausdruck unsäglicher Ruhe, Heiterkeit und
Verklärung. Was den alten Mann so heiter getröstet,
konnte er Niemand erzählen, denn er war todt.

Sein Besitzthum fiel an einen armen Vetter, der
bisher in Rußland gelebt. Der bezog nun die stattliche
Schmiede und sein Erstes war, dem Hawrilo zu sagen:
„Du bleibst" und dem Moschko: „Du gehst". Einen
Juden konnte er nicht brauchen. Nur auf Fürbitte des
Hawrilo ließ er ihm sechs Wochen Frist, einen anderen
Meister zu finden.

Aber dieser Sorge ward Moschko durch das dritte
Ereigniß enthoben: der Rekrutirung.

Elftes Kapitel.

—

Die Rekrutirung in Barnow!

Wer in einem der Kothstädtchen des österreichischen Ostens zur Zeit verweilt, da dies Ereigniß herannaht, dem wird zu Muthe, als befände er sich in einem Ameisenhaufen, in welchen sich jählings ein Stock einbohrt. Alle Bande der Ordnung sind gelöst; in unsäglicher Wirrniß purzeln die Thierchen durch einander und zappeln und flüchten.

Das Gleichniß paßt vollkommen. Denn es ist ja im Grunde nur ein Unterschied: die armen Ameisen können nicht ahnen, ob und wann es einer übermüthigen Hand belieben wird, in ihren Bau den zerstörenden Pfahl zu treiben, während die Leute von Barnow recht wohl wissen, daß alljährlich im Frühjahr die kaiserlich-königliche Assentirungs-Commission in das Städtchen kommt. Aber es trifft sie gleichwol sehr hart und bringt sie in unsägliche Angst und Bedrängniß.

Die Leute von Barnow, die Juden wie die Ruthenen, machen sich sonst wenig Gedanken über den Staat. Er ist ihnen kaum ein moralischer Begriff, nur eben eine physische Macht, eine einzelne Menschenhand: der Monarch. Sie verehren diese Hand nicht minder, als sie die Hand Gottes verehren, und vielleicht aus denselben Gründen; sie spüren den Griff der Hand, aber die Person, welcher sie angehört, sehen sie nicht. Der Kaiser von Oesterreich und der liebe Herrgott stehen dem podolischen Bauer und Juden gleich fern. Und es ist eine Frage, die man kaum entscheiden kann, vor wessen Antlitz zu treten ihnen leichter fiele und wessen Hof ihre Phantasie sich mit abenteuer-licherem Glanze ausmalt . . .

Von Bürgerrecht und Bürgerpflicht, von einer Ein-sicht in Mittel und Zwecke des Staates, ist unter diesen armen Menschen, die ihr Dasein in tiefem Dunkel dahin-schleppen, keine Vorstellung. Was der Staat ihnen Gutes bietet, ist ihnen so gewohnt und vertraut, daß sie nie darüber nachdenken. Der Staat baut die Straßen und schützt ihr Eigenthum, ihren Leib und ihr Leben, aber das haben ja auch ihre Großväter so gehabt; sie ahnen gar nicht, daß das vom Staate kommt! Bleiben also nur die Pflichten, um ihnen den Staatsgedanken einzu-prägen. Nicht blos in Podolien, auch anderwärts, em-pfindet der Niedere die Bande, welche ihn an den Staat knüpfen, nur als ein Netz, welches ihm die Geburt schon

über den Nacken legt, in welchem er sich sein Leben
durch abzappelt, welches ihm erst der Tod von den
Schultern nimmt. Aber kaum anderswo tritt dies so
grell zu Tage.

Zwei Pflichten sind es insbesondere, welche dem
ruthenischen Bauer, dem jüdischen Städter in Galizien
das Staatsbewußtsein einprägen: die Geldsteuer, die
Blutsteuer.

Die erstere wird ergeben und pflichtgetreu geleistet.
Der Jude mindestens läßt es nur im äußersten Falle
zur Execution kommen. Schon aus Klugheit, weil eine
Execution Geld kostet. Aber nicht aus Klugheit allein.
Die Nothwendigkeit dieser Steuer sieht er ein. Der
Kaiser, sagt er sich, ist ein hoher Herr, er muß standes-
gemäß leben und hat überdies so viele Beamte zu füttern!
Er verlangt das Geld nicht aus Muthwillen, er braucht
es wirklich. Also muß man es ihm geben.

Anders die Blutsteuer. Wozu man Soldaten brauchen
kann, das ist klar: dem Kaiser das Land zu schützen und
seine Feinde todtzuschlagen. Aber hat denn der Kaiser
so viele Feinde? Und wäre es nicht möglich, daß man
friedlich mit ihnen einen Ausgleich träfe? Ist denn zum
Beispiel der Preuße ein gar so böser Mensch, daß ihm
im Guten gar nicht beizukommen? Er verliert ja im
Kriege auch sein Fleisch und Blut! Sie sind sehr beschränkte Politiker, die Leute von Barnow; die Noth-

wendigkeit des Krieges leuchtet ihnen absolut nicht ein.
Auch sind sie Hochgefühlen von antiker Einfachheit und
Größe verschlossen und für den Ruhm haben sie gar
kein Verständniß.

Aber weit grimmiger, als der Verstand dieser Men=
schen, kehrt sich selbstverständlich ihr Gemüth gegen die
Blutsteuer. Es ist keiner Familie angenehm, ihren Sohn
jahrelang entbehren zu müssen, ihn vielleicht in der
Fremde sterben oder verderben zu lassen. Das gilt von
den Christen, wie von den Juden. In Allen sträubt
sich der starke Egoismus des Naturmenschen gegen die
Wehrpflicht. Auch der ruthenische Bauer wird ungern
Soldat, sehr ungern. Dem Juden vollends erscheint
dies Loos als das fürchterlichste Unglück. Die Gründe
hiefür sind bereits berichtet und wir haben hier nur die
Folgen dieser Anschauung zu betrachten. Mit anderen
Worten: die Rekrutirung in Barnow schildern, heißt im
Grunde nur erzählen, was die Leute anstellen, um nicht
rekrutirt zu werden.

Die Ruthenen fassen die Sache minder tragisch auf.
Erwünscht ist es keinem, auf den Assentplatz zu gehen,
aber wenn er abgestellt wird, so ist er nicht allzuschwer
getröstet. Uebrigens hält ihn auch der Fatalismus,
dieser Grundzug der slavischen Volksseele, von gar zu
heftigen Anstrengungen ab. „Wenn es vom Schicksal
bestimmt ist", seufzt der Wassilj oder der Hawrilo und

trottet langsam vor die Commission, das Haupt gesenkt, wie das Schaf vor dem Gewitter. Nur zuweilen kauft ein reicher Bauer seinen Sohn los oder versucht es, die Commission zu bestechen. Aber dies geschieht nicht oft, schon deshalb nicht, weil es in Podolien nicht viele reiche Bauern gibt. Nur zuweilen brennt ein Assentpflichtiger durch, verdingt sich nach Rußland, nach Ungarn, läuft wohl gar bis in die Moldau. Oder er desertirt dem Transport und schlägt sich in die Karpathen und lebt in dieser ungeheueren Wüstenei vogelfrei, aber auch frei, wie ein Vogel. Doch auch dies kommt kaum häufiger vor, als anderwärts. Nur Ein Mittel gebraucht der Ruthene öfter, als der deutsche Bauer: die Selbstver= stümmlung. Alljährlich im Frühling fällt mancher Dau= men; mancher stattliche Bursche macht sich selber lahm. Das nützt ihm freilich nicht viel, statt in die Kaserne, kommt er in's Criminal. Aber der gräßliche Unfug währt fort und wird wol nie ganz auszurotten sein.

So drastische Mittel gebrauchen die Juden nie; sie suchen sich auf andere Weise zu helfen: durch List. Sie kämpfen gegen die Assent=Commission, wie die Rothhäute gegen die Weißen. Es ist ein Kampf, in dem alle Mittel gelten. Alle, auch die sonderbarsten Mittel. Es wäre unmöglich, diese Listen und Schleichwege erschöpfend zu schildern. Denn es ist das scharfsinnigste Volk der Welt, welches hier gegen eine verhaßte Institution streitet, und es kämpft für seinen heiligsten Wahn, für seinen Antheil am Jenseits.

Hier nur einige Andeutungen.

Auf dem Marktplatze von Barnow steht ein kleines Haus, nicht so schmutzig, wie seine Nachbarn, sondern noch viel schmutziger. Vielleicht, weil es kein Privathaus ist, sondern ein städtisches Gebäude, welches öffentlichen Zwecken dient. Ein solches Haus ist auch anderwärts irgendwie ausgezeichnet, z. B. durch monumentale Bau- art, dieses hier durch monumentalen Schmutz.

Das ist das Gemeindehaus von Barnow. Ueber dem Eingang ist schief eine Tafel angenagelt, eine sonder- bare Tafel, die einst schwarz war und heute grau ist, die einst viereckig war und heute seltsam ausgezackt er- scheint. Auf dieser Tafel steht mit gelben Buchstaben in lateinischer Schrift:

„Judisch Gemaind Kanzellaria.“

Die Worte müssen übrigens heutzutage schon mehr geahnt, als gelesen werden. Zur Zeit, da diese Ge- schichte sich begab, blinkten sie noch hell und deutlich. Aber wer damals die Thüre öffnete und in den einzigen, großen, fürchterlich verwahrlosten Raum trat, wußte auch ohne die Tafel, wohin er gekommen. Denn da saß hinter einem wackligen Tische Luiser Wonnenblum, der jüdische Gemeindeschreiber, und verfertigte auf halbbrüchi- gem Bogen „Eingaben“ oder liniirte Tabellen.

Luiser Wonnenblum war kein Adonis. Er war
klein, pockennarbig, höckrig. Aber aus den enggeschlitzten
Aeuglein blitzte viel Schlauheit und Geistesschärfe. Nur
der Dumme hat Glück, Luiser hatte viel Unglück gehabt. Sein Vater war ein reicher Wucherer gewesen
und hatte den Sohn zu demselben Gewerbe erzogen.
Und weil er ein Wucherer werden sollte und nicht etwa
ein Gelehrter, so durfte er „deutsch" lernen, um das
bürgerliche Gesetzbuch zu verstehen und — das Straf-
gesetz Luiser verstand es vorzüglich. Er ward ein sehr
reicher Mann. Da kam ihm der drollige Einfall, auch
einmal, der Abwechslung wegen, ein ehrliches Geschäft
zu machen. Er unternahm einen großen Getreide-Export,
und ging dabei kläglich zu Grunde. Nun wendete er sich,
um nicht Hungers zu sterben, einer Thätigkeit zu, für welche
ihn auch sonst seine Neigungen befähigten — er wurde
der Winkelschreiber von Barnow und Geschäftsführer der
Gemeinde. In diesen beiden Thätigkeiten kam er wieder
zu leidlichem Wohlstand, weil er hier selten Gelegenheit
fand, ehrliche Geschäfte zu machen.

Luiser hatte die Matrikeln zu führen. Er allein
konnte es, denn fast er allein war der deutschen Schrift
mächtig. Und was in den Matrikeln steht, bildet bekanntlich die Grundlage der Rekrutirungs-Listen.

Da wurde also zum Beispiel dem Froim Luttinger
ein Sohn geboren. Der Vater war der Ansicht, es sei

just nicht nöthig, daß Luiser's offizieller Griffel dies erfreuliche Ereigniß verzeichne. Weil aber Luiser dazu verpflichtet war, so bedurfte es natürlich einiger hundert Gründe, um ihn zu der Ansicht des zärtlichen Vaters zu bekehren. Die Gründe waren zahlreich, aber einer glich dem anderen und auf jedem stand: „Ein Gulden Conventionsmünze." Nachdem diese Gründe gewirkt, erfuhr weder die Commission, noch die Statistik etwas von der Existenz des jungen Luttinger. Er lebte ein völlig unbehelligtes und gänzlich documentloses Dasein.

Natürlich durfte Luiser nicht häufig so vergeßlich sein, weil sonst leicht dem Kreisamte die jählings verringerte Fruchtbarkeit in Barnow hätte auffallen können. Aber es gab andere, minder gefährliche Mittel. Die Statistik lehrt als Axiom, daß die Frauen auf Erden zahlreicher sind, als die Männer. Aber nirgendwo hat dies Axiom mehr Bestätigung gefunden, als in Barnow, so lange Luiser als Gemeindeschreiber wirkte.

Da ward zum Beispiel dem uns wohlbekannten Simon Galgenstrick, dem munteren Fuhrmann, ein Sohn geboren und „Aaron" genannt. Verzeichnete Luiser dies gewissenhaft, so mußte zwanzig Jahre später der Jüngling vor der Affent-Commission erscheinen. Darum ging der muntere Galgenstrick in die „Judisch Gemaind Kanzellaria" und überzeugte dort den Wonnenblum, daß der Neugeborene eigentlich ein Mädchen sei. Luiser zählte die Gründe nach und weil er sie genügend befand, so schrieb er in die Rubrik der „Geburten“:

15. März. Rebecca Galgenstrick.

Und Rebecca wuchs heran und nahm ein Weib und zeugete fröhliche Kinder, und wenn sie von der Wehr= pflicht hörte, so streichelte sich Rebecca behaglich und still lächelnd den langen Bart.

Aber nicht blos die Geburt, auch das Sterben hatte Luiser zu verzeichnen. Und auch mit dem Tod lassen sich Geschäfte machen, wenn man findig ist.

Da stand in den Listen „Jacob Kleinmann“. Es war ein prächtiger Bursche, der diesen Namen trug, groß, stark, tadellos und fehlerfrei. Wer sich so den neunzehn= jährigen Fleischergesellen ansah, der konnte, ohne just ein Prophet zu sein, wissen, was er in einem Jahre sein würde: Flügelmann der ersten Kompagnie!

Da that Eile Noth Jacob Kleinmann mußte sterben und er starb eines jähen Todes. Während der Stadt= arzt von Barnow, ein ehrlicher Mann, krank darnieder= lag und statt seiner der Wundarzt die Todtenbeschau verrichtete, verlor der blühende Jüngling durch einen Schlagfluß sein Leben. Dann ging er auf ein Jahr nach Kolomea und Luiser trug den erschütternden Todesfall in die Listen ein.

So plump und direct konnte man aber das Sterben selten bewerkstelligen. Der Stadtarzt war unbestechlich.

Und auch sonst war die Sache zu gefährlich, und konnte leicht entdeckt werden. Dann hätte der Todte nicht blos lebendig werden, sondern einige Lebendige hätten in's Zuchthaus wandern müssen. Wenn aber Jemand in die Moldau ging und dort starb, so war dies weit bequemer und sicherer. Nach fünf Jahren konnte er immerhin neugeboren und mit funkelnagelneuem Namen in die Heimath zurückkehren und da so lange leben, bis er wirklich und wahrhaftig starb. So gingen denn viele junge Leute nach Jassy, Roman, Bottuschany, um da ihren Geist aufzugeben, und Luiser gab ihnen Empfehlungsbriefe an dortige Geschäftsfreunde mit, damit diese ihnen zu einem raschen und billigen Tod behilflich seien.

Noch vielseitiger, noch thätiger war Luisers Concurrent, Beer Blitzer „der Faktor". Wer des Einen Hülfe nicht gewann, begab sich unter des Andern Schutz. Doch war die Concurrenz keine directe: während Luiser dafür sorgte, daß der „Militärpflichtige" nicht vor der Affent-Commission zu erscheinen brauche, sorgte der „Faktor" dafür, daß ihn die Commission für untauglich erkläre.

Das Geschäft eines „Faktors" ist fast ebenso schwer zu definiren, wie jenes eines „Marschalliks". Denn beide Berufe sind naturgemäß aus Bedürfnissen und Verhältnissen hervorgegangen, von denen die Gesellschaft des

Wesens kaum eine Ahnung hat. Auch zum „Faktor"
muß man geboren sein, der bloße Wille und Fleiß ge=
nügt nicht. Aber das ist auch die einzige Aehnlichkeit.
Den „Faktor" verachtet Jeder, den „Marschallik" liebt
Jeder. Der „Faktor" hat nur ungemüthliche Ver=
richtungen, der „Marschallik" nur gemüthliche. Der
„Faktor" verdient oft viel Geld, der „Marschallik" bleibt
sein Leben lang ein armer Teufel. Der „Faktor" hat
mit Christen und Juden zu thun, und wäre die Kluft
zwischen ihnen minder tief, so wäre auch seine Rolle zu
Ende. Der „Marschallik" aber beschäftigt sich nur mit
seinen Glaubensgenossen, und es ist nicht abzusehen,
wann er ihnen jemals entbehrlich werden könnte.

Nothwendig sind sie derzeit Beide und naturgemäß
auch. Der „Marschallik" kommt dem Bedürfniß eines
gedrückten Volkes entgegen, welches selbst nicht viel
Lustigkeit hat und daher einen Lustigmacher braucht, um
lachen zu können; eines nüchternen Volkes, welches die
Eheschließung wie ein Geschäft behandelt und daher einen
Mann benöthigt, der dies Geschäft mit vielem Verstand
und einigem Gemüth zu Stande bringt. Der „Faktor"
aber entspricht den Bedürfnissen der slavischen Welt,
welche gerne genießt, ohne zu arbeiten, gerne durch
andere verrichten läßt, was der Deutsche und Romane
selber besorgt; gerne den Taumelbecher des Heute bis
zum Grunde leert, mag auch dann der Katzenjammer des

Morgen noch so gräßlich sein. Und nicht minder entspricht er den Bedürfnissen jener jüdischen Welt, welche,
arg gedrückt und durch den Druck schlau und verschüchtert,
auf dunklen Wegen dunkle Ziele zu erreichen sucht. Und
darum hat ein „Faktor" schier noch mehr zu thun, als
ein „Marschallik".

Die Frau Bezirksrichter braucht ein neues Kleid
oder auch nur einen Hut Zucker. Soll sie das etwa selber
einkaufen? Bewahre! Erstens kostet das viele Mühe,
zweitens droht vielleicht die Gefahr, daß die Leute nichts
mehr auf Borg geben. Sie läßt den „Faktor" rufen
und gibt ihm den Auftrag. Beer Blitzer versteht sich
auf Alles, darum auch auf Kleider und Zucker. Einige
Stunden später hat die Gnädige das Gewünschte. Natürlich theuerer und schlechter, als sie es selbst hätte ein-
handeln können — aber was liegt daran? Auch die
anderen Frauen bemühen sich ja nicht selbst!

Der Herr Gerichtsadjunct hat eine kleine unan-
genehme Affaire gehabt. Er hat einen Juden willkühr-
lich und ohne jeden Grund acht Tage im Arrest gehalten, vielleicht auch ein wenig prügeln lassen. Acht
Tage nur und wenige Prügel, aber der Jude war doch
so unvernünftig, beim Obergerichte Klage zu führen.
Nun ist die Untersuchung angeordnet und der Herr Gerichtsadjunct ist in Gefahr, des lumpigen Juden wegen
zum Teufel gejagt zu werden. Es kommt Alles darauf

an, daß der Mißhandelte widerruft oder sich wenigstens nicht mehr genau daran erinnert, was ihm widerfahren. Beer Blitzer eilt als Vermittler hin und her. Und wenn es überhaupt möglich, dann ist sicherlich er der Mann, eine solche kleine Vergeßlichkeit zu Stande zu bringen.

Zuweilen kommt es auch umgekehrt: es liegt Jemand im Ghetto daran, daß der Herr Gerichtsadjunct vergeßlich sei. Wolf Biegeleisen hat dem Herrn Husaren-Lieutenant Alabár von Felhossy fünfhundert Gulden geliehen, gegen Wechsel und schriftliches Ehrenwort. Das heißt: Fünfhundert mußte Alabár schreiben und die Hälfte bekam er. Und der leichtsinnige Mensch hat den Betrag nur in Ziffern geschrieben. Der Verfallstag kommt heran; er kann den Wechsel nicht einlösen und das ist schlimm, denn er hat ja sein Ehrenwort verpfändet. Wolf drängt jedoch nicht allzusehr. Aber zwei Monate darauf wird er grimmig: er präsentirt den Wechsel und da steht: „5000". Der Lieutenant flucht und droht mit der Betrugsanzeige, worauf Wolf ruhig meint, der Herr Lieutenant habe sein Ehrenwort gebrochen und wenn der Herr Lieutenant zu Gericht gehe, so gehe er zum General-Commando. Alabár kann nicht zahlen; er quittirt den Dienst und macht die Strafanzeige. Die Untersuchung beginnt. Aber Beer Blitzer nimmt sich der Sache an und der Act bleibt lange Wochen liegen. Dann kommt ein Ausgleich zu Stande: die Untersuchung wird eingestellt . . .

Der Herr Graf Alexander Rodzicki hat wieder einmal kein Geld. Das ist ein etwas unangenehmer Zustand, der für den Herrn Grafen nicht einmal mehr den Reiz der Neuheit hat. Aber noch schlimmer ist, daß ihm derzeit Niemand mehr etwas borgen will. Das ist just kein Wunder, denn es ist sehr zweifelhaft, ob dem Herrn Grafen noch die gräflichen Knöpfe auf seiner gräflichen Czamara gehören. Eine böse Historie also. Da wird Beer Blitzer gerufen und er weiß Rath, noch mehr, er weiß Hilfe. Er nimmt einen Wechsel und bringt dreihundert Gulden. Wie er das zu Stande gebracht? Das ist sein Geheimniß. Und welche Summe auf dem Wechsel verschrieben ist, zu welchen Zinsen sich der Graf verpflichtet? Es ist gleichgiltig, am meisten dem Grafen; er gedenkt weder die Zinsen noch das Capital zu bezahlen! . . .

Ein schöner, leuchtender Zug des jüdischen Volksgemüths ist die große Barmherzigkeit gegen die Armen. Im Westen, wo dieses Volksgemüth unverbittert ist, wo weder Druck, noch ungerechte Unbill es verhärten, wendet sich dies Erbarmen auch Andersgläubigen zu. Im Osten, wo der Christ für das arme, mißhandelte „jüdische Hundsblut" nichts hat, als Haß und Hohn, kümmert sich selbstverständlich auch der Jude nur um seinen

Glaubensbruder. Redlich und reichlich wird für die
Armuth gesorgt. Das kleinste Städtchen hat genügende
Fonds oder doch Vereinigungen, die nach Kräften bei=
steuern. Nicht blos für die Armen ihres Orts! — die
eiserne Klammer von Außen her hat aus diesen Men=
schen eine große Familie gemacht. Wer immer, mit ge=
nügenden Zeugnissen versehen, in eines dieser Städtchen
kommt, geht nicht mit leeren Händen davon. Der Eine
sammelt die Ausstattung für seine Tochter, der Andere
Brot für die Familie seines Bruders, der Dritte für
den Aufbau einer verbrannten „Schul'", der Vierte
Subscriptionen für ein frommes gelehrtes Werk, der
Fünfte will den Rest seiner Tage in Jerusalem be=
schließen, der Sechste sammelt Gaben für ein Siechen=
haus — und so weiter, eine Aufzählung wäre unmög=
lich. Daß sich darunter auch Unwürdige finden, welche
diesen edlen Zug ihres Volkes unbarmherzig ausnützen,
ist selbstverständlich. Aber Niemand versteht dies besser,
als Beer Blitzer. Im Verein mit Luiser Wonnenblum
hat er eine ganz regelrechte Documenten=Fabrik ein=
gerichtet. Wenn ein Jude dieser Gegend „Schnorrer"
werden will, kommt er nach Barnow und holt sich hier
unter des Faktors Vermittlung die nöthigen Papiere.
Die fernen Glaubensgenossen in Posen, Litthauen und
der Moldau müssen die Leute von Barnow für die ge=
lehrtesten, unglücklichsten und heiratslustigsten Menschen

unter der Sonne halten. Jeden Tag rückt ihnen ein
Barnower mit einem Werk, einer Tochter, einem Brand=
unglück auf den Hals.

Das sind nur einige Proben von der Thätigkeit des
„Faktor", aber sie gestatten einen Schluß auf das Uebrige.
Von dem Wechsel der Zeiten ist dieser Beruf selbstver=
ständlich so abhängig, wie kaum ein anderer. Neue Ge=
schäftszweige kommen auf, andere gehen unter. So
widmet sich zum Beispiel der moderne „Faktor" auch
sehr eifrig der politischen Thätigkeit. Er spielt eine
große Rolle bei den Wahlen für die Landes= und Reichs=
vertretung. Natürlich! — er kennt ja alle Welt und
ihre Schwächen! Uebrigens agitirt er nur nach be=
stimmten Principien, er ist ein Mann der Ueberzeugung;
er wirkt nur für jenen Candidaten, welcher ihn am
besten bezahlt. Nie für einen Anderen! Als sich die
Juden Galiziens bei den letzten Wahlen in einzelnen
Bezirken dazu aufgerafft, Abgeordnete ihres Glaubens
zu wählen, da haben die Herren „Faktoren" fast aus=
nahmslos für die polnischen Candidaten gewirkt.

Das konnte Beer Blitzer nicht mehr, er war längst
todt, als Oesterreich ein Verfassungsstaat wurde. Aber
zu seiner Zeit blühte dafür ein anderer Geschäftszweig,
der heute nur noch spärlich betrieben werden kann.
Damals war der „Faktor" noch der privilegirte Be=
stechungs=Agent bei der Rekrutirung, der Vermittler

zwischen der Bevölkerung und der Assent=Commission.
Das geht heute viel schwerer, weil die Verhältnisse nicht
mehr so corrupt sind, wie einst, weil sich die Aufmerk=
samkeit des Staates diesem Menschenhandel zugewendet
hat. Aber ganz wird dieser Unfug erst aufhören, wenn
unter dem Einfluß einer milderen Zeit, aus den ge=
knechteten Juden des Ostens dereinst selbstbewußte Staats=
bürger werden, welche die Segnungen eines freisinnigen
Staatswesens genießen und darum auch willig seine
Lasten tragen.

In jenen Tagen aber, da unser Moschko sein zwan=
zigstes Jahr erreichte, war Beer Blitzer noch allmächtig.
Er hatte es wirklich in der Hand, ob ein Jüngling
Soldat werden sollte oder nicht. Darum wurde er zwei
Male im Jahre zum sichtbaren Schicksal seiner Mitbürger,
im Frühling und im Herbste, wenn die Schwalben kamen
und schieden: bei der Rekrutirung und Nachstellung. Wer
sich nicht durch die Matrikelkünste Luisers gesichert, wer
nicht sein Heil in der Flucht gesucht, mußte wohl oder
übel mit dem „Faktor“ in Verbindung treten und mit
ihm über den Preis unterhandeln.

Beer Blitzer war ein dämonisch schlauer Mensch.
Er forderte stets viel, sehr viel, aber niemals so viel,
daß es der Stellungspflichtige oder dessen reiche Ver=
wandtschaft nicht erschwingen konnte. Auch ließ er mit
sich handeln. Im Osten gab und gibt es für keine

Artikel „feste Preise". Nicht aus Menschlichkeit legte sich der „Faktor" diese Mäßigung auf. Er that's, um Niemand zur Verzweiflung zu bringen. Denn ein Verzweifelter kann Mancherlei thun, zum Beispiel: das ganze Treiben anzeigen. Oder er kann genügenden Muth finden, um über den Kopf des „Faktor" hinweg mit irgend einem Mitglied der Commission directe Verständigung zu suchen.

In der Regel wurde man also handelseins.

Auch in diesem Handel galten natürlich jene Principien, die jeden commerziellen Verkehr regeln. Wer ein häufiger Kunde war, also etwa ein Vater, der acht Söhne hatte, wurde billiger bedient, als ein Mann, der nur zwei Söhne losbekommen wollte: ein Reicher mußte mehr zahlen, als ein Armer; ein Schwächling kam billiger davon, als ein Starker. Und was solcher selbstverständlichen Rücksichten mehr waren. Die eine Hälfte wurde als Anzahlung gegeben, die andere mußte erst dann beglichen werden, wenn die Gefahr vorbei war.

Diese Geschäfte wurden schon mehrere Monate vor dem verhängnißvollen Tage in's Reine gebracht. Dann hatten die Jünglinge und ihre Verwandtschaft nichts weiter zu thun, als mit Zittern und Beben der Entscheidung entgegenzuharren. Daß es eine Sünde sei, was sie hier auf sich geladen, fiel keinem dieser Leute ein. Sie glaubten im Gegentheil vor Gott und ihrem Gewissen

Recht zu thun, indem sie ihre Söhne davor bewahrten, „Sellner" werden und Gottes Gebote übertreten zu müssen. Klaget darum nicht so sehr diese armen Menschen an, als vielmehr den Aberglauben, der auf ihnen lastet, und jene Mächte, welche sich zwischen sie und das Licht der Welt stellen!

Jener schmähliche Handel aber wurde im Ganzen und Großen ehrlich eingehalten. Es kam selten vor, daß sich ein Befreiter weigerte, hinterher die andere Hälfte des Kaufschillings zu bezahlen. Und schier noch seltener kam es vor, daß Beer Blitzer sein Versprechen nicht hielt, daß Einer der Leute, die mit ihm einig geworden, dennoch das gefürchtete Gewand anziehen mußte. Beer Blitzer wußte eben, was er versprach.

Und was gab diesem Menschen eine solche Macht? Das Geld!

Der „Faktor" kannte die Verhältnisse, die Bedürfnisse, die Schwächen aller Menschen, die ihm wichtig waren. Und er hatte die Kraft, die Schlauheit, die Unbarmherzigkeit, diese Schwächen auszunützen.

Nicht jedes Mitglied der Commission war bestechlich — es gab sehr ehrliche Leute darunter. Aber Einer oder der Andere war leichtsinnig oder in gedrückten Verhältnissen, so daß ihm die Vorschläge des Verführers nicht ungelegen kamen. Auch war es gar nicht nöthig, alle Mitglieder in's Vertrauen zu ziehen, es genügte,

wenn e i n Mann gewonnen war, dem ein Veto zustand.
Aber es genügte eben zur Noth. Auch compromittirte
dann den Bestochenen sein sonderbares Benehmen in
den Augen der Uebrigen. Darum sorgte Beer Blitzer
am Liebsten dafür, daß die ganze Commission bis zum
letzten Schreiber herab an der Bestechung theilnahm.
War aber dies unmöglich, so suchte er mindestens drei
Mitglieder zu gewinnen: einen der Offiziere, einen der
Beamten, einen der Aerzte. Am liebsten den Militärarzt.
Nicht blos, weil er einflußreicher war, sondern auch, weil
die Civilärzte, obwohl sie unentgeltlich den Rekrutirungen
beiwohnen mußten, weit unzugänglicher waren. Das
klingt seltsam, aber es war doch so.

Wir wollen die Männer, die ihr Amt mißbrauchten
und sich in die Hand des „Faktor" gaben, gewiß nicht
reinwaschen. Aber drei Umstände, sehr gewichtige Umstände, sprechen für sie und sind geeignet, unser Urtheil
zu mildern.

Vor Allem war die Besoldung dieser Staatsdiener
eine sehr kärgliche. Wer Familie hatte, zahlreiche Familie, konnte selbst das nöthige Brot nur mit Mühe
herbeischaffen. Denn Galizien war und ist kein billiges
Land. Die Lebensmittel freilich sind nicht theuer. Aber
wer menschenwürdig leben, wer nicht auf all' den be-
scheidenen Comfort verzichten will, dessen Entbehrung
dem Gebildeten fast bitterer fällt, als der Hunger, geräth

auch jetzt noch in herbe Noth. Wie erst damals, wo der Gehalt kaum die Hälfte des heutigen betrug.

Zudem gerieth man nirgendwo in der Welt leichter in Schulden, als in der Landschaft zwischen Weichsel und Dniester. Denn der Neuling sieht zu, wie Jedermann um ihn Schulden macht, Jedermann, er mag den Blick wohin immer wenden, und er bedarf keiner Mühe, um ein Darlehen zu erhalten, man trägt es ihm in's Haus und beruhigt ihn mit grinsender Freundlichkeit bezüglich des Zahlungstermins und der Zinsen. Selbst den Wechsel nimmt man nur eben der Form wegen, um Lebens und Sterbens willen. Aber wehe dem Opfer, wenn es den Wechsel nicht pünktlich einlösen kann. Es folgt ein zweiter, ein dritter — der Betrag verdreifacht sich. Denn nirgendwo ist es schwerer, Schulden abzuschütteln, als eben in selbiger Landschaft.

Was aber endlich die Männer, die ihre Pflicht vergaßen, hauptsächlich entschuldigen mag, ist die Atmosphäre, welche sie umgab. Alle Welt wußte von diesen Rekrutirungs-Geschichten, alle Welt erzählte davon, überall hörte man einzelne Fakta, einzelne Preise nennen. Der traurige Handel wurde so offen discutirt, wie etwa der in Aquavit oder Wolle; Niemand fand Anstand daran, Niemand hatte ein Wort der Mißbilligung. Ist es da nicht begreiflich, wenn ein Neuling, der zum ersten Male in dieses Treiben hineingezogen wurde, endlich dachte

„Was will ich besser sein, als meine Vorgänger? Was
will ich tugendhafter sein, als alle Leute um mich her?"

Im Gegentheil! Es spricht zu Gunsten der viel=
verleumdeten Menschennatur, daß sich noch immer viele
Männer fanden, welche selbst unter diesen Umständen
jeden „Faktor", der zu ihnen kam, die Treppe hinab=
warfen. Das waren kleine Unannehmlichkeiten, die
Ehren=Blitzer weiter nicht drückten. Auch das gehört
zum Geschäft, dachte er. Hie und da bildete wol auch
ein solcher Hinauswurf nur das erste Stadium der Ver=
handlung und ein Resultat kam doch zu Stande. Im
Allgemeinen konnte der Mann mit den Ergebnissen seiner
regelmäßigen Orientirungs=Fahrten in die Kreisstadt zu=
frieden sein. Denn nachdem er die Geschäfte in Barnow
abgewickelt, die Listen geschlossen, den Kaufschilling in
Empfang genommen, pflegte er sich an den Sitz der Be=
hörde zu begeben, um zunächst die Zusammensetzung der
Assentirungs=Commission zu erkunden und dann seinen
Rundgang zu beginnen. Wohl wurden seine Taschen
dabei bedeutend leichter, aber es blieb genug darin übrig.

Nun begann er den dritten Act seiner Thätigkeit.
Es war dies die Organisation, die Vertheilung der
Rollen, richtiger: der Krankheiten und „Fehler".

Ehren=Blitzer war ein erfinderischer Kopf. Aber
dennoch kostete es ihm oft viel Mühe, bis er für einen
gesunden, zwanzigjährigen Lümmel die entsprechende

Krankheit herausgefunden. Wenn Einer ein wenig schielte oder schwach gebaut war, oder keinen genügend gewölbten Brustkasten hatte, da war freilich die Sache leicht. Aber trotz des Schmutzes und der Dumpfigkeit des Ghetto, trotz der furchtbar unnatürlichen Erziehungsweise und der frühen Heiraten, gediehen doch noch immer einzelne Exemplare in der Gemeinde, denen selbst Beer Blitzer schwer einen „Fehler" andichten konnte.

Wenn sich nichts Glaubwürdiges entdecken ließ, dann mußten zwei Krankheiten als ultima ratio herhalten. Erstens ein organisches Herzleiden, welches sich in beständigem heftigen Herzklopfen äußerte. Diese Rolle brauchte nicht erst einstudirt zu werden. Wenn der Hirsch Rosenblum vor der Commission stand, dann klopfte ihm gewiß auch ohne Vorbereitung das Herz zum Zerspringen.

Zweitens Krampfadern. Die mußten freilich erst am Morgen der Assentirung blau angemalt werden. Obwol sonst den bildenden Künsten fremd, besaß Beer Blitzer doch speciell in diesem Zweige der Malerei eine hohe Fertigkeit.

Auch unser junger, armer, betrübter Riese Moschko hätte wol angemalt werden müssen, wenn — ja wenn überhaupt Jemand auch seinetwillen mit dem „Faktor" abgeschlossen hätte! Doch war dies nicht geschehen, aus verschiedenen Gründen. Er selbst hatte kaum daran gedacht. Denn während des Winters war er ja so glücklich gewesen, daß er darüber die ganze Welt vergaß, im Frühling aber, als der Meister starb und die Kasia ihm ihr Geständniß in's Ohr flüsterte, da war er wieder so unglücklich geworden, daß ihm die ganze Welt, Beer Blitzer und die hohe Commission nicht ausgenommen, gleichfalls sehr gleichgiltig war.

Er erinnerte sich der Gefahr erst dann, als er zur „Losung" erscheinen mußte. Es ist dies eine Art behördlich autorisirter Lotterie, welche mehrere Wochen vor dem Assenttage im Gemeindehause veranstaltet wird. Da thronen der Bürgermeister, der Gemeindeschreiber und der Abgesandte der Bezirksbehörde würdevoll um einen Tisch, auf welchem ein Säckchen steht, welches ebensoviele Nummern enthält, als es Stellungspflichtige gibt. Truppweise werden die Jünglinge eingelassen und jeder zieht, nachdem er das Säckchen kräftig geschüttelt und entweder ein Kreuz darüber geschlagen, oder eine hebräische Bannformel gesprochen, eine Nummer heraus, welche die Reihenfolge seines Erscheinens vor der Rekrutirungs= Commission bestimmt. Da jährlich nur ein bestimmtes Contingent ausgehoben wird, so ist die Nummer um so günstiger, je höher sie ist.

Erst als Moschko die Hand in jenes Säckchen steckte und unter den kleinen Papierrollen wühlte, ergriff und rüttelte ihn die Angst. Denn nun, wo er sich in einen anderen Beruf eingelebt, „bei welchem man auch starke

Menschen braucht", nun bangte ihm vor dem Soldaten=
rock. Nicht aus Feigheit, sondern aus richtiger Einsicht.
Und obgleich nun von der Gefahr bedroht, brotlos zu
werden und wegen des Unglücks seiner Kasia im tiefsten
Jammer, war er doch eine viel zu tüchtige Natur, um
sich das zweifarbige Tuch als rapide Rettung aus all'
den Nöthen zu wünschen.

Nachdem er lange unschlüssig im Säckchen gekramt,
zog er eine der Rollen hervor und überreichte sie dem
Gemeindeschreiber.

„Vierhundert zwölf!" las Luiser Wonnenblum.
„Bursche, Du hast Glück! Du bist der Drittletzte!"

Erfreut ging der junge Schmied von dannen und
machte sich nun über die Sache keine weiteren Sorgen.
Er hatte ja deren ohnehin genug.

Aber ein Anderer hörte nicht auf, für ihn zu fürchten
und zu sorgen, und, so weit dem guten Menschen die
schwache Kraft reichte, zu handeln. Das war sein philo=
sophischer Freund, Herr Itzig Türkischgelb. Und eines
Tages, da er sich in einem Ausnahmszustande befand
und völlig nüchtern war, befiel ihn die Sorge so stark,
daß er sich sofort zu einer rettenden That entschloß.

„Er ist zwar nur ein Schmied", sagte er und blickte
dabei starr zu Boden, so weit ihm das möglich war,
das heißt, auf sein Bäuchlein herab, „nur ein Schmied
und eine Geschichte mit einer „Goje" hat er wahrschein=

lich auch), und gegen das taube Rojele aus Chorojtkow
hat er sich auch nicht schön benommen, aber, ich kann
mir nicht helfen, lieb hab' ich ihn doch! Und wenn ich
ihn nicht lieb hätte, so bleibt er doch ein Mensch und
bleibt doch ein Jud und soll kein „Sellner" werden.
Da muß etwas geschehen. Noch heute!"

Nachdem er so sein Herz gestählt, begab er sich zunächst zu jenem Manne, bei dem er zwar keine besondere
Thatkraft, aber doch ein natürliches Interesse für Moschko
voraussetzen durfte, zu Abraham Veilchenduft.

Diesem würdigen Mann war seit jenem Tage vor
sieben Jahren, an dem wir ihm zum letzten Male begegnet, dem Tage, als er den dreizehnten Geburtstag
seines Jüngsten in tiefer Rührung gefeiert, so viel Trübes
und Schmerzliches begegnet, daß er nachgerade das arm-
seligste und reducirteste Schneiderlein der Welt geworden.
Und leider nicht dies allein! Er hatte sich im Laufe
der Zeiten auch jene bedenkliche Art von Rührungen zur
Gewohnheit gemacht und war daher nun auch eines der
versoffensten Schneiderlein der Welt. Vielleicht war dies
auch nur aus Verzweiflung geschehen. Was sein Haupt-
handwerk betrifft, so war er in währendem Zeitenlauf
leider so ganz aus der Mode gekommen, daß man ihm
nicht einmal mehr die Rettung siecher Kaftane und
Stiefelhosen anvertraute. Für seine zwei anderen Gewerbe, das Wachen bei den Todten und die Kranken-

pflege, war ihm in dem jungen, rüstigen Todtengräber
des Ortes ein siegreicher Concurrent erstanden. Sein
viertes Gewerbe, die Schulklopferei, hatte er selbst auf=
geben müssen, weil seine Kräfte hiefür nicht mehr aus=
reichten. Und so hatte er sich allmälig ausschließlich
seinem fünften Gewerbe zugewendet, dem Betteln. Er
wäre dabei sammt seinem Weibe verhungert, wenn nicht
die Kinder nach Kräften für ihn gesorgt hätten.

Freilich waren auch sie nicht auf Rosen gebettet.
Seine drei Töchter waren verheiratet, wie denn über=
haupt in Podolien jedes Mädchen heiratet, sei's auch so
unpassend, daß die Ehe sofort wieder getrennt werden
muß, nur um der entsetzlichen Schmach und Sünde zu
entgehen, unvermählt geblieben zu sein. Die drei Frauen
lebten mit ihren Ehegatten im Frieden, aber keine hatte
ein Glück gemacht, wie ihre Tante, die dicke Golde Hell=
stein, vielleicht weil keine so dick war. Die armen Mägde
hatten arme Knechte geheiratet und lebten in großem
Elend. Auch den Söhnen ging es nicht sonderlich. Der
Erstgeborene, Manasse, ein Schneider wie der Vater und
„besonders geschickt im Zuschneiden“, vermochte leider
seine Talente nicht zur Geltung zu bringen; auch er kam
nicht in Mode und nach wie vor blieb Selig Diamant,
das Juwel aus Buczacz, der Schneider der Elegants der
Barnower Judenschaft. Auch „golden Mendele“, der
Zweite, war gar nicht mehr so golden wie früher; sein

Schwiegervater war arm geworden, aber sein Weib hielt ihn deshalb doch grimmiglich unter dem Pantoffel. Und was schließlich unseren Moschko betrifft, so war alles Andere eher bei ihm zu holen, als Geld.

Als daher Herr Türkischgelb sich aufmachte, dem Ex=Schulklopfer einen Besuch zu machen und die Befreiung seines Schützlings durch Loskauf anzuregen, da war er sich wohl bewußt, daß hier höchstens guter Rath zu haben sei, aber sicherlich kein baarer Heller.

Er traf den Alten auf dem Bänkchen vor seiner Hütte, wo er gar trübselig saß und sich von der Sonne bescheinen ließ. Gerührt war er gerade nicht, aber darum doppelt grämlich.

„Recht habt Ihr, daß Ihr so sitzt", begann der Marschallik. „Wir beide haben es nöthig, ausdrücklich zu probiren, ob wir wirklich noch werth sind, daß uns die Sonn' bescheint."

Nach dieser höflichen Einleitung theilte er ihm den Zweck seines Besuches mit, worauf Abraham erwiederte, er habe nichts dagegen, wenn Jemand seinen Sohn befreien wolle, im Gegentheil, er werde diesen Wohlthäter segnen, aber das sei auch Alles, was er thun könne.

Türkischgelb schüttelte den Kopf. „Es hängt doch nur von Beer „Faktor" ab", sagte er. „Und bei dem kann man nicht mit Segen bezahlen. So eine Münze kennt er gar nicht."

„Probiren wir es", sagte Abraham. „Oder wißt Ihr was, gehen wir in die Schänke, vielleicht fällt uns da was ein."

„Da fallen höchstens wir selbst ein!" erwiederte der Marschallik. „Morsch genug sind wir Beide. Nein! Nein! Man muß mit Beer deutsch reden, das heißt —"

Er machte die Bewegung des Geldzählens.

„Vielleicht thut er es diesmal um Gotteswillen!"

„Um Gotteswillen?" meinte der Marschallik. „Nein! gewiß nicht, das wär' auch eine Speculation, die sich ihm nicht auszahlen würde. Er ist ein so großer Sünder, daß ihn Gott gewiß für das siebenunddreißigste „Ge= hennim" (Höllenraum) bestimmt hat. Wenn er eine be= sondere gute That verrichtet, so begnadigt ihn Gott doch höchstens nur zum sechsunddreißigsten „Gehennim". Und das ist schließlich ein so kleiner Unterschied, daß ich's ihm nicht verargen kann, wenn ihm ein Paar Zehner lieber sind."

„Aber woher das Geld nehmen?"

„Nun — wer hat denn das Geld für Euere beiden anderen Söhne gegeben?"

„Für Mendele sein Schwiegervater. Wie, wenn wir Mosche schnell verloben würden?"

„Nein! Nein!" wehrte der Marschallik ab. Er hatte in dem Punkte seine Erfahrungen. „Aber wer hat für Manasse gezahlt?"

„Meine Schwester Golde. Aber jetzt gibt sie nichts mehr her. Wenn es auf sie ankäm', könnt' ich verhungern und verdursten."

„Diesmal muß sie doch dran!" rief der Marschallik. „Kommt, das ist die einzige Rettung."

„Aber sie hat gedroht mich hinauszuwerfen!"

„Das thut nichts", sagte der Marschallik. „Wenn man um Gotteswillen hinausgeworfen wird, so thut es gar nicht weh!"

Und die beiden Greise begaben sich zu der dicken Frau. Veilchenduft weinte, Türkischgelb lachte, Veilchenduft bestürmte durch Rührung, Türkischgelb durch Scherz das Herz der reichen Frau.

Sie widerstand lange, ergab sich jedoch endlich diesen vereinten Bemühungen. „Wenn Beer Blitzer herkommt", versprach sie, „und wenn er mir keinen theueren Preis macht, so will ich sehen, was sich machen läßt."

Dankend entfernte sich Türkischgelb, suchte den „Faktor" auf und brachte ihn zu der dicken Frau.

Ehren-Blitzer war in großer Verlegenheit, welchen Preis er stellen sollte.

Der Bursche war stark — also zweihundert Gulden.

Aber er hatte das letzte Los gezogen — also zwanzig Gulden.

Der Bursche war auch sehr arm — also zehn Gulden.

Aber er hatte eine reiche Tante — also fünfzig Gulden.

Und dabei blieb es und alles Feilschen brachte ihn nicht davon ab.

Das wollte Frau Golde nicht bezahlen und so blieb Alles in der Schwebe.

Freilich nahm sie sich vor, die Sache bald in Ordnung zu bringen. Aber der Tag der Assentirung kam heran, ohne daß Beer Blitzer das Geld erhalten hätte. Und Beer Blitzer handelte nur gegen baar . . .

———

Zwölftes Kapitel.

„Es werden heulen alle Geschlechter und mit den Zähnen klappern, und es wird Jammer und Furcht sein unter den Menschenkindern." So wird uns vom Tage des Weltgerichts verkündet, aber wer es erfüllt sehen will, braucht nicht zu warten, bis die Festen der Erde wanken und die Gewölbe des Himmels bersten. Denn dieselbe Erscheinung läßt sich in Barnow beobachten, alljährlich im April, wenn der Tag der Assentirung herannaht. Und jedes Anzeichen dieses Nahens mehrt den Jammer und die Herzensnoth.

Da ist zuerst die Vorladung zur Losung, dann die Losung selbst. Schon sie bringt, zwar nicht das Schicksal, aber doch eine Vorentscheidung, und darum wird ihr Ergebniß mit fieberhafter Spannung erwartet, und hier mit wildem Jubel, dort mit banger Trauer aufgenommen. Das gilt natürlich von all den Jünglingen und ihren Verwandten, ohne Unterschied der Rasse oder Religion:

Nathan und Hrißko bejammern ein niedriges, bejubeln ein hohes Los, weil die Selbstliebe in jeder Menschen= brust wacht. Aber wie sich nun dieser Jubel und Jammer kundthuen und austoben, darin erweist sich der ungeheuere Unterschied der beiden Völker, die seit Jahrhunderten unvermischt in derselben Landschaft nebeneinander wohnen.

Der Ruthene zieht jedenfalls zur Schenke und zecht sich einen Rausch an, gleichviel zu welchem Zwecke: die Verzweiflung zu lindern oder die Freude zu erhöhen. Erst in der Frühe des nächsten Tages wanken die jungen Bauernsöhne mit ihren Sippen ernüchtert in ihr Dorf zurück. Wer ein hohes Los gezogen, ist nun aller Sorgen baar, wem ein niedriges zugefallen, sieht mit stumpfer Ergebung der Zukunft entgegen. Nach dem Losungstage wird in den Dörfern mehr Schnaps ge= trunken als sonst, aber es findet keine Flucht mehr statt, keine Verstümmelung. Das Schicksal hat gesprochen; es schiene ihnen sündhaft und thöricht, sich gegen seine Ent= scheidung zu mühen.

Anders die Juden. Auch sie Alle haben nach der Losung, wie immer der Zufall dabei gespielt, ein ge= meinsames Ziel, aber es ist nicht das Wirthshaus, son= dern die Betschul'. Der Glückliche muß Gott danken, der Bedrohte nur noch heißer und inniger um seine Hülfe flehen. Man könnte glauben, daß dieses feste Ver= trauen in die Gnade des Allmächtigen die Zuversicht

erhöhen, die Angst verringern und den bewegten Ge=
müthern Ruhe bringen müsse. Aber diesem Volke ist die
Thatkraft eingeboren: kein Zug ist seiner Seele fremder,
als jene stumpfe Ergebung des Slaven. Und wenn der
junge Nathan auch das höchste Los heimgebracht, er und
seine Familie hören doch nicht auf, sich zu mühen, um
die Gefahr zu wenden, welche ihnen nun einmal, nach
ihrer gegenwärtigen Anschauung, diesem traurigen Pro=
duct äußeren Drucks und inneren Wahns, als die furcht=
barste erscheinen muß. Die irdischen Mittel sind bereits
vor der Losung erschöpft, nun werden die himmlischen
in's Treffen geführt. Die Eltern verpflichten sich zu
milden Stiftungen, bezahlen die Steuer für dürftige
Familienväter, oder statten arme Bräute aus. Aller=
dings geschieht Aehnliches während des ganzen Jahres;
es ist ein warmherziges Erbarmen, eine werkthätige
Menschenliebe in diesem Volke; aber in keiner Zeit
fließen die milden Gaben so reichlich, als zwischen dem
Tage der Losung und jenem der Rekrutirung. Daneben
wird auch ein Mittel in's Treffen geführt, welches sowol
himmlische als irdische Zwecke erfüllt. Die jungen Leute
fasten jeden zweiten Tag oder enthalten sich doch des
Genusses von Fleisch und Wein. Denn diese Buße ist
in Gottes Augen wohlgefällig und scheucht zugleich das
Roth der Gesundheit von den Wangen.

Unser Moschko fastete nicht, wie seine Glaubens=

genossen, noch trank er Schnaps, wie die Bauernsöhne. Die Assentirung machte ihm, wissen wir schon, sehr geringe Sorge, weil ihm auf der Seele viel schwerere Lasten lagen. Sein neuer Herr, Simeon Grypko, der Vetter des Wassilj, welcher früher Lohnfuhrmann gewesen, verstand vom Schmiedehandwerk nur so viel, daß ein Jude nicht dazu tauge und behandelte ihn demgemäß. Vergeblich suchte sich der Geselle dadurch seine Gunst und das fernere Verbleiben zu erwerben, daß er mit schier übermenschlicher Kraft vom frühen Morgen bis in die Nacht hinein die schwerste Arbeit verrichtete; vergeblich blieb auch die Fürsprache des ehrlichen Hawrilo. „Wie könnte ich", erwiederte Simeon, „mich so an Gott versündigen? Er hat mich soeben reich mit seiner Gunst begnadet, indem er den alten Wassilj sterben und mir die Erbschaft zufallen ließ. Und dafür sollte ich ihm nur den Dank wissen, daß ich einen der Leute in meinem Hause dulde, welche Ihn an's Kreuz geschlagen haben?" Dabei blieb er, und so mußte sich Moschko, indeß er den Hammer niedersausen ließ, immer wieder fragen: „Was soll nun aus mir werden?" Aber auch dies war seine schlimmste Sorge nicht, sondern der Gedanke an die arme Kasia. Je länger er darüber grübelte, desto trostloser ward ihm zu Muthe. „Nun bist Du ein Schurke geworden trotz Deiner Ehrlichkeit!" sagte er sich zähneknirschend und biß sich die Lippen wund, daß das

Blut hervorquoll, weil es ihm eine Erleichterung war, sich selbst durch körperlichen Schmerz zu züchtigen. „Wenn ein Anderer ein Mädchen in Schande bringt, so kann er ihr die Ehre wiedergeben, du, Schurke, kannst es nicht!" Denn an eine Ehe dachte er keinen Augenblick: noch immer lag·ihm der Gedanke, Christ zu werden, so ferne, daß es ihm eher beigefallen wäre, plötzlich auf den Händen umherzugehen. Auch Kasia dachte nie daran, aber so bittere Thränen sie über die unausbleibliche Schmach weinte, dem Geliebten machte sie keine Vorwürfe, im Gegentheil! sie bemitleidete ihn. „Du Armer!" schluchzte sie. „Ich darf mich wenigstens zu meinem Kinde bekennen, es lieb haben und zu einem braven Menschen machen! Du darfst es nicht! Es wird ja nie erfahren dürfen, daß Du sein Vater bist." Sie war nur eine einfältige Magd und er ein armer Handwerksbursche — aber wie dieser Gedanke in Beider Herzen wühlte, kann doch kein Menschenwort künden ... Wie hätte Moschko da an die Assentirung denken sollen?

Er wurde erst wieder daran erinnert, als sein Vater eines Vormittags athemlos zur Schmiede gelaufen kam. „Moschko!" rief er stammelnd in den dämmerigen Raum hinein, „sie kehren schon ..."

Der junge Riese trat vor die Thüre. „Was kehren sie, Vater?" fragte er gleichmüthig.

„Du fragst noch?" rief Abraham und zerrte verzweifelt an seinen Wangenlöckchen. „Er fragt noch, was man kehrt!" wiederholte er klagend und blickte zum Himmel empor, als wollte er diesen zum Zeugen der betrüblichen Thatsache anrufen. „Die Reitschul' kehrt man, den Assentplatz! Weißt Du nicht, was das bedeutet?"

Moschko wußte es. Es war dies das dritte Zeichen, welches das Nahen der Assentcommission verkündete, und pflegte darum den guten Geschäftsgang der Dorfschänken und den Wohlthätigkeitssinn in dem Städtchen erheblich zu steigern. Aber der Jüngling verlor seine Ruhe nicht. „Ja", erwiederte er, „in drei Tagen kommt die Commission. Aber was soll ich thun? Soll ich kehren helfen?!"

„Sohn", rief der Greis jammernd und hob die Hände flehend zu ihm empor. „Mach' Dir keinen Spaß mit diesen Sachen! Trotze nicht deßhalb gegen Gott, weil Du ein hohes Los hast! Komm' heim und verbringe wenigstens die drei Tage zu Hause und in der Betschul', wie die Anderen!"

Moschko verspürte keinen Drang zum Fasten. Gleichwol mochte er den Vater nicht betrüben. „Es geht nicht", sagte er sanft. „Ich kann nicht meine Arbeit liegen und stehen lassen."

Mit diesem Bescheide mußte Abraham sich zufrieden geben. Betrübt ging er heim. „Er denkt nicht an Gott!"

13*

klagte er seinem Weibe. Aber da irrte er; der junge Schmied betete in diesem Augenblicke so inbrünstig, wie noch selten. Es war freilich ein seltsames Gebet. „Gott im Himmel!" dachte er, während er eine mächtige Stange formte, daß die Funken stoben, „ich weiß nicht, ob Du in meiner Schuld stehst, oder ich in der Deinen! Aber wie immer dies sei, errette mich vor dem Soldatenrock! Du wirst ja einsehen, daß ich nun bei meinem Handwerk bleiben und Geld erwerben und der Kasia helfen muß, unser Kind zu ernähren. Bedenke, was ohnehin schon über mich gekommen ist, oder wenn es anders zwischen uns steht, wenn ich schwere Sünden begangen habe, so strafe mich in anderer Art! Du wirst diese Bitte er= hören, Gott im Himmel, Du mußt sie erhören, denn wenn ich kein Erbarmen verdiene, so denke doch an das arme Kind!"

Es war vielleicht ein sehr sündhaftes Gebet, viel= leicht auch eines der frömmsten, die je auf Erden ge= stammelt worden sind. Aber wie dem auch sein mag, es kam aus tiefstem Herzensgrunde und erleichterte dem Beter das Herz. Er wendete nun die Gedanken wieder seinen anderen Sorgen zu; die Assentirung bekümmerte ihn nicht mehr.

So verbrachte er denn auch die beiden nächsten Tage ruhig in der Schmiede; einer der wenigen Menschen in Barnow und Umgebung, welche auf die Zeichen der

nahenden Gefahr nicht weiter achteten. Am 14. April
umstanden die Leute die gedeckte Reitschule und sahen
zu, wie der verwahrloste Raum von den Gefangenen des
Dominial-Gerichts reingefegt wurde. Im Inneren waren
nur Staubwolken zu sehen, und wenn diese sich verzogen,
einige zerlumpte Kerle mit Besen in den Händen, gleichwol standen die Bewohner von' Barnow andächtig im
Kreise und alle Schauer der Angst und Erwartung gingen
ihnen durch die Seele. Und noch stärker rüttelten sie
die Schauer am nächsten Tage, obwol auch dieser kein
sonderlich interessantes Schauspiel brachte: da umstanden
sie das Gasthaus des Moses Freudenthal und sahen zu,
wie die Fremdenzimmer für die Commission in Stand
gesetzt wurden. „Das ist die Matratze für den Herrn
Major!" flüsterten die Eingeweihten, und das Wort ging
von Mund zu Mund und Alle sahen mit gespannter
Aufmerksamkeit zu, wie die Matratze geklopft wurde.
Am 16. April konnte die Schaulust schon reichere Be-
friedigung finden; da fuhr auf zwei Leiterwagen das
Dutzend Soldaten vom Regimente Parma ein, welche
den Dienst bei der Assentirung zu besorgen hatten.
Flüsternd theilten sich die Zuschauer den Eindruck mit,
den ihnen die bewaffnete Macht einflößte, insbesondere
war der martialische Schnurrbart des Führers, eines
Feldwebels, Gegenstand eifriger Erörterung. Obwol
dieser Schnurrbart sehr imponirend aufgedreht war, ließ

sich der Träger desselben doch herbei, am Abend in der
Schänkstube des David Brennteufel all' den Moldauer
zu trinken, mit dem ihn einige Hausväter der Stadt
regalirten und dabei seine Ansichten über den Charakter
der Commission zu offenbaren. „Es wird furchtbar streng
zugehen, Ihr Juden", versicherte er, „denn der Herr
Major hat die Gicht und der Kreisphysikus, der ver-
dammte Civilist, ist so einfältig, kein Geld zu nehmen.
Wir werden rekrutiren, was stehen und gehen kann!"
Die anwesenden Jünglinge setzten sich sofort, nicht blos,
um dem Feldwebel zu beweisen, daß sie nicht stehen
konnten, sondern weil sie der Schrecken auf einen festen
Sitz niederzwang. „Ja!" fuhr der Feldwebel fort, „der
Kaiser braucht Soldaten, denn es wird bald Krieg geben,
und was für einen Krieg!" — „Krieg!" klang es rings
von bleichen Lippen wieder, nur Türkischgelb, der Marschallik, behielt seine Fassung und meinte: „Zahlet ihm
noch eine Flasche Moldauer und es wird keinen Krieg
geben!" In der That erwies sich dieses Mittel zur
Herstellung des europäischen Friedens als probat; der
Feldwebel äußerte sich weniger blutgierig und gab nach
einer Weile sogar zu: „Nun Ihr Juden, vielleicht ver-
trägt sich der Kaiser diesmal noch mit seinen Nachbarn, obwol ich ihm nicht dazu rathen könnte." Aber
keine der folgenden Flaschen vermochte auch die Gicht
des Majors oder die Ehrlichkeit des Physikus hin-

wegzuspülen, das schien leider Wahrheit und war
es auch.

Davon konnten sich die Leute am Nachmittage des
17. April überzeugen, als endlich jene drei schweren,
plumpen Miethkutschen dahergehumpelt kamen, welche die
hohe Commission von Tluste nach Barnow beförderten.
Aus der ersten stieg der Major; der alte, verwitterte
Kriegsmann mußte sich wirklich auf den Arm des Haupt=
manns stützen und der Schmerz im Kniegelenke entlockte
ihm einen halblauten Fluch. O, wie dieser Fluch allen
Umstehenden in die Beine fuhr, daß auch sie zu wanken
begannen, als hätte das Podagra sie insgesammt mit
Blitzesschnelle ergriffen! Der zweite Wagen barg den
Physikus und den Kreiskommissär, und obwol die Ehr=
lichkeit in einem Antlitz unmöglich so deutlich zu erkennen
ist, wie die Gicht an einem Fuße, so gewahrten die Leute
doch an der verachtungsvollen Art, mit welcher der Arzt
den demüthigen Gruß des Beer Blitzer abwehrte, daß
der Feldwebel auch hierin wahr geblieben. Einigen
Trost bot ihnen nur die Verlegenheit, mit welcher der
Regimentsarzt im dritten Wagen denselben Gruß auf=
nahm. Noch viel befangener war der junge, blasse
Lieutenant an seiner Seite. Der arme Junge! — der
Versucher war in dem Augenblicke an ihn herangetreten,
als er die Pistole geladen, um sich das Hirn zu zer=
schmettern. Mit den fünfhundert Gulden, welche ihm

der „Factor" auf den Tisch gezählt, konnte er seine Ehrenschuld begleichen und war aller Noth enthoben. Gleichwol wollte es ihm in jenem Momente scheinen, als wäre es besser gewesen, die Pistole loszudrücken . . .

Die Physiognomien der sechs Herren und die Art, wie sie den Gruß des wackeren Blitzer aufgenommen, wurden nun für den Rest des Tages zu einem unerschöpflichen Gesprächsstoff, der von Stunde zu Stunde bänger und leidenschaftlicher discutirt wurde. Auch Moschko entging diesen wichtigen Neuigkeiten nicht, als er am Abend aus der Schmiede heimkehrte. „Was geht's mich an?" erwiederte er gleichmüthig, so daß die Leute ihn verwundert anstarrten oder hinter ihm her die Achseln zuckten. „Er ist eben kein jüdisch Kind", meinten sie, „wenigstens keines, wie es sein soll, und hätt' gar nicht das große Glück verdient, ein so hohes Los zu ziehen." Ruhig ging er weiter durch die engen Gäßchen und besah sich das rege Treiben, als wäre er ein völlig unbetheiligter Zuschauer. Aus jedem der Häuser klang heftiges Reden oder Schluchzen, dazwischen das feierliche Rezitiren der Psalmen, dieser wundersamen Dichtungen, zu welchen der Jude stets seine Zuflucht nimmt, wenn sein Empfinden zu stark wird, um ihm eigenen Ausdruck zu leihen, mag ihn nun Leid oder Freude bewegen. Die ärmste Stube, aus welcher einer der Bewohner der Gefahr entgegengehen mußte, war heute hell erleuchtet, wie

sonst nur am Freitag Abend; überall durchwachten die
Mitglieder der Familie die Nacht mit dem Bedrohten.
Auch die Bauernsöhne aus den umliegenden Dörfern
hatten bereits mit sinkender Sonne unter Führung ihrer
Richter und Aeltesten und von all' ihren Lieben geleitet,
ihren Einzug gehalten, auch sie schickten sich an, in und
vor den Schänken die Nacht zu durchwachen und verübten desto wilderen Lärm und Scandal, je bänger ihr
Herz war. So wiederhallte das Städtchen an allen Ecken
und Enden von tausend wirren Stimmen.

Während Moschko so dahinschritt durch all' das
Drängen wildbewegter Menschen, ward ihm selbst die
eigene Ruhe fast unheimlich. „Ich möchte Gott fragen",
tauchte wieder jener Gedanke in ihm auf, den er seit
Jahren nicht abschütteln konnte, „warum ich anders bin,
als die übrigen Menschen?! Warum drängt es mich
nicht zu beten oder in der Schänke lustig zu sein? Freilich, ich bin ja nicht in Gefahr. Aber auch andere haben
hohe Lose gezogen und verbringen die Nacht dennoch
in Gebet oder Lustbarkeit. Und ich? In mir rührt sich
nichts, als wäre mein Herz aus Stein!"

Aber dieselbe Nacht sollte ihn belehren, daß sein
Herz keineswegs steinern war, sondern im Gegentheil
viel weicher und leidenschaftlicher, als ihm zuträglich.
Dafür sorgten zwei Begegnungen, die er kurz nach einander hatte. Als er zur Schänke des David Brennteufel

kam, wo sich die Leute von Korowla unter Führung des
alten Jacek Hlina gelagert, gewahrte er unter den
Dirnen auch seine Kasia. Die Anderen waren gekommen,
um mit ihren Brüdern oder Verlobten noch einmal fröhlich zu sein, ehe ihr Schicksal sich erfüllte: die arme
Magd hatte sich irgend einen schlauen Anlaß ausgeklügelt,
in die Stadt mitgenommen zu werden. Dem jungen Gesellen begann das Herz stürmisch zu klopfen, als er sie
erkannte; dieser stille Beweis ihrer treuen Liebe und
Sorge rührte ihn tief. „O du Gute! du Arme! du
Treue!“ murmelte er vor sich hin. Noch hatte sie ihn
nicht bemerkt und hart kämpfte er mit sich selbst, ob er
sie ansprechen solle oder nicht. Endlich siegte doch die
Sehnsucht, mindestens einen warmen Blick, ein Wort mit
ihr zu tauschen und er trat auf die Gruppe zu, in der
sie stand. „Guten Abend, Ihr Mädchen“, sagte er und
zwang sich zum Scherz, „wollt Ihr Euch morgen rekrutiren lassen?“

„Nein, Jüdchen“, riefen sie kichernd. „Da kämen
wir ja mit Dir in ein Regiment!“ Die Kasia aber
sagte: „Achtet nicht auf ihn! Da strolcht er herum, wie
ein Heide, und hat doch auch einen Gott, zu dem er
beten könnte!“

„Was liegt daran, ob sie ihn nehmen oder nicht!“
riefen die Anderen. „He Jud', möchtest Du gern das
Gewehr tragen?“

Moschko blieb die Antwort darauf schuldig; bang
suchte er dem Blick der Kasia zu begegnen, um zu er=
kennen, ob sie ihm ernstlich einen Vorwurf gemacht.

Es schien wirklich so. Denn als ihre Freundinnen
fortfuhren, ihn zu hänseln, wiederholte sie: „Laßt ihn
gehen! Er ist ein leichtsinniger Mensch! Ich kenne zu=
fällig das jüdische Mädchen, dessen Geliebter er ist; die
Arme hat sich in den letzten Tagen die Augen aus dem
Kopfe geweint, weil sie so sehr um ihn bangt, er aber
geht da fröhlich herum und neckt sich mit fremden
Dirnen!"

Darauf wußte er keine Antwort zu geben und ging
hastig weiter. „Sie hat wirklich verweinte Augen!"
murmelte er betrübt.

Während er so ziellos durch das Gewühle drängte,
legte sich plötzlich eine Hand auf seine Schulter. „Halt,
Mosche!"

Der Jüngling blickte auf. Es war Luiser Wonnen=
blum, der Gemeindeschreiber.

„Du hast ja Zeit?" fragte der mächtige Mann
herablassend. „Ich habe Dir ein Geschäft vorzuschlagen.."

„Ein Geschäft?" fragte Moschko erstaunt.

„Ja! ein gutes Geschäft, es sind dreihundert Gulden
dabei zu verdienen." „Dreihundert Gulden!" wiederholte
er langsam und gewichtig. „Du kennst Chaim den Bäcker?
Sein Sohn Ruben soll morgen zur Assentirung. Er hat

eines von den mittleren Losen gezogen, und darauf hat
sich der Alte verlassen und mit Beer, dem »Factor«,
nicht abgeschlossen. Jetzt ist es zu spät; der Regiments=
arzt hat gesagt, wenn er noch mehr Bestechung annimmt,
so kann es auffällig werden. Auch ich habe dem Geiz=
hals, der nun ganz verzweifelt ist, keinen anderen Rath
gewußt, als eben einen Ersatzmann zu kaufen. Nun bist
Du freilich auch unter den Pflichtigen, wirst aber wahr=
scheinlich gar nicht vorgerufen werden. Willst Du Dich
morgen in aller Frühe vor der Commission melden und
Dich als Ersatzmann für Ruben abstellen lassen? Einem
Anderen würde ich es nicht vorschlagen, aber Du hast
ja schon vor sieben Jahren Sellner werden wollen! —
Nun kannst Du den Rock anziehen, den Du Dir damals
so sehr gewünscht hast, und außerdem füttert man ihn
Dir warm aus — dreihundert Gulden sind viel Geld!
Du kannst damit Deine Eltern versorgen und obendrein
selbst das lustigste Leben führen. Also, überlege nicht
lang und komm' mit!"

Moschko stand starr vor Staunen, dann aber be=
gannen ihm die widersprechendsten Gedanken im Hirn zu
wirbeln. Das war allerdings für seine Verhältnisse ein
Vermögen, und wenn er das Opfer brachte, dann war
seine Schuld an der Geliebten so weit gesühnt, als dies
überhaupt möglich: sie konnte mit dem Gelde in ein ent=
ferntes Dorf ziehen, dort ihre schwere Stunde über=

stehen, das Kind bei verläßlichen Leuten unterbringen, und wieder nach Korowla zurückkehren, ohne daß Jemand etwas von ihrer Schande ahnte. Aber durfte er das Opfer bringen, war es nicht eine Versündigung gegen sich selbst? Nicht die Frömmigkeit, wohl aber die Vernunft ließ ihn jetzt den bunten Rock verabscheuen. Und durfte er seinen Eltern die schwerste Kränkung zufügen, welche ein Sohn ihnen, nach den Begriffen dieser Menschen, bereiten kann? Luiser hatte geheuchelt, als er ihn durch den Gedanken an ihre Versorgung zu ködern gesucht, er wußte ja, so gut wie Moschko, daß Abraham Veilchenduft lieber Hungers sterben, als einen Heller von dem Sündengelde annehmen würde, um welches sich sein Sohn zum Verächter der göttlichen Gebote gemacht! . . .

„Nun?" drängte Luiser, „Du wirst doch kein Thor sein und Dein Glück von Dir weisen?"

„Geb't mir Bedenkzeit!" rief Moschko fliegenden Athems.

„Ich kann nicht. Komm' mit oder ich sehe mich nach einem Bauer um." Der Mann wußte wohl, daß dies ein schwer Stück Arbeit sein würde, weil er ja einen Pflichtigen mit geringerer Losnummer nicht dazu brauchen konnte. Und darum hielt er es für klug fortzufahren: „Uebrigens — weil Du es bist — Du triffst mich binnen einer Stunde bei Chaim dem Bäcker! Aber berathe Dich doch nicht etwa vorher mit Deinem

Vater! Der Mann ist ja alt und kennt die Welt nicht mehr!"

„Nein!" betheuerte Moschko, „meinem Vater sag' ich keine Silbe!" Er riß sich los und verschwand im Gedränge. Es war ihm ernst um dieses Versprechen, denn so rasch, als ihn die Füße tragen konnten, eilte er zur Schänke zurück, wo er die Kasia wußte.

Der Zufall war ihm günstig: sie hatte sich von ihren Gefährtinnen getrennt und stand abseit, in trübes Sinnen versunken.

Der Jüngling strich hastig an ihr vorbei. „Komm' mit — zum Flusse!" flüsterte er ihr zu, und verschwand in einem engen Seitengäßchen, welches zum Sered führte.

Nach einer Minute stand sie an seiner Seite. „Was sind das für Streiche!" flüsterte sie zornig. „Wenn uns Jemand nachkäme!"

„Ich mußte es thun", entschuldigte er sich und erzählte ihr, athemlos, in wirren Worten, den Antrag des Luiser, und warum er ihn annehmen wolle.

„Du thust es nicht", schrie sie auf und umfaßte seine Hand. „Du Thor! willst Du mich ganz zu Grunde richten? Meinst Du, ich könnte das Leben ertragen, wenn sie Dich etwa im Kriege todtschießen würden und ich mir sagen müßte: „Um Meinetwillen hat er's gethan!" Und wenn auch dies nicht wäre, meinst Du, ich ließe unser Kind aus schmählicher Feigheit unter fremden

Leuten verderben? Geh' und sage dem Verführer, daß
er sich einen Anderen suchen mag!"

„Kasia!" rief er, „Du bist so gut — so gut —"

„Nein", erwiederte sie, „ich war schlecht und will nur
nicht noch schlechter werden. Ich will nicht, um meine
Sünde zu verbergen, noch schwerere Sünden auf mich
laden! Geh!" fuhr sie fort und umfaßte ihn, „und
möge Dich Jesus Christ morgen beschützen!"

Er zuckte zusammen. „Kasia" — flüsterte er scheu.

„Ich kann ja nicht anders!" schluchzte sie. „Ich
kann ja Dich nur dem Schutze des Gottes empfehlen, zu
dem ich bete . . . Das kann ja keine Sünde sein! Und
vielleicht erbarmt sich auch Dein Gott über uns Beide!"

Sie wand sich aus seinen Armen und eilte zu ihren
Gefährtinnen zurück. Er aber blieb noch eine Weile
schwer athmend in der Dunkelheit stehen und begab sich
dann raschen Schrittes zum Hause des Bäckers.

Schon von Ferne scholl ihm aus den geöffneten
Fenstern lautes Schluchzen entgegen. Dazwischen hörte
er die tröstende Stimme Luiser's. „Der leichtsinnige
Bursche wird's ja thun", versicherte der würdige Mann,
„ich habe ihn so schlau zu überreden gewußt . . ."

„Es hat Euch doch nichts genützt", rief Moschko, an's
Fenster tretend. „Vielleicht nimmt ein Anderer eine
solche Sünde an seinen Eltern auf sich . . ."

„Ich will für Deinen Vater sorgen", rief der alte

Bäcker flehend. „Ich will ihm monatlich fünf Gulden geben oder sechs Gulden oder sieben —"

Aber der Jüngling hörte es nicht mehr; erleichtert schritt er von dannen, seiner Schlafstätte zu. „Niemals will ich es der Kasia vergessen", schwor er sich zu, „niemals!"

Auch das Stübchen seiner Eltern war noch hell erleuchtet; die beiden alten Leute waren über dem Psalmenbuche eingenickt. Als Moschko eintrat, fuhren sie empor und begannen heftig auf ihn zu schelten. „Ist das eine Nacht, wo man herumstreicht?!" riefen sie. „Fahre nur fort, gegen Gott zu trotzen, er kann Dir morgen noch seine Macht weisen, obwol Du das hohe Los hast!" Dann aber befahlen sie: „Nun setze Dich und sage Psalmen!"

Gehorsam hockte er auf einen Schemel hin, schlug den Psalter auf und begann halblaut: „Wohl dem, der nicht wandelt im Rathe der Gottlosen . . ."

„Ja! wohl dem!" unterbrach ihn der Vater. „Aber wehe dem, der die Nacht vor der Assentirung in der Schänke verbringt . . ."

Dann aber ließ er ihn ungestört weiter lesen und das greise Paar nickte eifrig, bis ihnen das Haupt immer müder wurde und endlich auf die Brust herabsank.

Moschko las tapfer fort; die schönen kräftigen Worte thaten seiner Seele wohl. Aber immer schwerer hoben sich seine Lider und endlich schlief auch er ein.

Er erwachte erst, als' bereits der helle Morgen in die Fenster schien. Das Johlen der Bursche, welche zum Assentplatze zogen hatte ihn aufgeschreckt. Aus hundert rauhen Kehlen klang das Lied:

> „Mutter, laß' das Grämen,
> Liebchen, laß' das Schämen,
> Liebchen, laß' die Sorg' und Qual!
> Komm' ja bald als Korporal!"

Es ist das verbreitetste Soldatenlied der Ruthenen. „Als Korporal" — höher versteigt sich der Ehrgeiz dieses Volkes nicht. Im polnischen Volksmunde lauten die Worte: „als General". Die kleine Variante charakterisirt die Eigenart der beiden Stämme überaus drastisch.

Hastig fuhr Moschko empor und weckte die Eltern. Es wäre ihm als freventlicher Leichtsinn erschienen, zum Assentplatz zu gehen, ohne vorher ihren Segen erbeten zu haben. Die Mutter küßte ihn auf die Stirne, Abraham legte die Hand auf seinen Scheitel. Den Gottesdienst in der Betschul' hatten sie bereits verschlafen und verrichteten daher in der Stube das Morgengebet. Dann traten auch sie den schweren Gang an.

Je näher sie der Reitschule kamen, desto größer wurde das Gedränge, desto betäubender der Lärm. Wol an die dreitausend Menschen umstanden das ovale, morsch gewordene Bauwerk, nicht blos die Pflichtigen mit ihren Freunden und Verwandten, sondern auch die meisten

Bewohner des Städtchens. Auch hier offenbarte sich auf
den ersten Blick der Unterschied des Volkscharakters.
Die Ruthenen, sofern sie nüchtern waren, standen ruhig
harrend da, aber es waren nur wenige nüchtern: die
meisten verübten immensen Spectakel und einige wälzten
sich wol auch im Kothe. Unter den Juden hingegen
war Keiner, der in den letzten Stunden auch nur einen
Tropfen Wasser über die Lippen gebracht hätte. Bleich
und aufgeregt liefen sie rastlos umher, flüsterten und
gestikulirten. Veer Blitzer war überall, obwol er bereits
die Nacht hindurch — Krampfadern gemalt! Aber es war
auch nöthig: er mußte ja jedem seiner Klienteln noch einmal
seinen „Fehler" und seine Krankheitsgeschichte einschärfen.

Um acht Uhr that sich die Pforte der Reitschule auf
und einige Soldaten wurden sichtbar, an ihrer Spitze
der Herr Feldwebel mit furchtbar emporgewichstem Schnur-
bart. Die Bursche traten heran, wiesen den Schein mit
der Losnummer vor und wurden eingelassen. In der
Regel ging noch eine lange Abschiedsszene voraus und
manche Dirne hatte nicht übel Lust, den Liebsten überhaupt nicht aus ihren Armen zu lassen. Aber der Herr
Feldwebel erwies sich als wenig galant; dauerte ihm
das Küssen zu lange, so winkte er den Soldaten und
diese trennten die Zärtlichen im Handumdreh'n und unter
lautem Halloh der Menge. Und ebenso verfuhr der
würdige Mann, wenn ein Betrunkener dahergeschleppt

wurde. Er ließ ihn faſſen und in der Vorhalle ſo lange
mit eiskaltem Waſſer begießen, bis das rothe Geſicht
bleich geworden.

Moſchko bot ihm zu keiner der beiden Prozeduren
Veranlaſſung. Als er vortrat und ſeinen Schein über=
reichte, beſah ſich der Korporal mit ingrimmigem Be=
dauern den mächtigen Leib des jungen Schmiedes: „Du
kommſt wol garnicht an die Reihe, Jud‘", ſagte er, „es
iſt ewig ſchade!"

Der Jüngling war anderer Anſicht. Lächelnd ließ
er ſich in die große Halle weiſen, wo die Konſcribirten
zu harren hatten, bis ſie vor die Commiſſion geführt
wurden. Nachdem der Feldwebel ſeine Miſſion vor dem
Thore erfüllt, erſchien er hier und brachte bald Ordnung
in die Menge, welche ſich eng zuſammengeſchaart, wie
Schaſe vor dem Gewitter. Er reihte ſie nach dem Loſe
und wieder murmelte er: „Schade! Schade!", als er den
Moſchko unter die Letzten weiſen mußte. Dann theilte
er ſie in Haufen zu je fünf Mann; wenn die Einen aus=
gekleidet vor die Commiſſion traten, mußten die Andern
mit dem Ablegen der Kleider beginnen. Neugierig, ohne
eine Spur von Erregung, beſah ſich Moſchko das Treiben.
So oft ein Haufe aus dem Zimmer der Commiſſion
zurückkehrte, um ſich wieder anzukleiden, ging lebhafte
Bewegung durch die Reihen der Harrenden. Denn den
fünf, die da zurückkamen, war es ſchon am Schritt deut=

lich abzusehen, welches Schicksal ihnen gesprochen worden. Die Entlassenen kamen fröhlich daher gesprungen, die Rekrutirten schlichen jammernd hinterdrein. Aber es gab diesmal auffallend wenig traurige Gesichter; die Meisten wurden untauglich befunden. Der Herr Feldwebel fluchte mörderisch, denn Stunde um Stunde verging, ohne daß man ein Ende hätte absehen können. Während sonst die ersten Zweihundert genügt, um das Kontingent des Bezirkes auszuheben, war diesmal das dritte Hundert bereits überschritten und die Zahl noch immer nicht voll geworden. Es rührte dies einerseits daher, weil Beer Blitzer diesmal besonders gute Geschäfte gemacht, andererseits boten auch die Ruthenen aus den Dörfern schlechteres Material, als sonst, weil das Vorjahr ein Jahr des Elends gewesen und den Hungertyphus in seinem Gefolge gehabt.

Drinnen am grünen Tische gab es verdrießliche Gesichter. Der Regimentsarzt war sehr bleich, denn der Herr Major hatte ihn einige Male mit sonderbar scharfem Blick gemessen. Der alte Offizier war in der übelsten Laune. Zu dem steigerte der Luftzug in dem alten, morschen Gebäude sein Podagra zum Unerträglichen.

„Himmelkreuzdonnerwetter!" brach er endlich los, „so machen Sie doch ein Ende, Doktor! Wir brauchen noch zwei Mann und dreißig stehen noch draußen. So führet sie denn alle zusammen herein!"

Moschko erbleichte, als der Feldwebel den Befehl
verkündete. Dieser bemerkte es. „He, Jude", sagte er,
„mir scheint, Du hast Dich zu früh gefreut. Aber tröste
Dich — Du wirst Flügelmann!"

Moschko vernahm die Worte entsetzt. Die Gefahr
war ihm immer so fern, so unwahrscheinlich erschienen,
daß er nun unter ihrer Wucht fast zusammenbrach. Mit
zitternden Knieen trat er den Gang an.

Die Dreißig stellten sich in drei Reihen auf. „Keine
Ordnung einhalten!" rief der Major, „die Stärksten
nehmen!"

Der Regimentsarzt griff einen Ruthenen aus der
ersten Reihe heraus und besah ihn flüchtig, „tauglich!"
schnarrte er.

Aber auch diese Prozedur hatte für das Podagra
des Majors zu lange gedauert. „He!" rief er, „wer ist
der Längste unter den Kerls?"

„Der Jude hier!" rief der Hauptmann und deutete
auf Moschko.

Der Regimentsarzt schielte nach Beer Blitzer hin,
welcher mit Luiser Wonnenblum als „Vertrauensmann
der Gemeinde" der Rekrutirung beiwohnte, aber Blitzer
zog diesmal nicht die Augenbrauen empor, wie früher
schon so oft. Hatte doch Golde Hellstein nicht bestimmt
mit ihm abgeschlossen, geschweige denn ein Angeld erlegt!

Und so sagte der Regimentsarzt schnarrend: „Gesund, ganz gesund! Wirrr sind ferrtig!"

Dieses „ferrtig!" war das Letzte, was dem armen
Moschko noch klar in's Bewußtsein kam. Die übrigen
Vorgänge dieses Tages zogen an ihm vorbei, wie ein
wüster Traum.

Man führte ihn vor eine Thora und auch eine
Fahne war da und er legte den Handballen auf die
Thora und sprach dem Korporal eine unverständliche
Formel nach. Und dann schnitten sie ihm die Wangenlöckchen ab und drückten ihm ein Papier in die Hand
und sagten, er habe noch heute mit dem Transport ab-
zugehen, zunächst nach Tarnopol und von da nach Mailand. Auf dem Papiere stand, daß „Moses Veilchenduft, Jude aus Barnow", zum Gemeinen im Regimente
Herzog von Parma No. 24 rekrutirt sei.

Moschko starrte die krausen, unverständlichen Zeichen
an und schüttelte den Kopf. Und als er hinaustrat und
ihn seine Verwandten mit markerschütterndem Weinen
und Klagen empfingen, da fuhr er fort, nur immer leise
den Kopf zu schütteln. Der Schlag war so heftig, daß
er ihm Verstand und Empfindung gelähmt.

Der Schulklopfer schluchzte sehr, noch mehr sein
Weib. Und das „goldene Mendele" und jede der drei
Schwestern, ja selbst die dicke Frau Golde weinte und
sie Alle schlugen sich an die Brust und zerrissen ihre Kleider.

Nur jene drei Menschen, denen es gewiß am nächsten ging, daß Moschko Soldat werden mußte, nur diese drei weinten nicht.

Da war zunächst der Marschallik. Das rothe fröhliche Näschen war plötzlich weiß und betrübt geworden und er hüpfte gar nicht, wie sonst, sondern ging langsam und schwerfällig umher und murmelte unverständliche Worte. Wohl die kräftigsten Ehrenbeleidigungen gegen Beer Blitzer und Golde Hellstein.

Dann die arme Kasia. Wie betäubt stand sie im Kreise der anderen Dirnen. Die Einen, deren Geliebter losgekommen, lachten, die Anderen weinten, sie jedoch starrte thränenlos vor sich hin und bezwang das Weh', das ihr im Herzen wühlte.

Nur einmal kamen ihr ein paar jähe Thränen. Das war, als ihre Freundin Xenia, die leicht lustig sein konnte, weil ihr Liebster mit unter den Letzten gewesen und glücklich entwischt, plötzlich zu singen begann:

Nach Wien werd' ich gehen
Vor des Kaisers weißes Haus
Und werde weinen und flehen:
„Gib den Hritzko heraus!"

Und hört er mich nimmer
Und ist nutzlos mein Müh'n,
So geh' ich in's goldene Zimmer
Zu der Frau Kaiserin!

Und läßt auch die sich nicht stören
Und läßt sie mich nicht ein,
Ihre Tochter wird mich hören
Und mir helfen in meiner Pein.

Die hat gewiß auch einen Liebsten
Und wie wär' ihr zu Muth,
Wenn der plötzlich auch fort müßt'
In die Fremde als Rekrut?! . . ."

Als sie dies hörte, brachen der armen Kasia zwei große, jähe Thränen aus den Augen und flossen rasch die Wange herab. Es war nicht Rührung, welche sie plötzlich wegen der Worte des Liedes beschlich, sondern sie dachte: „Die Dirne, die dieses Lied gemacht hat, hat aller Welt ihren Schmerz vorklagen dürfen! Ach, was muß das für ein Glück sein!"

Der Dritte aber, dem es sehr nahe ging und der doch nicht weinte, war Moschko selbst.

„Nun bist Du doch Sellner, sieben Jahre später", klagte der Marschallik. „Mir scheint, Du bist es gar zufrieden? Dein Gesicht ist so ruhig!"

„Ich wollte, ich wäre todt!" erwiederte der Jüngling. „Auch das hab' ich schon vor sieben Jahren gedacht und jetzt erst ist es Ernst geworden, . . . Ich kann nicht sagen, daß Gott Euch lohnen soll, was Ihr an mir gethan. Fragt mich nicht, warum ich das nicht sagen kann — genug! ich kann nur Eines sagen: ich werde an Euch denken, so lange ich lebe!"

Von der Kasia Abschied zu nehmen, war ihm ver=
sagt. Er durfte es nicht wagen, ihr zu nahen, er fürch=
tete, daß ihre Kraft nicht ausreichen würde, auch nun
ihr Geheimniß zu verbergen. Von sich selber aber und
seinem bisherigen Leben nahm er in der Weise Abschied,
daß er fest die Linke in die Rechte legte und sagte: „Du
willst ein braver Kerl bleiben!"

Und dann zog er mit dem Transport davon, nach
Tarnopol. Das war ein trauriger Marsch auf der
kothigen Landstraße . . .

Blicket ihm ein wenig nach, die Ihr bisher so ge=
treulich seinem Geschicke gefolgt, blicket ihm nach, wie er
so betrübt dahinzieht! Denn sein Leben verhüllt sich
nun auf lange, lange Jahre Euerem freundlichen, theil=
namsvollen Blick . . .

Dreizehntes Kapitel.

Ueber der düsteren Ebene lag ein trauriger Tag. Kühl, laß und naß wehte der Wind über die verregneten Herbstblumen und die triefenden Wachholderbüsche, über die aufgeweichten Felder und den Koth der Straßen. Es klang wie ein Seufzer aus bekümmerter Brust, wenn er so dahinstrich über das öde Gefild, und auch schwach wie ein Seufzer war dieser Wind; kaum vermochte er es, an der Nebeldecke zu zerren, welche trüb und mächtig zwischen Himmel und Erde wallte, wie ein riesiger Trauermantel, wie der Qualm von tausend und aber tausend Trauerfackeln. Nur zuweilen kam jäh und schrill der Wind aus Nord gepfiffen und riß die Nebel entzwei, daß sie sich bang an die Erde drückten und wie zerrissenes Bänderwerk am Wachholder kleben blieben oder in den Luftraum zerstäubten und sich droben zu Wolken ballten. Dann lag die Erde in scharfem, kaltem, grauem Lichte und der Nordwind fegte sie immer schärfer rein.

Aber wenn er den Athem anhielt, dann senkten sich die Wolken, die er bisher gejagt und gepeitscht und entluden sich, und rasch und voll ging der Regen hernieder, bis die Wolken wieder zu Nebeln wurden, die schwer und laß die Erde umhüllten, kaum gerührt vom trägen Wind.

Ein trauriger Tag — und wer nicht anders mußte, barg sich gerne im Städtchen und in den einzelnen Gehöften der Haide. Es war gar zu unwirthlich in der grauen, triefenden Oede, und ein Bauer, der auf dem kothigen Feldwege von Korowla nach Barnow fuhr, trieb sein Pferd rastlos mit Peitsche und Zunge an und hielt sich dabei geduckt und in seinen Schafpelz eingerollt, wie ein Igel.

Aber erschreckt fuhr er auf, da plötzlich sein Pferd einen Satz machte, als wollte es in den Straßengraben, und dann aus Leibeskräften zu galoppiren begann. Und hinter sich her hörte das Bäuerlein aus rauher, heiserer Kehle ein lautes Fluchen und Stöhnen: „Korpak-Bassma! Bauernlümmel! ich wollte, ich hätte Dich getroffen und nicht Dein Pferd — hast Du keine Augen, blöder Tropf, daß Du gerade aus in den Menschen hineinfährst?"

„Strolch! Landstreicher!" schrie der Bauer zurück und setzte sich seitlings, um bequem schimpfen zu können. „Warum weichst Du nicht aus, Du —"

Das Uebrige verschlang der Wind; der alte Mensch,

der da fast überfahren worden, vernahm es nicht mehr.
„Diese Soldaten!" murmelte das Bäuerlein ingrimmig,
„die Kerle bleiben hochmüthig, auch wenn sie in zerlump=
ten Kleidern als alte Bettler durch die Welt strolchen!"

Der Wagen war längst im Nebel verschwunden;
der alte Wandersmann schleppte sich weiter durch den
tiefen Schlamm der Landstraße. Er mußte müde sein
oder krank, denn er blieb oft stehen und holte tief Athem
und wenn er den Stab weiter setzte, dann schwankte er.
Bitter, sehr bitter, fiel ihm der Marsch: der Wind wühlte
in seinem grauen, fleckigen Soldatenmantel und der
Regen peitschte ihm das gefurchte Antlitz und das kahle
Haupt. Nur ein blaues, verschossenes Käppchen deckte
dieses Haupt und der alte Mann hatte es mit einem
bunten zersetzten Tuche um den Kopf festgebunden. Auf
dem Rücken trug er ein kleines Bündel, das wohl nicht
schwer sein mochte, und dennoch war dieser Rücken tief
gebeugt.

Er bot ein klägliches Bild, der arme, alte Soldat,
wie er so im trostlosen Herbstwetter mühsam die Land=
straße entlang watete. Er kam langsam vorwärts und
blickte oft sehnsüchtig um sich, als suche er einen Feld=
stein, um rasten zu können. Endlich ersah er ein Haus
von ferne: da raffte er seine Kraft zusammen und
schritt rasch darauf zu.

Aber etwa zwanzig Schritte vor dem Hause blieb

er wie gebannt stehen und in dem verwitterten Antlitz
zuckte es sonderbar.

Dieses Haus war die Schmiede, welche nahe bei
Barnow am Feldweg gegen Korowla steht; die Schmiede,
welche einst der junge Schmied Wassilj Grypko erbaut,
nachdem er sein schönes Weib Marina heimgeführt.
Das Haus stand, wie einst, nur eine strohgedeckte Hütte
war daran gebaut worden. Aber drinnen im rußigen
Raume brannte noch das Feuer an derselben Stelle,
wie vor Jahrzehnten, und als der alte Mensch draußen
den hellen Schein durch die Nebel schimmern sah, da
starrte er darauf hin, bis ihm die Augen übergingen ...

Der junge Mensch, der bisher drinnen am Ambos
hantirt, legte den Hammer aus der Hand, streckte und
dehnte sich, gähnte gewaltig und trat dann vor die Thüre.
Der alte Soldat zuckte zusammen. Dann faßte er Muth
und kam langsam heran.

Der junge Geselle maß den Nahenden mit mißtrau=
ischem Blick. „Seit der große Krieg beendet ist", mur=
melte er, „kommt alle Tage so ein Mensch vorbei. Bald
fehlt die Hand, bald der Fuß. Aber genug Hände und Füße
haben sie, um zu betteln, und, wenn man ihnen nichts
gibt, zu stehlen. Wer hat neulich der Tante das Huhn
weggetragen? Gewiß jener alte Ulan! Wer weiß, ob
der Infanterist da nicht auch lange Finger hat? Sieht
übrigens übel aus ...."

Der Alte war noch näher gekommen.

„He, Herr General!" rief der Geselle höhnisch, „was belieben Sie hier zu suchen?"

Der Fremde gab keine Antwort. Er schüttelte den Kopf und ein leises Zittern überflog seinen morschen Körper.

„Nun, was beliebt?" fragte der Bursche wieder. „Hier ist keine Bettlerherberge."

„Oh!" sagte der Alte dumpf, „ich weiß sehr gut, was hier ist . . . Wer hat jetzt die Schmiede?"

„Mein Onkel!" erwiederte der Bursche. Dann aber fiel ihm bei, daß er ja diesem alten Landstreicher keine Antwort schulde. „Was geht es übrigens Dich an?" fuhr er darum trotzig fort.

„Weil ich — hier gut bekannt bin."

„Hier? Da müßte ich auch etwas davon wissen! Ich bin hier aufgewachsen, verstehst Du mich, Du alter Lügner! Und nun packe Dich! Hier wird weder ge=bettelt, noch gestohlen!"

„Korpak=Bassma!" rief der Alte grimmig. „Du Grasaff, Du junger Hund, Du willst einen Soldaten des Kaisers schmähen? Weißt Du, was ich war? Ich war Gefreiter!"

„Nein, General warst Du", höhnte der Bursche. „Du hast die Ungarn besiegt, die Italiener, alle . . . . Aber jetzt packe Dich!"

„Du Hund!" schrie der Alte und sein verwittertes
Antlitz begann sich röthlich zu färben. „Du, eines
Hundes Sohn! Einundzwanzig Jahre habe ich bei
Parma gedient und Du willst mich schmähen, wie
einen —"

Jählings stockte ihm die Rede. Er war ganz nahe
an den Burschen herangetreten und hatte ihn scharf in's
Auge gefaßt.

„O mein Gott!" murmelte er. Er war tobtenbleich
geworden und wankte; mit zitternder Hand hielt er sich
an dem Thürrahmen fest, und die starren, weit geöffneten
Augen waren auf des Burschen Antlitz gerichtet. „Wer
bist Du?" rief er gellend.

Der Geselle trat erstaunt zurück. „Ist er ver=
rückt?" sagte er.

Der alte Mensch war auf die Steinbank vor dem
Hause gesunken — die Füße trugen ihn nicht mehr.
Aber sein Blick fuhr fort, mit fieberhafter Spannung in
dem Antlitz des Burschen zu wühlen. Es war dies wirk=
lich ein sonderbar und auffällig gestaltetes Antlitz. Der
junge Mensch hatte schlichtes flachsblondes Haar, wie
man es unter den Ruthenen häufig findet, dazu stark
hervorstehende Backenknochen. Aber die Augen waren
schwarz und rund, die Lippen wulstig, die Nase auffallend
groß und gekrümmt.

„Wer bist Du?" rief der alte Soldat noch einmal,

taſtete nach der Hand des Burſchen und ſuchte ihn näher an ſich zu ziehen.

Unwillig machte ſich der Burſche frei. „Gewiß, der Alte iſt verrückt“, ſagte er vor ſich hin.

„So, ſo ſpricht er mit mir!“ rief der Invalide ſchmerzlich. Dann fuhr er ſich über die Stirn und ſtarrte dem Jüngling wieder in's Antlitz. „Ich täuſche mich nicht“, murmelte er, „aus Tauſenden würde ich ihn er= kennen!“

Dann richtete er ſich auf und fragte, ſo zitternd, ſo bang, als hinge von der Antwort Leben und Tod für ihn ab:

„Deine Mutter heißt Kaſia — nicht wahr?“

„Ja!“ erwiederte der Burſche erſtaunt.

„Und Du biſt bei Deinem Onkel Hawrilo, Hawrilo Dumkowicz, dem Bruder Deiner Mutter?“

„Ja, ihm gehört die Schmiede, ich bin Geſelle.“

„Und lebt Deine Mutter noch?“

„Freilich, Gottlob! Haſt Du — habt Ihr ſie ge= kannt?“

„Ja — es iſt ſchon lange her . . . . . Und“ — die Worte rangen ſich mühſam über ſeine Lippen — „und warum biſt Du nicht im Hauſe Deines Vaters?“

Des Burſchen Wangen färbten ſich dunkelroth, ſeine ſchwarzen Augen funkelten zornig. „Das geht Dich gar nichts an!“ rief er. „Und wenn mich Jemand damit

höhnt, daß ich meinen Vater nicht kenne, den schlage ich
nieder, wie einen tollen Hund — merke Dir das, Land=
ftreicher! Ich bin deshalb doch ein ehrlicher Kerl und
meine Mutter ein ehrliches Weib!"

„O mein Gott!" wimmerte der alte Mann; sein
Antlitz war aschfarben und verzerrt, wie von furcht=
barem Seelenschmerz. „Ich — ich — höhne Dich nicht.
Ist die Kasia — ist Deine Mutter verheiratet?"

„Ja!"

„Mit wem?"

„Mit Hritzko Stesiuk."

„Gottes Segen über ihn! Und wie heißest Du?"

„Fedko, Fedko Dumkowicz, erstens nach meiner
Mutter, und dann, weil mich mein Onkel an Kindesstatt
angenommen hat. Nun aber, geh'!"

„Er weist mich von der Schwelle", murmelte der
Soldat. „Er! Gott straft mich hart!"

„Fedko!" scholl eine gellende Stimme aus der
Schmiede, „mit wem zankst Du da?"

„Mit einem Bettler, Tante!"

„Mit einem Bettler?" ließ sich eine andere Stimme,
die eines Mannes, vernehmen, „hier ist kein Armenhaus!"

Und wie zu dem Zwecke, um dies nachdrücklich zu
bestätigen, erschien jetzt Hawrilo, der Schmied, in der
Thüre. Er war mächtig dick geworden im währenden
Zeitenlauf, und eine gewaltige Morgenröthe, welche seine

Nasenspitze umstrahlte, wies deutlich, daß nicht Wasser allein ihn so aufgebläht.

„Wer ist es denn?" fragte er und begann behaglich zu lachen, als er die Jammergestalt gewahrte. „He! Eure Hochgeboren, gnädigster Herr, welches Regiment haben Sie denn geziert?"

„Ein Soldat?" ließ sich die gellende Stimme wieder vernehmen. „Treib ihn fort, augenblicklich — o meine Hühner!"

„Ja, fort!" wiederholte Hawrilo.

Der Invalid war während dieser Reden unbeweglich dagestanden und hatte dem Schmied in's Antlitz gestarrt.

„Hawrilo!" sagte er mit zitternder Stimme. „Hawrilo, Du erkennst mich nicht?"

„Nein!" erwiederte dieser, „und zu mir sagt man ›Ihr‹, weil ich ein Schmiedemeister bin und Eure Hochgeboren ein Landstreicher!"

„O!" rief der Alte, „ich habe zu Dir oft genug Du gesagt, viele Jahre lang. Und Du warst mir ein guter Kamerad!"

„Treib' ihn fort", ließ sich die gellende Stimme wieder vernehmen.

Aber diesmal gehorchte Hawrilo nicht. Er schaute und schaute und seine Augen wurden immer größer.

„Moschko!" rief er plötzlich und wurde roth vor

Freude. „Mein alter Moschko! Also Du lebst noch, wirklich und wahrhaftig? Der Walerian Strymko hat erzählt, wie sie Dich in Verona begraben haben, und was für ein stattlicher Leichenzug das war!"

„Er hat leider gelogen", erwiederte der Alte.

„Leider? Narr! Du bist ja kaum über die Vierzig, freilich etwas zugerichtet — also — aber — komm' nur — natürlich ist mein Haus auch das Deinige —"

Und voll Eifers, hochroth vor Freude, zog der gute, dicke Mann den zerlumpten Gast hinter sich her in's Innere des Wohnhauses.

„Hawrilo, was soll das?" gellte und quiekte jene andere Stimme. „Hawrilo, was fällt Dir ein?"

Der Meister blieb stehen und verfärbte sich ein wenig. „Mein Weib", flüsterte er dem Alten zu. Und in sanftestem, demüthigstem Tone rief er in's Halbdunkel hinein: „Hier, mein Täubchen, ist ein alter Kamerad. Eben heim gekommen, weißt Du. Eine brave Haut! Bitte, trage uns ein wenig Schnaps, Speck und Brot auf!"

„Ich werde Dir Etwas auftragen, daß Dir Hören und Sehen vergeht", quiekte die Stimme. „Wenn Du schon keinen anderen Vorwand zum Saufen hast, so ladest Du Dir die Bettler von der Landstraße ein? Wart', das soll Dir vergehen —"

„Aber Täubchen", bat Hawrilo, „es ist ja der Moschko, von dem ich Dir so oft erzählt habe, der

15*

Moschko, den sie vor einundzwanzig Jahren rekrutirt haben!"

Der junge Fedko, der bisher theilnamslos zur Seite gestanden, trat näher, beguckte den alten Soldaten aufmerksam und schüttelte verwundert den Kopf.

„Der Mensch soll sich nichts vorstellen", murmelte er vor sich hin. „Wenn der Onkel oder die Mutter von dem jüdischen Riesen erzählt haben, wie hab' ich mir den gedacht! Und nun sieht er so aus!"

Aber die quiekende Stimme war durch diese förmliche Präsentation des Gastes keineswegs versöhnt — im Gegentheil!

„Wa — as?" schrie sie langgedehnt und so scharf, daß man mit dem Tone die dickste Glastafel hätte zerschneiden können, „Einen Juden soll ich füttern?! Einen gottverdammten Juden — na! warte! —"

Man vernahm drinnen ein verdächtiges Schlurfen, wie von Holzpantoffeln auf Steinplatten.

„Sie kommt, Onkel", murmelte Fedko warnend.

Im Dunkel des Raums zwischen Schmiede und Wohnzimmer erschien ein Etwas, ein furchtbar langes und mageres Etwas, welches sich schlurfend vorwärts bewegte. Es war nicht zu entscheiden, ob dieses leise Klappern von den Holzpantoffeln herrührte oder ob die Knochen dieses Etwas so unheimlich aneinanderschlugen.

Es glich nur ganz entfernt einer menschlichen Gestalt, um welche Frauenkleider schlotterten.

„Das ist meine Veronia, mein süßes Weibchen", sagte Hawrilo demüthig zu seinem einstigen Kameraden.

„Ich will Dir zeigen, daß ich auch bitter sein kann", krächzte das unheimliche Etwas. „Dieser Bettler, er muß vor die Thür — augenblicklich! — und Du an die Arbeit, augenblicklich!"

Aber der gute Hawrilo regte sich nicht. „Weib!" sagte er, „nur einmal habe ich leider in unserer Ehe den Muth gehabt, Dich zu prügeln; das war damals, wie Du die Kasia wegen dieses Fedko hier geschmäht hast. Aber wenn Du nicht augenblicklich in Deine Küche zurückgehst, dann finde ich heute zum zweiten Male den Muth —"

Der Dicke wartete die Wirkung dieser imponirenden Rede nicht ab, sondern zog seinen Kameraden rasch in die Schmiede zurück und verriegelte die Thür, welche in's Wohnhaus führte. Fedko war ihm gefolgt.

„So!" sagte der Gute, aufathmend, „jetzt habe ich ihr wieder einmal den Herrn gezeigt. Und nun sind wir Männer unter uns. Hier in der Schmiede bin ich Herr! Das heißt — eigentlich überall, verstehst Du   aber hier besonders!"

Er schob ein Bänkchen herbei.

„So, Alter", fuhr er fort, „da setze Dich hin und erzähle."

Draußen ging das Keifen und Quieken und Klappern fort, auch flog einer der Pantoffel an die verschlossene Thüre. Aber das kümmerte den wackeren Meister nicht mehr.

„Wir wollen es uns behaglich machen", sagte er. „Ja! behaglich — und von alten Zeiten reden. Du aber, Fedko, Du bist ein schlauer Fuchs und kannst stehlen wie ein Rabe — Du wirst uns Schnaps und Brot und Wurst bringen."

„Aber Onkel, wenn mich die Alte ertappt — sie ist ja jetzt so wüthend —"

„Dich ertappt sie nie!" tröstete der Meister. „Du wirst sie schon überlisten."

Fedko kraute sich ein wenig hinter dem Ohre. „Wir wollen es versuchen Onkel", versprach er und verschwand.

Die beiden Jugendgefährten waren allein.

„Und nun, Moschko, wie ist es Dir ergangen?" begann Hawrilo.

Aber er wartete die Antwort nicht ab, sondern fuhr eifrig fort:

„Mir ist es gut ergangen, wie Du siehst. Also wie sie Dich rekrutirt haben — wir haben sehr um Dich getrauert, nämlich ich und meine Schwester Kasia, welche Dir ganz gut gesinnt war — also wie Du fort warst — aber nichts hast Du von Dir hören lassen, einundzwanzig volle Jahre, das ist eigentlich entsetzlich! — also, da bin ich allein geblieben, hier in der Schmiede. Nämlich der einzige Geselle unter dem neuen Meister Simeon, dem Erben unseres alten Wassilj. Der Meister hatte eine Tochter, die später nachgezogen kam, nun, schön war sie nicht, das ist freilich wahr, auch war sie älter als ich, so um zehn Jahre — aber ich bitte Dich, ich war ein so armer Bursche, ich habe doch nicht ewig Geselle bleiben können! Also — sie hat mich immer so angeschaut, weißt Du: so" — der Dicke bemühte sich, recht zärtliche Augen zu machen — „und da habe auch ich sie so angeschaut und — habe sie geheirathet, ja! Was ist da viel zu erzählen?! Und bin Meister geworden und lebe so vor mich hin. Mein Weib — nun, schöner könnte sie freilich sein, auch sanfter, aber ich habe mich darein gefunden. Denn, was die Schönheit betrifft, so wird doch schließlich jedes Weib alt, und was die Sanftmuth betrifft, so gewöhnt man sich an Alles! Zuweilen zeige ich ihr übrigens doch, wer der Herr im Hause ist — Du hast es ja selbst gesehen. Also, so steht es mit mir! — Ich — ich bin zufrieden . . . ."

Er seufzte aber doch tief auf. Und seufzend fuhr er fort:

„Kinder freilich haben wir nicht. So habe ich denn den Fedko in mein Haus genommen, den Sohn meiner Schwester . . . . Beißt Dir der Rauch in die Augen? Nicht? Ich meinte nur, weil Du so zwinkerst! . . .

Also, der Fedko wurde bei uns erzogen, und mein Weib war damit einverstanden und, siehst Du, sie war ganz gut gegen den kleinen Balg. Denn, siehst Du, so ein kleines Spielzeug hat jedes Weib gern, auch wenn es sonst ein alter Dra — hm! also — was ich sagen wollte — mein Weib ist wahrhaftig nicht so schlimm, wie sie aussieht, das hat sie an dem Fedko bewiesen. Er ist ja aber auch ein Kerl, den Jeder lieb haben muß. Brav und treu und dabei ein schlauer Spitzbube, ich sage Dir, dem gegenüber kommt selbst ein Jud' nicht auf! Und wie geschickt! — ein Schmied, wie kein Zweiter in Podolien. Aber — da beißt Dir der Rauch schon wieder in die Augen — ich will das Feuer ganz löschen . . ."

„Nein! laß es!" wehrte Moschko ab und wischte sich hastig eine Thräne von der Wange. „Und Deine Schwester? Es geht ihr gut?"

„Sehr gut, Gottlob!" versicherte der Schmied. „Du erinnerst Dich wol des blonden Hritzko, der damals Hirte war? Nun, sein Onkel hat ihm ein Anwesen hinterlassen und kaum, daß er die Erbschaft angetreten, ist er zur Kasia gekommen und hat sie gefragt, ob sie ihn möge. Das war sehr brav von ihm, denn er hätte eine Reiche haben können und dazu war meine Schwester — nun, also der Fedko da! Sie hat Niemandem bekennen wollen, wer sie in's Unglück gebracht, nicht einmal mir, aber ich weiß es doch, natürlich: so weit wirst Du Dich doch meiner erinnern, daß ich immer einen scharfen Blick hatte, dem nichts entgehen konnte: es war also Jacek Hlina, der Sohn ihres Dienstherrn! Aber dieser brave Hritzko hat sich nicht darum gekümmert und sie doch geheirathet. Er hat es auch nie zu bereuen gehabt. Sie ist ihm ein braves Weib geworden, hat ihm schöne Kinder geboren und sie leben so zufrieden, wie zwei Tauben. Du wirst sie doch besuchen? Sie wird sich sicherlich freuen, Dich zu sehen."

„Ja, gewiß", murmelte Moschko. „Aber sie wird mich schwerlich erkennen. Wie ich jetzt aussehe —"

„Ja, weiß Gott!" nickte der Schmied treuherzig, „übel genug siehst Du aus! So, ich weiß nicht, so verhungert! Nimm's mir nicht übel, Moschko!"

„Warum?!" sagte der Soldat dumpf. „Es ist ja die Wahrheit. Ich habe in der letzten Zeit viel gehungert!"

„Gehungert?!" rief der Schmied. „Oh! — aber da kommt ja schon der Fedko! Was hab' ich Dir gesagt, dieser Schlingel bringt Alles zu Stande!"

In der That hatte der junge Geselle unter den schwierigen Verhältnissen das Möglichste geleistet. Er brachte Wurst und Speck, einen Laib Brod und eine große, grüne Flasche voll Schnaps.

„Pst!" machte er, indem er ein anderes Bänkchen herbeirückte und die Schätze ausbreitete, „ich habe es fast unter der Alten Augen aus dem Keller und der Kammer davongetragen. Aber still! sie horcht ab und zu, dort an der verschlossenen Thüre. Auch wäre es gut, wenn wir das Thor schließen würden, damit sie uns nicht etwa von dieser Seite überrascht. Heute, bei dem Hunde= wetter, kommt ohnehin Niemand zur Schmiede!"

So thaten sie und saßen nun, sicher vor jedem Ueber= fall, in dem dämmerigen Raume, den die Herdglut matt erhellte, behaglich zusammen.

„Siehst Du, Moschko", sagte der dicke Meister und setzte sich bequem zurecht, „siehst Du, ich bin doch eigentlich Herr in meinem Hause und kann treiben was ich will . . . Aber nun erzähle, erzähle Du! Du bist ja so weit in der Welt gewesen! — in Verona und in Lemberg, sogar in Wien! Aber trink vorher und hier hier ist Speck und Brod, da iß! Du wirst doch den Speck nicht verschmähen, wie damals — he! he! — als Du Dich mit meiner Schwester prügeln wolltest . . ."

„Ich verschmähe nichts", erwiederte Moschko, griff wacker zu und aß in großen Brocken und trank in dursti= gen Zügen. Dann schob er die Speise bei Seite. „Ich danke Dir, Hawrilo", sagte er, so recht aus ganzem Herzen, „ich habe es schon lange nicht so gut gehabt!"

„Du Aermster! . . . Aber, nun erzähle! Was hast Du Alles erlebt! Du wirst ja in vier Tagen nicht fertig!"

Aber der Soldat schüttelte traurig das Haupt.

„In vier Worten ist es gesagt", sagte er düster.
„Als frischen, kräftigen Burschen haben sie mich genom=
men und als unnützen Krüppel haben sie mich entlassen.
Mein rechter Arm ist lahm und ich bin hinfällig, wie ein
Greis. Jetzt habe ich die Wahl, entweder zu betteln,
oder zu stehlen, oder zu hungern. Zum Betteln bin ich
zu stolz, zum Stehlen bin ich zu gut und das Hungern
thut zu sehr wehe! So wird mir denn nur ein Viertes
übrig bleiben, mein lieber Hawrilo! Alles wird sich ge=
ändert haben in den langen Jahren, aber Eines ist
wohl noch, wie einst: der Sered fließt noch an derselben
Stelle."

„Jesus Maria!" rief der Dicke und erhob die Hände,
„sprich nicht so, das ist eine große Sünde! Du bist zwar
ein Jude, aber Du hast ja auch einen Gott — fürchte
Dich doch vor ihm . . ."

„Ich — ich fürchte mich vor gar nichts mehr! Gott hat
mich für mein Verschulden ohnehin hart bestraft, er kann
mich auch der größten Sünde wegen nicht noch härter strafen!"

„Aber willst Du Dir denn nicht einen Erwerb
suchen?"

„Freilich! Aber welchen? Ich habe einmal das
Schmiedehandwerk erlernt — nun, dazu taugt mein
rechter Arm nicht mehr. Soll ich ein anderes Hand=
werk erlernen? Ich habe ja keine Kräfte mehr! Freilich

habe ich als Capitulant und Invalide einen Gnaden=
gehalt von zwölf Gulden jährlich, das sind zwei Kreuzer
täglich — davon kann man ja nicht leben.“

„Aber warum bist Du so lange beim Militär ge=
blieben?“

„Warum? Ach! vierzehn Jahre habe ich ja bleiben
müssen, und wie die Zeit um war, da habe ich mir ge=
dacht: in der übrigen Welt kennst Du Dich nicht mehr
aus und für die übrige Welt taugst Du wenig mehr —
also bleibe da, wo Du Dich gewöhnt hast. Und wie
mir mein Hauptmann sagt: »Veilchenduft«, sagt er, »Du
bist ein braver Mensch, es ist schade, daß Du nicht lesen
und schreiben kannst, sonst wärest Du längst Feldwebel,
aber zum Gefreiten mache ich Dich, wenn Du noch eine
Capitulation dienen willst, und ein Handgeld bekommst
Du und vom Kaiser eine Auszeichnung« — also wie er
mir das sagt, da erwiederte ich: »Zu Befehl, Herr Haupt=
mann!« Ganz gern hab' ich es gethan — ich Thor!
Damals habe ich meine gesunden Glieder gehabt und
war vierunddreißig Jahre alt! Aber da dachte ich mir:
»Die neue Capitulation dauert ja nur so sieben Jährchen!
und dann — die Auszeichnung und das Gefreiter=
Werden hat mir in die Augen gestochen. Nun — neun=
zehn Jahre hatte ich im Frieden gedient, da kamen plötz=
lich an allen Enden und Ecken die großen Kriege. Der
Italiener fing's mit dem Kaiser an, der Ungar, sogar

der Wiener. Nun, wir von Parma haben viele Arbeit gehabt. Und es ist mir übel ergangen, sehr übel. In Mantua bekomme ich das Sumpffieber und muß doch weiter in den Krieg. Und dann schicken sie uns nach Ungarn und vor Komorn sind wir gelegen. Da schlägt mich bei einem Ausfalle ein Honvéd über den Kopf, ein Anderer über den Arm. Nun, die Wunden sind vernarbt, aber der Kopf ist mir kahl geworden und thut mir manchmal höllisch weh, und der Arm da ist lahm und steif und schwach, wie der eines Kindes. Die Offiziere haben mir die Aussicht gegeben, daß ich nach Wien komme, in's Invalidenhaus, sobald dort Platz ist. Vorläufig, sagten sie, sollte ich nach Barnow gehen, meine Heimatsgemeinde hat die Pflicht, für mich zu sorgen! Ach! Das sind böse Aussichten! In's Invalidenhaus sollen vielleicht zehntausend kommen, die noch schwerer verwundet sind, als ich — da kann ich lange warten. Und was die Versorgung der Gemeinde betrifft — Korpak-Bassma, der Sered ist mir noch lieber —"

„So habe doch nur Muth", tröstete Hawrilo. „Und im schlimmsten Falle bin ja auch ich noch auf der Welt!"

Das Letztere sagte er freilich sehr leise, so daß es sein Täubchen hinter der Thüre nicht hören konnte, selbst wenn es noch so angestrengt horchte.

„Und habt Ihr kein Abenteuer erlebt?" forschte

Fedko. „Wißt Ihr, so — Abenteuer, wie es eben die Soldaten erleben!"

„Freilich! Und ob!" rief der Invalid feurig und leerte sein Gläschen auf einen Zug. „Mehr Abenteuer als tausend Andere zusammen! Unter Radetzky — hei! das —"

„Unter Radetzky!" rief Hawrilo. „Hast Du ihn auch recht in der Nähe gesehen?"

„So wie ich Dich sehe! Wahrhaftig! Und täglich dreimal! Sogar oft des Nachts. Und hier und da sogar nur im Hemde —"

„Im Hemde!" wiederholte Hawrilo sehr ehrfurchtsvoll und sehr erstaunt. „Wie ist denn das zugegangen!"

„Nun, ganz natürlich! Weil ich sein Ordonnanz-Soldat war! »Moschko«, hat er gesagt, »Du bist ein braver Mensch und sehr klug, werde doch mein Fourierschütz!« Aber da habe ich gesagt: »Nein, Herr Feldmarschall, Sie können nicht von mir verlangen, daß ich Ihr Bedienter werde. Nicht dazu habe ich die zweite Capitulation angetreten, sondern um als Soldat zu kämpfen!« Nun — es hat ihm zwar sehr leid gethan, aber er hat eingesehen, daß ich recht habe, und so war er froh, daß ich als Ordonnanz bei ihm geblieben bin. Und wie oft hat er gesagt: Der Moschko von Parma hat mehr Verstand, als alle übrigen Soldaten zusammen genommen! Wahrhaftig! vielleicht hundertmal hat er das gesagt. Und die wichtigsten Depeschen hat er von mir befördern lassen. »Moschko!« hat er gesagt, »hier! besorge es und sag' Ihm, ich laß Ihn grüßen!«"

„Wen?" fragten Hawrilo und Fedko.

„Könnt Ihr das nicht errathen?! Natürlich Ihn!"

„Wen?"

Der Invalid richtete sich auf, legte die Finger salutirend an das Käppchen und sagte feierlich:

„Den Kaiser!"

„A—a—h", machten die Beiden überaus erstaunt.

„Ja! den Kaiser! Drei Male hab ich ihn gesehen und gesprochen und —"

Aber weiter kam der arme, alte Mensch nicht, der da trotz aller Betrübniß in das Poltroniren hineingerathen. Denn urplötzlich begann es von zwei Seiten her, an der verschlossenen Thüre und am Thor der Schmiede, zu klopfen.

Die drei sprangen von ihren Sitzen auf. Der gute Hawrilo verlor den Kopf und begann zu zittern. „Um Gotteswillen", flüsterte er, „verstecke die Flasche!" Aber das konnte ihm wenig nützen. Denn sein Täubchen quiekte, indem es rasend mit dem Pantoffel an die Thüre hieb, mit einer Stimme, die Alles übergellte:

„Du Lump! Du gottvergessener Galgenstrick! Am hellen Tage schließt er die Werkstätte und besäuft sich in Compagnie mit einem Bettler. Und draußen wartet der hochwürdige Herr von Korowla! O Du Lump! Wehe Deinem feistem Rücken!"

Fedko hatte inzwischen gerettet, was zu retten war. Er hatte die Reste der Mahlzeit und die leere Flasche geborgen, das Thor der Schmiede geöffnet.

Draußen harrte wirklich der Hochwürdige von Korowla. Es war nicht etwa unser Bekannter, der wackere Wladimir Borodaykiewicz; dieser Brave war längst den Weg alles Fleisches gegangen. Auch schien sein Nachfolger nicht so gutmüthig, wie er. „Warum laßt Ihr mich warten?" rief der gelbe, magere Herr ungeduldig.

Hawrilo stammelte eine demüthige Entschuldigung, indeß Fedko den Juden rasch zur Thüre hinausschob. Aber er that es nicht unfreundlich und flüsterte ihm zu:

„Kommt doch bald wieder! Ich höre gar zu gerne solche Abenteuer! Und wenn ich auch sonst die Juden nicht leiden kann, gegen Euch habe ich nichts, denn von Euch haben mir die Mutter und der Onkel Gutes erzählt."

„Ich danke!" stammelte der Soldat, „ich danke Dir, Fedko." Und dabei haschte er nach der Hand des Burschen.

„Nichts zu danken!" rief dieser, riß seine Hand los und war mit einem lustigen Sprunge in der Schmiede.

Der Alte starrte ihm lange nach. Dann schüttelte er betrübt den Kopf und ging langsam weiter, dem Städtchen zu.

Es war wol nicht die Müdigkeit allein, daß er so

oft stehen blieb. Wol mochte es in dem morschen Manne mächtig stürmen und gähren. Er blickte um sich und strich sich über die Stirne und flüsterte wirre Worte vor sich hin. Aber dann richtete er sich stolz auf und rief laut und feierlich:

„Nein! Ich werde es ihm nie sagen! Wenn ich es thäte, ich wäre vor aller Noth bewahrt, denn obwol ich ein Jude bin, er würde seine Pflicht gegen mich thun. Aber er wird es nie erfahren. Und das soll die Buße sein, welche ich auf mich nehme!"

Und weiter ging er, seinem Heimatsstädtchen zu.

Das war die erste Begegnung, welche Moschko Veilchenduft gehabt, nachdem er nach einundzwanzig Jahren in die Heimat zurückgekehrt . . . . .

———

Vierzehntes Kapitel.

Es war betrüblich, wie die Leute von Barnow den gebrochenen Mann empfingen und behandelten. Schlimmes hatte er befürchtet, noch Schlimmeres sollte ihm werden.

Am Besten hatten ihn eigentlich noch die Todten aufgenommen. Die stillen Leute draußen auf dem „guten Orte", wie der Jude des Ostens so überaus bezeichnend den Friedhof nennt, duldeten mindestens seinen Besuch und wiesen ihn nicht fort, obwol er oft zu ihnen kam. Gerne saß er auf den Grabhügeln seiner Eltern, noch lieber im Schatten eines stattlichen Denksteins, welchen die Gemeinde auf ihre Kosten einem Manne gesetzt, der arm an Gütern, aber reich an Liebe gewesen und erst vor wenigen Jahren die klugen fröhlichen Augen für immer geschlossen, dem Isaak Türkischgelb. Der Marschallik war trotz seiner Feindschaft gegen geistige Getränke sehr alt geworden: er hatte den Moldauerwein

noch unzählige Male besiegt und ebenso oft die Traurig=
keit und Unvernunft seiner Mitbürger, bis endlich auch
seine Stunde schlug. Da war er einst bei einer Hoch=
zeit, die er gestiftet, besonders fröhlich und witzig ge=
wesen, und hatte alle Gäste so entzückt, daß sie ihm mit
Musikklang und Fackelglanz das Geleite bis zu seinem
Hause gaben. Selig legte er sich zu Bette und am näch=
sten Morgen war er kalt und starr. Aber er lächelte
noch immer so freundlich, wie er es im Leben gethan
und man darf wohl sagen, daß seine Miene an jenem
Morgen die einzige heitere im Städtchen war; selten
erwies sich die Trauer an einer Bahre so tief und auf=
richtig. Der Steinmetz, der ihm den Grabstein verfertigt,
mochte wol sein guter Freund gewesen sein; er hatte
ihm eine Weinrebe auf den Stein gemeißelt . . .

Auch viele andere gute Bekannte fand Moschko auf
dem „guten Orte" zu Barnow versammelt. Da schlum=
merte Nuchim Hellstein und seine Gattin Holde, und
diese reichen Leute waren nun auch so arm, wie die
Wasserträger und Schulklopfer, da ruhte Froim Luttinger,
der Inhaber des unhöflichen Prädicats, und war nun
auch so weise, wie der weiseste Rabbi. Auch Beer Blitzer
und Luiser Wonnenblum waren bereits todt, aber ander=
wärts schliefen sie den letzten Schlaf, auf dem Friedhofe
zu Tarnopol. In dieser Stadt waren sie gestorben und
zwar in einem der stattlichsten Häuser, über dessen Thore

ein kaiserlicher Adler prangte. Die Staatsgewalt hatte ihre Verdienste entdeckt und durch Anweisung von freier Kost und Wohnung gewürdigt.

Seine fünf Geschwister fand Moschko noch am Leben, aber auch dies konnte ihm nur bescheidene Freude machen. Mendele hatte längst den letzten Rest seines goldenen Schimmers eingebüßt und betrieb nun das erste, zweite und dritte Gewerbe des Vaters: er war Schulklopfer, pflegte die Kranken und wachte bei den Todten. Manasse hatte das vierte Gewerbe Abrahams fortgesetzt, aber seine Geschicklichkeit im Zuschneiden nützte ihm wenig, weil er nie in die Lage kam, sie zu bewähren, er war und blieb ein dürftiges Flickschneiderlein. Eben so schwer schlugen sich die Schwestern durch das Leben, und so widmeten sich die Kinder Abrahams, welche in Barnow geblieben, leider insgesammt gelegentlich auch dem fünften Gewerbe ihres Vaters. Es war ihnen, die stumpf und hart geworden im täglichen Kampfe um's Dasein, nicht zu verargen, wenn sie über die Rückkehr des hülflosen Invaliden nur geringe Freude empfanden und sofort in einen edlen Wettstreit geriethen, wer ihn bei sich beherbergen sollte; jedes wollte dieses Verdienst vor Gott den Anderen gönnen. Endlich mußte sich Manasse dazu herbeilassen. „Du hast ja einen Stall mit zwei Kühen!" riefen sie ihm im Familienrathe zu und da er die Thatsache nicht läugnen konnte, so willigte er großmüthig ein,

dem Bruder in einer Ecke des Viehstalls eine Schlaf=
stelle zu gönnen. „Aber füttern kann ich ihn nicht!" rief
er, „er soll auch nicht ein Stück Brot . . . ."

So weit hatte der alte Soldat den liebevollen Be=
rathungen über seine Versorgung schweigend gelauscht,
und nur zuweilen seinen Leibfluch gemurmelt: „Korpak=
Bassma!" Dieses räthselhafte Wort hatte er sich während
seiner Soldatenjahre selber gebildet; in Italien hatte er
den Fluch: „Corpo di Bacco!" aufgelesen und in Ungarn
das Kraftwort: „Bassama!" Und weil ihm jedes dieser
beiden Wörter für sich noch nicht grimmig und imponirend
genug klang, so pflegte er sie eben in Eins zu verschmelzen.
Wenn diese Composition auch sonst häufig genug die
gewünschte Wirkung nach Außen verfehlte, so doch nie=
mals jene nach Innen: sie erleichterte ihm das Herz.
Aber auch diesen Zweck erfüllte sie nur, wenn sie dem
Menschen, der ihn ärgerte, laut und schnarrend an den
Kopf flog. Moschko hatte bisher an sich gehalten, nun
jedoch brach er los.

„Korpak=Bassma!" rief er, daß die Fenster zitterten,
„benimmt man sich so gegen einen Bruder, der eben
heim gekommen? Glaubt Ihr, daß ich bei Euch betteln
will? Wenn ich es thun wollte, so würde ich zu den
reichen Leuten gehen, bei denen Ihr bettelt, und nicht
zu Euch!" Sprach's, schritt zur Thür hinaus und schlug
sie hinter sich zu.

Es war zweifellos ein imponirender Abgang, aber der arme Invalid hätte klüger gethan, wenn er denselben minder effectvoll inscenirt hätte. Denn der Familienrath blieb zwar einige Minuten verdutzt sitzen, willigte jedoch dann einstimmig in den Antrag des ältesten Manasse, sich um den „Unmenschen" nicht weiter zu kümmern. Und eine Stunde später wußte es die ganze Gemeinde, daß sich die eigenen Geschwister von dem alten „Sellner" losgesagt, weil er sündhaft und hochfahrend sei.

Aber es hätte wahrlich nicht erst dieser Kunde bedurft, um dem armen Moschko alle Thüren zu verschließen, an die er etwa pochen wollte. Und wenn er sanft wie ein Lamm gewesen wäre und fromm wie ein Büßer, die Leute von Barnow hätten ihn doch mit scheelen Augen angesehen. Die Heimkehr eines alten Soldaten wird von seinen Gemeinde-Genossen nirgendwo mit großer Freude aufgenommen; er ist und bleibt ein unnützer Mensch, der oft genug wüste Gewohnheiten aus der Fremde heimbringt, und sich in das enge Leben, dem er entwachsen, nicht wieder einzufügen vermag. Nun wirken aber unter den Juden jener Landschaft auch noch die Vorurtheile des Glaubens zum gleichen Endziele mit. Der Mann war ein „Sellner", er hat also Dinge gethan, welche dem Strenggläubigen als Todsünde erscheinen: er hat die Speisegesetze übertreten und

Menschenblut vergossen, hat selten oder nie gebetet und
bei dem christlichen Gebete gleichfalls die Kniee gebeugt.
Allerdings ist es seinen Glaubensbrüdern wohl bekannt,
daß er all' diese Sünden hat begehen müssen, sie be-
mitleiden ihn um des furchtbaren Looses willen, das
ihm gefallen, aber ein Hauch des Unheimlichen umwittert
ihn doch für seine ganze Lebenszeit: er ist eben kein
„reiner Mensch" mehr. Das gilt von jedem Juden,
der Kriegsdienste gethan, auch heute noch, wenn auch
um etwas minder, als zur Zeit, da Moschko nach Barnow
heimkehrte. Denn die drei Jahrzehnte, welche seither
verflossen, haben, wenn auch nicht das volle Licht, so doch
einen Schimmer, eine Ahnung des Fortschrittes in das
finstere Ghetto gebracht. Damals aber war ein alter
„Sellner" schon durch seine Vergangenheit von den Uebrigen streng geschieden. Und wenn sich auch die schönsten
Züge dieser Volksseele, der Familiensinn und die Barmherzigkeit, an ihm nicht minder bewährten, wie an jedem
Armen, wenn ihm auch die Gemeinde und seine Verwandten milde Spenden zukommen ließen: er war und
blieb doch ihrem Herzen ein Fremdling.

Bei Moschko lag der Fall schlimmer; er durfte nicht
auf Hilfe hoffen. Wäre er nach vierzehn Jahren heimgekehrt, die Leute von Barnow hätten ihm keine Herzlichkeit erwiesen, aber bereitwillig Almosen gewährt oder ein
Darlehen, um sich irgend einen Erwerb zu schaffen. Das

hatte er verwirkt, indem er die zweite Capitulation angetreten und länger Soldat geblieben, als er mußte.
Er hatte nicht blos gezwungen gesündigt, sondern freiwillig. Für dieses Verbrechen gab es in den Augen
jener Menschen keine Entschuldigung.

Das hatte sich Moschko selbst gesagt, während er
den siechen Leib mühsam durch alle Lande schleppte, der
Heimat zu. Und an mancher Brücke auf seinem Wege
hatte er inne gehalten und traurig in die Wogen gestarrt. Aber immer wieder war er weiter geschlichen:
nicht die Furcht vor dem Tode hielt ihn zurück, sondern
ein übermächtiges Sehnen nach den Stätten, wo er einst
jung und glücklich gewesen, und — nach seinem Sohne!
Daß die Kasia „in Schande einen Knaben geboren und
das kleine Ding deshalb doch lieb habe und aufputze,
wie ein Aefflein, —" das war die letzte Nachricht gewesen, welche ihm einst nachrückende Rekruten aus der
Heimat gebracht. Dann war er zu einem anderen
Bataillon des Regiments versetzt worden, nur selten noch
war ihm ein Barnower zu Gesichte gekommen, und er
hatte der Versuchung widerstanden, sich nach der Geliebten zu erkundigen, weil er dadurch ihr Geheimniß preiszugeben fürchtete. „Ich will meinen Sohn sehen", hatte
er sich auf dem langen Wege immer wieder gesagt.
Das war das einzige Band, durch welches er sich noch
mit den Menschen verknüpft fühlte. Weit geringer war

sein Drang, die Geliebte noch einmal zu sehen. „Ach!" seufzte er, „welches Recht habe ich auf sie? Und daß sie ein Recht auf mich hat, was kann es ihr nützen?"

Ein günstiger Zufall hatte es gefügt, daß sich sein Sehnen erfüllte, noch ehe er das Städtchen betreten. Taumelnd vor Glück und Leid hatte er die Schmiede verlassen. Sein Sohn lebte und war ein tüchtiger Bursche und auch der Kasia ging es gut — nun konnte über ihn selbst kommen, was da wolle! — Aber in dieses Glücksgefühl mischte sich der brennende Schmerz, für seinen Sohn nichts weiter zu sein, als ein alter Vagabund, den dieser nur um seiner ergötzlichen Lügen willen gerne um sich dulden wollte.

Das war das Schwerste, was er zu tragen hatte, alles Uebrige schien ihm leicht. „Korpak-Bassma", murmelte er vor sich hin, als er das Städtchen betrat, „der Herr Hauptmann kennt ja die Gesetze und hat mir ausdrücklich gesagt, daß meine Gemeinde etwas für mich thun muß! Auch kann ich ja noch irgend ein leichteres Amt verrichten, als Bote oder Aufwärter. Und dann — Der da droben muß ja sich auch in die Sache mischen. Denn ich weiß ja, wie unsere Rechnung steht und noch besser weiß Er's!"

Stolz, trotzig erhobenen Hauptes zog der arme Mann in das Städtchen ein. Es focht ihn wenig an, daß er, nachdem das erste Staunen vorüber, überall finsteren Gesichtern und höhnenden Worten begegnete. Nur der erste Eindruck war ein schmerzlicher gewesen, es hatte seinem Herzen wehe gethan, daß er seine Geschwister in Noth und Elend traf. Aber ihre Härte beugte ihn nicht, sein Groll war mit jener imponirenden Rede abgethan.

„Korpak-Vassma!" murmelte er, nachdem die Thür von Mendeles Wohnstube, wo sich der Familienrath versammelt, hinter ihm in's Schloß gefallen. „Wir wollen uns um die Juden so wenig als möglich kümmern! Zunächst muß ich einfordern, was mir die Gemeinde schuldet."

Er begab sich zum Bürgermeister von Barnow, dem Apotheker Ludwig Zuranski, einem sehr kleinen und sehr dicken Manne, der im Jahre 1848 Hauptmann der Nationalgarde des Städtchens gewesen und bei dieser Gelegenheit leider seine Rednergabe entdeckt hatte. Die gute kleine Tonne konnte seither kein schlichtes Wort mehr sprechen und benutzte jede erdenkliche Gelegenheit, um ihre rethorischen Künste zu offenbaren. So hatte sich denn auch Moschko in seiner Eigenschaft als „um Kaiser, Staat und Gemeinde wohlverdienter Mitbürger" einer wohlgesetzten Anrede zu erfreuen und wurde sogar zum Sitzen eingeladen. Dann aber kraute sich der Bürgermeister verlegen hinter dem Ohre und fuhr fort: „Hochverehrter Herr Veilchenduft! Tapferer Mann! Wie ich aus Ihren

Papieren, so wie auch aus anderen Thatsachen und endlich aus Ihren eigenen, werthen Mittheilungen ersehe, haben Sie die Ehre, israelitischer Confession zu sein, und da unsere werthen israelitischen Mitbürger einen eigenen Verband innerhalb der Gemeinde darstellen, so wäre es wol zunächst dienlich und zweckentsprechend, wenn Sie die Güte haben wollten, sich zu meinem verehrten Freunde, Herrn Nathan Grün, zu begeben, um ihm nahezulegen . . . ."

„Die Juden werden nichts für mich thun", unterbrach ihn Moschko kurz.

„. . . . nahezulegen", fuhr der Bürgermeister gleichwol mit demselben Pathos fort, „daß ein von Oesterreichs siegreichen Fahnen so oft umrauschter Kämpfer doch wol zunächst die Sympathien seiner eigenen . . . ."

„Korpak-Bassma!" rief Moschko ungeduldig dazwischen, daß sich der kleine Mann erschreckt hinter den Ladentisch schob. Aber eher hätte er sein Leben geopfert, als eine Periode unvollendet gelassen. „. . . . eigenen Glaubensgenossen verdient", fuhr er von seinem sichern Platze fort, „und sicherlich nicht vergeblich an den wohlbewährten Patriotismus, an die leuchtende Humanität eines hochverehrlichen Vorstandes . . . ."

„Es ist Ihre Sache!" rief Moschko und trat auf ihn zu.

Der Bürgermeister retirirte erbleichend nach der

Thüre des Nebenzimmers, „ . . . . . . „appelliren wird",
stammelte er und zog die Thüre hinter sich zu.

„Ich komme wieder", rief ihm Moschko grimmig
nach. Rathlos ging er eine Stunde in den Gassen des
Städtchens auf und ab, von zahlreichen Straßenjungen
umgeben und ausgiebige Höflichkeiten mit ihnen tauschend.
Dann aber beschloß er, denn doch dem Rathe des Bürgermeisters zu folgen und begab sich zum Vorsteher der
Judengemeinde.

Der alte fromme Nathan Grün war im Jahre 1848
gleichfalls Offizier der Nationalgarde gewesen und zwar
Unter-Lieutenant, aber die Rhetorik hatte er während
dieser Zeit nicht erlernt und sich überhaupt still zufrieden
mit seiner Charge begnügt, die ihm das Privileg gab,
kein Gewehr tragen zu müssen, sondern den viel unge-
fährlicheren Säbel, der ja nicht leicht von selbst los-
gehen konnte. „Trolle Dich!" befahl er kurz. „Wir
haben die Pflicht übernommen, für unsere Armen zu
sorgen, aber Du gehörst nicht dazu."

Moschko stand eine Weile stumm da. Er wußte,
daß es sich um sein Schicksal handle und bezwang darum
den Zorn, der ihm im Herzen gährte. „Warum bin ich
kein Jude mehr?" fragte er. „Ich bin's und habe genug
um meines Glaubens willen gelitten. Und steht es nicht
bei uns geschrieben: Seid barmherzig gegen die Hülflosen?! "

Nathan blickte ihn befremdet an; er hatte diesen Ton nicht erwartet. Auch war er ein guter, wohlthätiger Mensch, der jährlich unzählige Werke der Liebe that. Wäre der Mann, der vor ihm stand, ein Christ gewesen, ein Türke oder Heide, er hätte ihn nicht vergeblich jenes Wort des Rabbi Hillel anrufen lassen. Aber es war ein Jude, der „Gott aus Muthwillen gekränkt", und darüber konnte er nicht hinweg. „Geh!" wiederholte er hart und heftig

Worauf Moschko gleichfalls mit einer einzigen Silbe erwiederte, einer Titulatur, wie sie dem alten Nathan bisher nie zu Theil geworden. Und dann schritt er wieder trotzigen Hauptes auf die Gasse hinaus. Aber sein Muth war gebrochen. Er wußte nun, daß er sich jeden weiteren Gang zu einem Glaubensgenossen sparen könne und auch nach einer neuen Rede des Herrn Bürgermeisters war er nicht mehr begierig. „Mir kann es recht sein!" murmelte er in tiefstem Ingrimm. „Wenn Er es noch auf seine Rechnung nehmen will, daß sich ein alter Soldat ertränken muß, wie ein Hund — mir kann es recht sein!"

Aber auch diese verzweifelte Stimmung hielt nicht lange vor. Wieder begann er sein Hirn abzuquälen nach einem rettenden Ausweg. Sollte er sich an Hawrilo wenden? Er wußte, daß der Wackere trotz des Täubchens thun werde, was ihm möglich, aber sein

Stolz ließ es nicht zu, nun doch ein Bettler zu werden. Und vollends bäumte sich sein Gefühl dagegen auf, im Beisein des Fedko eine milde Gabe zu erflehen, dasselbe Gefühl, welches jeden Gedanken an die Kasia bei ihm niederzwang. „Lieber sterben, als so vor sie treten", murmelte er vor sich hin, während er, so recht zu Tode betrübt, über den Ringplatz schlich und nur dann das Haupt aufrichtete, wenn ihm Jemand begegnete.

Da hörte er sich plötzlich angerufen. „Moschko", klang es aus heiserer Kehle, „alter Kerl, wie geht's!"

Der Invalid blickte um sich, aber weit und breit war Niemand zu sehen, als ein kleiner Straßenjunge, der ihm aus sicherer Ferne die Zunge entgegenstreckte.

„Moschko!" rief die rauhe Stimme noch einmal, nun wurde er inne, daß sie aus nächster Nähe kam. Er stand vor dem städtischen Spritzenhause, dessen Thüre geöffnet war. „Komm herein, Alter!" klang es aus der Tiefe des dunklen Raumes.

„Walerian!" rief der Invalid und trat, zitternd vor Freude, auf die Schwelle, „bist Du's wirklich, mein alter Schloss?"

„Na — wer sonst?" rief es zurück; vom Lager im Hintergrunde erhob sich eine lange Gestalt und trat auf Moschko zu. Es war Walerian Strymko, ein Bauernsohn aus Alt-Barnow, der beim Regimente zehn Jahre lang der Schlafkamerad (im slavischen Soldaten-Jargon der

„Schloff") des Moschko gewesen, auch während des Feld=
zuges unter Radetzky, bis ihm bei Novara eine feind=
liche Kugel das rechte Bein zerrissen. Auf seinen eigenen
Schultern hatte ihn Moschko aus dem Gewühle getragen
und nicht gehofft, ihn wiederzusehen. Nun sah der
Mann wieder kräftig und wohlgenährt aus, die Knollen=
nase leuchtete in fröhlichem Glanze aus dem runden
Antlitz; nur die graue, städtische Uniform, die er trug,
ließ leider an Glanz viel zu wünschen übrig. Es war
eigentlich ein Wunder, wie diese zersetzten Kleider über=
haupt noch zusammenhielten. Aber das war wol nicht
seine Schuld, sondern jene der Stadtväter von Barnow,
ihren Demosthenes an der Spitze.

Die beiden Kameraden sanken einander in die Arme
und waren tief gerührt. „Alter Kerl!" grollte Walerian
und wischte sich die Augen, „ist drei Tage im Städtchen
und sucht mich nicht auf! Und doch hat sich Keiner
über Deine Heimkunft so gefreut, wie ich!"

„Das glaube ich gern!" erwiederte Moschko mit
traurigem Lächeln und erzählte, wie sie ihn empfangen.
Der ehrliche Walerian gerieth in großen Zorn und schwor,
daß er mit dem Bürgermeister und dem Nathan ein
ernstes Wort reden werde, „nur ein Wort, Moschko, aber
das werden sie sich merken!" „Denn", fügte er stolz hinzu,
„auf mich müssen sie hören, ich bin städtischer Spritz=
meister, Bassama lenka!" Aber Moschko schien kein

rechtes Vertrauen in diese Vermittlung zu setzen, er fuhr fort, zu klagen und auch Walerian mußte zugeben, daß der Fall ernst liege. „Es sind eben verfluchte Civilisten!" erklärte er. „Mir haben sie die Stelle bei den Spritzen gegeben, weil sie gerade frei war und ich es ihnen noch billiger ließ, als mein Vorgänger. Ich bekomme zwei Gulden monatlich, macht mit dem Gnadengehalt zusammen vier Kreuzer täglich. Das reicht nur eben auf Brod und ich könnte verschmachten, wenn ich nicht Abends in der Schänke gute Freunde fände oder so junge Graßaffen, die sich gerne Kriegsgeschichten erzählen lassen und dafür Schnaps zahlen! Im letzten Winter, wo die große Kälte war, bin ich in so schlimmer Lage gewesen, daß ich in meiner Verzweiflung eine Liebschaft mit einer alten Köchin begonnen habe. Wie bitter das war, mein lieber Moschko, kannst Du Dir nicht vorstellen; ich habe es auch sogleich aufgegeben, als die warme Zeit gekommen ist, aber jetzt geht es wieder dem Winter zu, und ich fürchte — ich fürchte — ich werde wieder mit der Magdusia anbinden müssen!"

Er seufzte tief auf und ließ den Kopf hängen. So saßen die beiden Invaliden lange betrübt beisammen.

Endlich richtete sich Walerian wieder auf. „Es ist hart, Moschko", sagte er, „aber wir wollen es brüderlich tragen. Du wohnst natürlich bei mir, es ist soviel Platz in der Scheuer, daß ich eine Compagnie aufnehmen

könnte. Und was die Menage betrifft, so legen wir eben
unsere sechs Kreuzer zusammen und essen gemeinsam . . ."

„Oder hungern gemeinsam", unterbrach ihn Moschko,
„das Opfer kann ich nicht annehmen . . . ."

„Bassama lenka", fluchte Walerian, „wirst Du
gleich schweigen? Wie oft hast Du Dein Brot mit mir
getheilt? . . . Und des Abends gehen wir eben zusam=
men zur Schänke und erzählen dort jeder unsere Geschich=
ten. Aber unter einer Bedingung, Moschko, Du darfst
mir nie widersprechen! Denn Du hast gar keine Ahnung,
wie blutgierig diese Grasaffen sind! Wer auch nur das
Kind im Mutterleibe verschont, bekommt keinen Tropfen
Schnaps gezahlt!"

„Also bist Du deshalb hinter meiner Leiche in
Verona hergegangen?" fragte Moschko und erzählte, was
ihm der Schmied berichtet.

„Ja, deshalb", versicherte Walerian eifrig und ernst.
„Ich habe an jenem Abend einen Helden gebraucht, der
zuerst drei Dutzend Italiener tödtet und dann von einer
ganzen Compagnie überwältigt wird. Und da habe ich
Dich genommen, weil Du auch ein Stadtkind bist und
mein bester Freund. Alle waren gerührt, als ich von
Deinem Tode und dem schönen Leichenzuge erzählt habe
und Hritzko Stefiuk hat die ganze Zeche für mich bezahlt.
»Der Jude war ein braver Kerl«, hat er gesagt, »ich
habe ihn recht gut gekannt!« Nun, und weil diese

Geschichte so gut gefallen hat, habe ich sie noch oft
wiedererzählt! Sehr oft, Moschko, aus Freundschaft für
Dich. Ich sollte eigentlich böse sein, daß Du mir nun
plötzlich den Streich spielst und lebendig zurückkommst.
Aber ich verzeihe es Dir, auf Ehre, und will mit Dir
leben wie ein Bruder. Sei nur getrost, wir werden uns
schon durchschlagen. Und wenn der Winter gar zu schlimm
wird, so könntest ja auch Du . . . ." Er unterbrach sich,
musterte den Gefährten und schüttelte den Kopf. „Ach
nein!" lachte er gutmüthig, „daraus kann nichts werden!
Dich wird nicht einmal eine Achtzigjährige wollen! Und
dann bist Du ja auch ein Jude! Aber auch das braucht
Dich nicht zu grämen, dann muß eben die Magdusia
täglich für uns Beide die Suppe schicken. Also — ab-
gemacht!"

Damit war der Pact geschlossen; noch am selben
Abend trug Moschko sein Bündelchen in das Spritzen-
haus und richtete sich in einem Winkel der Scheuer häuslich
ein. Aber im Uebrigen kam das schöne Programm seines
Kameraden nur theilweise zur Ausführung. Moschko brachte
es selten über sich, die Hälfte der „Menage" zu nehmen; er
begnügte sich mit den Brocken, die ihm zukamen und die
genügten nicht, ihn vor dem Hunger zu schützen. Noch
seltener konnte ihn Walerian bewegen, den Bauern in
der Schänke die jüngste Epoche der österreichischen Geschichte in populärer Form beizubringen und sich zum

Entgelt auf Kosten der andächtigen Zuhörer zu betrinken.
Moschko war durchaus nicht abgeneigt, theilnehmenden
Gemüthern seine Heldenthaten zu erzählen, aber er war
trotz des wüsten Soldatenlebens, trotz aller Noth sein-
fühlig genug geblieben, um das Lügen nicht gewerbs-
mäßig zu betreiben. „Ich will nicht als alter Lump
gelten, der sich einige Gläschen erlistet", erwiederte er
seinem erstaunten Kameraden. Trieb ihn aber die Kälte
und das Bedürfniß nach einer Stärkung zuweilen doch
in die Schänke, dann jubelten die Bauern auf und der
Wirth zog eine freundliche Miene: wenn Moschko überhaupt zu lügen anfing, dann log er auch ganz fürchterlich und der Grimm, die innere Scham, die er dabei
empfand, peitschten seine Phantasie zu den tollsten Sprün-
gen. Eine dieser Geschichten, wie er, der Gefreite Moschko
von Parma, an der Spitze von drei Mann den König
Carlo Alberto gefangen genommen, auf ein Schwein
gesetzt und dem Kaiser nach Wien überliefert, brachte
selbst den guten Walerian in solchen Enthusiasmus,
daß er rief: „Manches weiß ich selbst zu erzählen und
Vieles habe ich erzählen hören, aber so, wie unser
Moschko, kann es Keiner. Von heute ab halte ich den
Mund und lasse ihn reden, selbst wenn ich verdursten
müßte!" Aber er kam nicht in diese traurige Lage, nach
wie vor machte ihm Moschko selten Concurrenz und ver-

17*

brachte die langen, kalten Abende in der dunklen Scheune
einsam und allein, in düsteres Grübeln versunken.

Es ging ihm sehr schlimm, dem armen Invaliden,
denn wie trotzig er sich auch darüber hinwegzusetzen
schien, daß ihn die Leute des Städtchens mieden und
verabscheuten, es that ihm doch bitter weh und noch
bitterer der Hunger und die Kälte. Ein einziger trösten=
der Lichtschein fiel in dieses traurige Dunkel, die Freude
an seinem Sohne und daß sich sein Verhältniß zu dem=
selben freundlich gestaltete. Wohl vermied es Moschko
ängstlich, dem Burschen all' die Liebe zu zeigen, die er
für ihn empfand, aber Fedko fühlte sie doch heraus oder
vielleicht sprach geheimnißvoll das Blut in seinem Herzen:
er mochte den seltsamen Alten gut leiden und lud ihn
jedesmal ein, wiederzukommen. Kasia bestärkte den Sohn
in diesen Empfindungen, so weit sie dies thun konnte,
ohne ihr Geheimniß preiszugeben, das brave Weib
empfand tiefes Mitleid mit dem Geliebten ihrer Jugend,
ließ ihm durch Hawrilo wiederholt ihre Hülfe anbieten
oder durch Fedko einladen, sie zu besuchen. Aber die
Hülfe lehnte er ab und unterließ auch den Besuch, ob=
wol er ihn immer wieder versprach. Ja, noch mehr,
er vermied es, der Kasia zu begegnen, und als er sie
einmal von Ferne gewahrte, da lief er davon. Wer
weiß, was den Aermsten dazu bewog?! Vielleicht —
denn wer ergründet des Menschen Herz?! — vielleicht

war's nur Eitelkeit! Er mochte dem Weibe, das ihn
einst geliebt, nicht als Jammergestalt in den Weg treten.

Zur Schmiede ging er oft, wenn auch nicht so oft,
als ihn das Herz dahinzog. Denn wenn ihn das Täub=
chen entdeckte, dann wetterte es so lange, bis er abziehen
mußte und diesen Schimpf vermochte er kaum zu ver=
winden: er mußte ihn ja im Beisein des Fedko erdulden!
Auch sonst blieb nicht einmal diese einzige Freude seines
armseligen Lebens eine ungetrübte. Fedko hörte gern
„Abenteuer" und obwol dem Invaliden hier das Lügen
fast noch schwerer fiel, als in der Schänke, so willfahrte
er doch bereitwillig seinem Wunsche. „Daß Gott erbarm'!"
dachte er, „es ist ja das Einzige, womit ich mein Kind
erfreuen kann!" Und so erzählte er dem Burschen jedes=
mal so viel Wahrheit und Dichtung aus seinem Leben,
als dieser nur immer anhören mochte. Aber tödtlicher
Schreck faßte ihn, als ihn Hawrilo eines Tages bei
Seite zog und ihm zuflüsterte: „Höre, Du undankbarer
Jude, ich will Dir keine Vorwürfe machen, aber Du hast
wider Deinen Willen schweres Unheil angestiftet! Denn
siehst Du, Du warst zwar niemals so gescheidt, wie ich,
und jetzt hat Dir auch jener Säbelhieb den Kopf ge=
troffen, aber das hättest Du doch erkennen sollen, wie es
um den Burschen steht. Nämlich so: er brennt nach dem
Soldatenrock! Bei der ersten Assentirung habe ich ihn
mit Mühe und Noth losgebracht und hoffentlich gelingt

mir dies auch im nächsten Frühling, aber wenn sich der
Gedanke in seinem Gehirn festsetzt, so thut er uns wol
gar den Schmerz an und geht freiwillig dazu! Früher
hat er auf meine und seiner Mutter Abmahnung gehorcht,
aber seit Du ihm Deine Lügen erzählst, Alter, ist er
wieder Feuer und Flamme. Ich habe neulich mit meiner
Schwester darüber gesprochen und ihr gesagt, „Kasia“,
habe ich ihr gesagt, „wenn es vielleicht nöthig ist, diesen
verdammten Juden hinauszuwerfen, so will ich es gerne
thun, obwol er mein Freund ist!“ — „Nein“, sagte die
Gute, „er ist ohnehin verlassen genug, sprich nur freundlich mit ihm und er wird uns helfen, dem Burschen den
Kopf zurechtzusetzen!“ Nun denn Moschko, das habe ich
gethan und jetzt mache Dein Unrecht wieder gut oder es
soll Dich der Teufel holen!“

Kein Wort sagt, wie des Unglücklichen Herz erbebte,
als er diese Rede anhörte. „Ich will Alles thun!“
stammelte er und wankte zur Thüre hinaus. Auf dem
Bänkchen vor der Schmiede sank er nieder und hob die
Rechte zum Himmel empor. Von seinen Lippen klang
kein Laut, sein Herz aber flehte: „Du da droben! sei
barmherzig, sei endlich einmal barmherzig und laß mich
nicht erleben, daß mein Wort mein Kind in dasselbe
Elend bringt, welches mich erdrückt! Sei barmherzig!
Ich kann mich Dir nicht zum Opfer darbieten, denn Alles,
was ich hatte, hast Du mir genommen und was Du mir

noch nehmen könntest: mein Leben — das wäre mir eine
Gnade! Aber ich flehe, sei barmherzig!"

Von da ab — es war einige Monate nach seiner
Heimkehr, im Januar — besuchte er die Schmiede häufi=
ger als vorher. Um der bösen Veronia zu entgehen und
mit dem Burschen ungestört zu bleiben, kam er stets des
Abends, wo dieser allein die Arbeit fertigte und dann
die Schmiede in Ordnung brachte. Fedko litt es gerne,
daß sich der Invalide zu ihm setzte und hatte auch fast
allabendlich Vorsorge getroffen, seinen Gast bewirthen
zu können.

„Iß nur", sprach er ihm zu, „ich bin Dir gut und
Du vergibst es mir reichlich durch Deine schönen Geschichten."

Nach wie vor bezogen sich diese Geschichten auf den
Soldatenstand, nur daß Moschko jetzt die dunklen Seiten
hervorhob. Der Bursche hörte die Klagen geduldig an,
seufzte wol auch theilnehmend mit, aber dann wollte er
auch dafür belohnt sein.

„Und nun ein Abenteuer!" rief er. „Erzähle doch,
wie Du den italienischen Kaiser auf dem Schwein nach
Wien geführt hast!"

Da aber faßte sich Moschko ein Herz. „Fedko!"
sagte er demüthig, „ich habe ja gelogen! Wenn ich den
Carlo Alberto wirklich gefangen genommen und nach
Wien gebracht hätte, ob nun auf einem Schwein oder
auf einem Pferd — ich säße jetzt nicht hier, mein Kaiser

hätte mich reichlich belohnt. Bedenke doch, wie sollte ein Gefreiter einen König gefangen nehmen?"

Der Bursche machte große Augen. "Also hast Du gelogen?" fragte er.

"Ja", erwiederte Moschko kleinlaut, dann aber faßte er abermals seinen Muth zusammen und fuhr fort: "Mein Trost ist nur, daß mir ohnehin kein vernünftiger Mensch geglaubt hat! Höchstens so ein junger Laffe, der selbst in dieses Elend hineinrennen möchte!"

"Hm!" machte Fedko verlegen und schwieg. Er blieb auch den Rest des Abends schweigsam und verdrossen, und als Moschko sich verabschiedete, forderte er ihn nicht mehr auf, wiederzukommen. Trotzdem ging dieser stolz und freudig heim. "Habe ich das Unglück angerichtet", dachte er, "so werde ich es auch wieder gut machen!"

Aber das war ein Stück Arbeit, welches nicht im Handumdrehen vollbracht werden konnte.

Wol empfing Fedko den Invaliden die nächsten Male wieder sehr freundlich, aber wenn dieser abermals über sein Elend zu reden begann, so schnitt er ihm kurz das Wort ab. "Das ist nun einmal nicht zu ändern, lieber Alter. Erzähle doch lieber etwas Lustiges aus der Kriegszeit. Also die Geschichte vom italienischen Kaiser war eine Lüge! Aber den Radetzky hast Du doch wenigstens wirklich im Hemde gesehen?"

"Auch das nicht!" betheuerte Moschko. "Und wenn

ich ihn schon im Hemde gesehen hätte, wie hätte mir dies eine große Freude machen können?"

Das wußte auch Fedko nicht zu sagen, fuhr aber dringend fort: „Aber im Mantel hast Du ihn doch gesehen und er hat mit Dir gesprochen?"

„Gesprochen? So bedenke doch nur: ein Marschall mit einem Gefreiten!"

„Also nicht einmal dies?" grollte Fedko. „Ich weiß nicht, was man Dir noch glauben soll!"

„Alles, was ich jetzt sage", betheuerte Moschko . . . .

Aehnliche Gespräche wiederholten sich oft, ohne daß der Invalid den Muth gewann, einmal offen mit dem Jüngling zu sprechen. Der Termin der Rekrutirung rückte heran und immer größer wuchs seine Herzensangst, daß der Bursche diese Gelegenheit benutzen werde, um sich freiwillig zu stellen. Abend für Abend suchte er nun die Schmiede auf, trotz der großen Entfernung, trotz des gräulichen Unwetters. Denn es war März geworden und der Vorfrühling verkündete sich, wie immer in dieser Landschaft, durch endlose Stürme und Regengüsse. Vergeblich mahnte Walerian ab. „Bassama lenka", fluchte der Treue, „diesen Spaziergang, Nacht für Nacht, halten keine morschen Knochen aus! Du siehst elend aus, Schloff, und ich fürchte, Du bleibst einmal am Wege liegen! Aber Moschko schüttelte den Kopf: „ich muß ja", seufzte er und setzte die mühevollen Besuche fort. — Sein Eifer

wuchs, als er gewahrte, daß ihm Fedko zu mißtrauen
anfing und immer unfreundlicher behandelte. „Du da
droben", stöhnte er immer wieder, „ich habe Dir keinen
Ersatz zu bieten, aber — sei barmherzig!"

Mit diesem Gebete auf den Lippen trat er eines
Abends wieder seinen Marsch an, obwohl eiskalter Regen
in Strömen niedergoß und die Nacht so tiefschwarz war,
daß er den wohlbekannten Weg nur Schritt für Schritt,
fast tastend, zurückzulegen vermochte. Seine Glieder zitterten im Fieberfrost, der Kopf glühte, die alte Wunde
am Stirnbein schmerzte ihn höllisch. Von Schritt zu
Schritt fürchtete er, die Besinnung zu verlieren, aber
immer wieder raffte er seine Kraft zusammen und tastete
vorwärts.

Endlich schimmerte ihm das Feuer der Schmiede entgegen, aber es erlosch, ehe er es erreicht. Fedko war
eben im Begriffe die Thüre zu schließen, als der morsche
Mann auf ihn zuwankte.

„Jesus Christ!" rief der Bursche erschreckt und be-
kreuzigte sich. „Bist Du es, Alter? So spät — und
in solcher Nacht!"

„Ich habe mich am Wege verspätet", murmelte der
Invalid. „Ich besuche Dich ja jeden Abend!"

Fedko führte ihn zur Herdglut und drückte ihn auf
einen Sitz nieder. Dann leuchtete er ihm mit der Lampe

in's Antlitz. „Alter!" rief er und bekreuzte sich, „wie siehst Du aus!"

„Es ist nichts!" wehrte Moschko ab. „Ich bin an allerlei Wetter gewohnt. Ich bin gekommen — weil ich —"

„Weil Du mit mir reden wolltest", fiel Fedko ein und seine Augen füllten sich mit Thränen, „weil Du mich abhalten möchtest, Soldat zu werden! Tag für Tag bist Du deshalb gekommen, Du armer, kranker Mensch! Nur aus Liebe und Sorge um mich! . . . Oh! da soll mir noch Jemand sagen wollen, daß ein Jude kein Herz hat . . ."

Erstaunt blickte ihn Moschko an. Wie war Fedko anders, als gestern und ehegestern! Aber täuschte er sich nicht über diese Herzlichkeit des Ton's?! War es vielleicht nur bitterer Spott?!

„Ich — habe — es gut gemeint", begann er zögernd.

„Ich weiß!" fiel ihm Fedko ein. „Seit heute weiß ich es! Verzeih' mir, Du guter Mensch, daß ich Dir Unrecht gethan habe! Weil Du Deine Reden so plötzlich ändertest und täglich kamst, mir versteckte Abmahnungen zu sagen und weil ich mir dachte: was würde der Alte sich sonst viel um Dich kümmern? — und dann, Du bist so arm und ein Jude dazu — also, es will mir schwer über die Lippen, aber ich muß es zu meiner Schande bekennen: ich habe geglaubt, daß Dich Hawrilo und meine

Mutter um Geld gemiethet haben, mir vom bunten Rock
abzurathen. Darum habe ich Dich in letzter Zeit so un=
wirsch behandelt! Aber heute haben mir Beide, mein
Onkel und meine Mutter, mit den heiligsten Eiden ge=
schworen, daß Du es freiwillig gethan hast, und das hat
mir das tiefste Herz aufgewühlt . . . ."

„Laß das!" bat der alte Soldat, zitternd vor
Freude. „Sage mir lieber, wie Du Dich entschieden
hast?!"

„Wie sollte ich noch den Gedanken festhalten", rief
der Jüngling, „nachdem Du meiner Mutter eine solche
Nachricht von meinem sterbenden Vater gebracht hast?!"

„Von — Deinem — Vater —", stammelte Moschko.

„Du hast ihn ja gekannt?"

„Ja! — ich — war sein Freund!"

„Guter, alter Moschko!" rief der Jüngling und
mußte unter Thränen lächeln, „fällst Du wieder in Deine
frühere Gewohnheit zurück? Er war ja ein vornehmer
Pole, der meine Mutter bethört hat und dann Offizier
bei Deinem Regimente war — Dein Freund wird er
wol nicht gewesen sein . . . ."

Dem fieberkranken Manne wirbelte das Hirn. Aber
er nahm all' seine Kraft zusammen, weil er fühlte, wie
entscheidend sein Wort war.

„Doch sein Freund!" sagte er. „Trotz des Unter=
schiedes in Rang und Glauben! Hätte er sonst gerade

mir als Sterbender auf dem Schlachtfelde sein Geheim=
niß und die Botschaft vertraut?"

„Herr Gott!" rief Fedko in höchster Erregung und
hob die Hände zum Himmel, „ich danke Dir, daß es die
Wahrheit ist ... Denn Du mußt wissen, Moschko", fuhr
er fort, „ich habe mich noch einer anderen Versündigung
anzuklagen: jedes Wort habe ich meiner Mutter geglaubt,
von Kindesbeinen bis heute und nie habe ich sie als
Lügnerin erkannt, aber als sie mir heute, um meinen
Trotz zu brechen, endlich die Nachricht gesagt hat, die Du
aus Italien mitgebracht, da war sie so verlegen und
stotterte, daß ich bis zu diesem Augenblick zweifelte, ob
sie es sich nicht in ihrer Herzensangst nur so erfunden.
Gottlob, es ist wahr, denn Du bestätigst es! Du hast
Dich nicht mit meiner Mutter verabredet?"

„Nein!"

„So wahr Dir Gott gnädig sei?"

„So wahr mir Gott gnädig sei!"

„Nun, dann muß es ja so sein, wie sie mir erzählt!
Und sieh', nun will ich Dir auch sagen, warum mich
immer der Drang gequält hat, Soldat zu werden. Es
war um meines Vaters willen! Als ich noch ein un=
verständiger Knabe war, da habe ich meine Mutter ein=
mal gefragt: »Sage mir doch, wer mein Vater ist?« —
»Seinen Namen«, hat sie mir unter heißen Thränen er=
zählt, »darf ich Dir nicht sagen, aber er ist Soldat!

Schon als Knabe hat er zu diesem Stande große Lust gehabt, dann wollte er freilich nicht, aber es nützte ihm nichts: sie haben ihn rekrutirt und er muß dienen!« — »Und wann kommt er heim?« — «Das weiß Gott!« hat sie erwiedert, er wird wol bei den Soldaten bleiben!« Ich war damals ein Knabe und als ich heranwuchs, da habe ich meine Mutter nie wieder gefragt, weil ich wußte, wie weh' ihr dies thun mußte, aber die Worte habe ich nie vergessen können. Und darum, Moschko, darum wollte ich Soldat werden. Man geräth ja seinem Vater nach, ich bildete mir immer ein, daß ich Lust zu diesem Stande habe — und dann — Du darfst mich aber nicht auslachen, Alter — ich wollte Soldat werden, um so vielleicht meinem Vater begegnen zu können. Dies habe ich heute meiner Mutter gestanden und ihr gesagt: Ich habe keine Ruhe, bis ich ihn gefunden! Du kannst Dir denken, daß sie mir darauf Alles gestehen mußte. Aber ich bitte Dich, wiederhole mir noch einmal, mit welchen Worten mich mein Vater hat grüßen und ermahnen lassen. Wie hat der Sterbende gesprochen?"

Der gebrochene Mann hatte sich hoch aufgerichtet, seine Glieder zuckten im Fieber, aber sein Antlitz leuchtete. "Sage meinem Sohne", sagte er feierlich, "daß er bei seinem Handwerk bleibe und nicht sinnlos in's Verderben gehe. Sage meinem Sohne, daß er besser und glücklicher werden möge als sein Vater!"

„Ja! ja!" rief Fedko, „so hat es mir auch die Mutter erzählt, obwol sie sich die Worte nicht genau gemerkt hat! Nun, dann habe auch ich nichts mehr unter den Weißröcken zu suchen. Friede mit ihm!"

„Friede mit ihm!" wiederholte Moschko feierlich, während ihm die Thränen über die Wangen niederrannen. Dann faßte er sich mühsam und fragte:

„Du bleibst hier und wirst, soweit es von Deinem Willen abhängt, niemals Soldat werden?"

„Niemals!"

„So wahr Dir Gott gnädig sei!"

„Ja!"

„So — nun kann ich gehen!"

„Gehen?" rief Fedko. „Du bleibst! Ich lasse Dich schwachen, kranken Mann nicht allein durch Sturm und Nacht heimwanken! Du schläfst heute hier!"

„Nein!" erwiederte Moschko. „Deine Tante Veronia würde es Dir übel vermerken! Ich will nicht, daß Du meinetwegen Kränkung erfährst!"

Dagegen half ihm keine Einrede. „So will ich Dich wenigstens begleiten!" bat Fedko.

„Wozu!" lächelte er und öffnete die Thür. „Ich kenne den Weg besser als Du!"

Der Sturm schlug ihm die schweren Regentropfen

entgegen, daß er einen Schritt zurückwich. Dann aber
schlug er den zerlumpten Mantel fester um die Glieder —
„ich danke Dir?" sagte er und verschwand in der
Dunkelheit.

„Wofür?" rief ihm Fedko nach. „Ich habe Dir zu
danken! Du kommst doch morgen wieder?"

Aber ihm antwortete nur das Heulen des Sturm-
winds. Moschko schien den Zuruf nicht mehr vernommen
zu haben.

––––––––

Fünfzehntes Kapitel.

Sturm und Guß wollten nicht enden in jener unheimlichen Nacht; Stunde um Stunde währte das eintönige Gebrause fort. Fedko konnte keinen Schlaf finden, sein erregtes Herz hielt ihn wach, und so oft der Sturmwind sich stärker erhob und an den Fenstern rüttelte, fuhr er erschreckt auf; ihm war's, als klänge Hülferuf durch die Nacht, die Stimme des Invaliden .... Der Bursche machte sich bittere Vorwürfe, daß er ihn habe ziehen lassen, und als das erste Morgengrauen durch die Fenster schien, raffte er sich, von ihm unerklärlicher Angst getrieben, auf, um in's Städtchen zu eilen und sich zu überzeugen, daß Moschko glücklich heimgekehrt.

Der wüsten Nacht war ein wüster Morgen gefolgt; es regnete nicht mehr, aber noch hingen die Wolken dicht hernieder und ein naßkalter Wind ging in kurzen, heftigen Stößen über das schlammige Haideland. Den Jüngling durchschauerte es, während er hastig den Feldweg dahin

eilte und zuweilen anhielt und um sich blickte, so weit
des Auges Sehkraft in diesem grauen Düster reichen
konnte. „Was sollte ihm auch geschehen sein?!" sprach
er dann laut vor sich hin, „das sind thörichte Sorgen!"
Doch immer wieder trieb es ihn vorwärts, immer wieder
hielt er still und spähte in die Runde. Ihm war's, als
müßte er im nächsten Athemzuge erblicken, was ihm die
erregte Phantasie vormalte: die morsche Gestalt im
grauen Mantel, regungslos auf das schlammige Erd-
reich hingestreckt ... Aber er gewahrte nichts und
athmete erleichtert auf, als er die ersten Häuser des
Städtchens erreichte. Noch regte sich kein Leben in den
Gassen, sie lagen verödet, die Thüren waren geschlossen.
Nur im Klosterhofe der Dominikaner regten sich bereits
die Knechte. „He Fedko!" riefen sie ihn an, „wohin
so früh?"

Aber er erwiederte nichts: erbleichend stand er still
und starrte den Mann an, der ihm eben hastigen Schrittes
entgegenkam. Es war Walerian. Auch er erschrak, als
er Fedko gewahrte. „Ist er nicht bei Dir geblieben?"
rief er und bekreuzte sich, als der Bursche verneinte.
„Alle Heiligen!" stöhnte er, „dann komm', er muß ver-
unglückt sein!"

Sie eilten zum Städtchen hinaus, beide bleich und
erregt. „Er hat sich vielleicht verirrt", murmelte Fedko.
„Das gebe Gott", erwiederte Walerian, „aber ich glaube

es nicht. Mir zittert das Herz, daß er sich selbst ein
Leid angethan!" — „Nein! nein!" rief Fedko entsetzt
und eilte noch rascher vorwärts.

Als sie an die Stelle kamen, wo sich der Feldweg
zur Schmiede von der Lemberger Heerstraße abzweigt,
begegnete ihnen ein „Chumake", ein ukrainischer Lohn=
kutscher, welcher neben seinem, hoch mit Salz beladenen
Ochsenwagen einherschritt. Achtlos wollten sie an ihm
vorbei, er aber rief sie an:

„He, Ihr Leute, seid Ihr Barnower?"

„Was willst Du?"

„Seid Ihr Barnower?"

„Bassama lenka, ja!" fluchte Walerian.

„Nun also", sagte der Chumake langsam, „dann
geht es Euch an! Einige hundert Schritte von hier liegt
an der Heerstraße ein alter Soldat . ."

„Wo?" riefen sie entsetzt. „Warum hast Du ihn
nicht aufgehoben?"

„Ich bin ja kein Barnower!" erwiederte der Fuhr=
mann. „Uebrigens hat es auch keine Eile — der Mann
ist todt! Neben dem rothen Kreuze liegt er!"

Von Entsetzen gepeitscht, stürzten sie nach dem Kreuze
hin. Fedko erreichte es zuerst; mit einem gellenden Auf=
schrei sank er neben dem reglosen Körper in die Knice.
Es war genau so, wie er es früher in seiner Herzens=
angst gesehen: Moschko lag im Schlamme dahingestreckt,

das Antlitz erdfahl, die Augen geschlossen. „Um meinet=
willen ist er gestorben!" rief der Jüngling jammernd
seinem Gefährten zu. „Er hat sich in der Nacht verirrt
und ist hier kraftlos zusammengesunken und im Unwetter
verschieden!"

Walerian war langsam herbeigekommen; seine Lippen
zitterten, aber er sprach kein Wort. Stumm kniete er
neben dem Körper hin, riß den Mantel auf und befühlte
die Glieder. Dann legte er das Ohr an sein Herz.
„Fedko!" rief er, „es ist noch Leben in ihm! Wir müssen
ihn rasch heimbringen und den Doktor rufen!"

„Doch nicht in die Scheune?" rief der Jüngling.
„Er braucht ein Bett, eine warme Stube. Wir müssen
ihn in die Schmiede tragen."

„Und was wird Dein Tantchen sagen, Du Thor?"

„Dafür lasse mich sorgen!" erwiederte Fedko. „He!
faß an!"

Sie luden ihn auf und trugen ihn querfeldein, der
Schmiede zu, denselben Weg, den er einige Stunden vor=
her gegangen. Der kranke Mann war wol in der tiefen
Dunkelheit vom Feldwege abgekommen und ziellos durch
das Feld gewatet, bis er am Graben der Heerstraße
hingesunken.

Die Schmiede war geschlossen, die Bewohner schliefen
noch. So luden die Beiden den Reglosen vorläufig auf
dem Bänkchen am Thore ab, Walerian hielt ihn in den

Armen, während Fedko in die Hütte trat. Der alte
Soldat horchte mit gespannten Sinnen, aber drinnen
blieb es eine lange Weile noch still. Dann endlich begann ein lautes Jammern, Zetern und Fluchen; Hawrilo
und Veronia schrien wirr durcheinander, aber noch lauter
erklang die Stimme des Fedko: „Nehmt Ihr ihn nicht
auf, so gehe ich noch heute zum ›Werbbezirk‹ und lasse
mich assentiren, so wahr mir Gott helfe!" Darauf keifte
nur noch das Täubchen fort, während Hawrilo verstummte und nach einigen Minuten mit betrübter Miene
zu Walerian geschlichen kam. „Ach!" seufzte er, „was
sind das für Geschichten! Du armer Moschko! Ich würde
Dich ja gerne aufnehmen, aber sage selbst, kann ein
Mensch sich mit des Teufels Großmutter messen?"
Moschko vernahm die Klage nicht, er lag noch immer
bewußtlos da und nur zuweilen entrang sich ein leises
Röcheln seiner Brust.

Endlich hatte auch Veronia ausgetobt. „Ach!"
schluchzte sie, „wer mir gesagt hätte, daß ich den Burschen
nur deßhalb aufziehe, damit er mir einmal todte Juden
in's Haus bringt! So schaffe ihn doch wenigstens nur
in den Stall und nicht in Dein eigenes Bett! Versündige
Dich doch nicht so gegen Gott!"

Aber Fedko blieb verstockt, bettete den Kranken in
seiner Kammer, und lief dann in's Städtchen zurück, den
Arzt zu holen. Walerian und Hawrilo blieben bei

Moschko und mühten sich, ihn durch Branntwein, mit dem sie ihm die Lippen netzten, wieder zum Bewußtsein zu bringen. Aber wol athmete der Kranke nun leichter und tiefer, seine Augen jedoch blieben geschlossen. „Das ist ein schlimmes Zeichen!" klagte Walerian. „Der Aermste hat schon so lange keinen guten Tropfen mehr getrunken, daß er jetzt sicherlich vor Freude die Augen aufthäte, wenn auch nur halbwegs noch Leben in ihm wäre!"

Nach einer Stunde kam der Stadtarzt vor die Schmiede gefahren; ein sehr ernster, aber freundlicher Mann in mittleren Jahren. Er beugte sich über den Kranken, prüfte sorgsam seinen Zustand und verordnete einige stärkende Mittel. „Das Fieber hat ihn betäubt", sagte er. „Es läßt sich bannen, nicht aber die Ent= kräftung, die darauf folgt. Er wird in kurzer Zeit er= löschen, wie eine Lampe, die kein Oel mehr hat!"

Fedko schluchzte laut. „Und hätte er ohne diese Nacht noch länger leben können?" fragte er angstvoll.

„Gewiß!" erwiederte der Arzt. „Es war das Schlimmste, was einem Menschen, der am Zehrfieber leidet, zustoßen konnte. Aber das ist schon an sich eine tückische, kaum zu besiegende Krankheit. Diese Nacht hat sein Ende beschleunigt, nicht herbeigeführt!"

„Um meinetwillen muß er sterben!" rief der Bursche verzweifelt, und erzählte dann dem Arzte die Ereignisse der letzten Zeit.

Der ernste Mann hörte ihm aufmerksam und staunend zu. Vielleicht ahnte er, der sehr klug und sehr gut zugleich war und das Menschenherz kannte, schon damals, was den kranken Invaliden immer zur Schmiede getrieben. Aber er erwiederte nichts, sondern trat nur noch einmal an das Lager hin und legte die Hand auf die fieberheiße Stirn des Kranken. „Ich werde morgen wieder kommen", versprach er. Und als darauf Veronia, die an der Thüre horchte, mit gellender Stimme rief: „Das werdet Ihr nicht, Herr Doctor! Ich zahle Euch keinen Heller!" da erwiederte er auch ihr nichts, sondern sagte nur zum Hawrilo, der ihn zum Wagen begleitete: „Ich werde kein Entgelt beanspruchen!"

Aber das wohlgenährte Antlitz des wackeren Schmiedes blieb umwölkt. „Ach, Herr Doctor", seufzte er. „Es ist ja nicht wegen des Geldes. Aber saget selbst, wie kommt ein Christenhaus dazu, durch einen sterbenden Juden entweiht zu werden? Es ist ja ein jüdisches Spital im Städtchen, könnte man ihn nicht dorthin schaffen? Ihr hättet es näher und die Kosten würde ich gerne bezahlen!"

„Ich werde mit dem Vorsteher sprechen", versprach der Arzt, bestieg den Wagen und fuhr in's Städtchen zurück. Wieder einmal empfand sein Herz lebhaft jenes Weh, welches ihm ein treuer Begleiter durch's Leben war. Er war in Podolien geboren, ein Sohn wohl-

habender jüdischer Eltern und hatte früh aus eigener,
bitterer Erfahrung den doppelten Druck kennen gelernt,
der auf den Juden seiner Heimath lastete, den Glaubens=
haß und den eigenen Fanatismus. Denn als er sich ent=
schlossen, deutsche Bildung zu erwerben, da verketzerten
ihn die eigenen Glaubensbrüder und die Patres Piaristen
wollten ihn nicht in das Gymnasium seiner Vaterstadt
aufnehmen. Sein Wille jedoch war stärker als diese
Hindernisse; er ging nach Wien, nach Deutschland, voll=
endete seine Studien und ließ sich dann als Arzt in
München nieder. Aber sein Herz zog ihn mächtig zur
Heimath zurück: die Sehnsucht nach den greisen Eltern,
noch mehr der Drang, den Geknechteten ein Retter und
Helfer zu werden. So wählte er denn das kleine, arm=
selige Städtchen der Ebene zur Stätte seines Wirkens
und widmete sich mannhaft seiner doppelten Aufgabe an
Kranken und Gesunden. Wer im Lichte gewandelt, ge=
wöhnt sich schwer an die Dämmerung — aber darüber
kam er hinweg: die Trostlosigkeit der Zustände, auf die
er traf, stählte nur seinen Willen, und wenn ihn seine
Freunde einen Schwärmer nannten, so schüttelte er lächelnd
das Haupt: „Laßt mich, Ihr werdet einst anders sprechen!“
Aber diese Zeit wollte nicht kommen, im nutzlosen Rin=
gen vergingen ihm die besten Jahre, im vergeblichen
Kampfe gegen übermächtige Gewalten zersplitterte sich
seine Kraft. Kaum vermochte er das Vorurtheil

gegen sich selbst zu besiegen; die Christen vergaßen nie,
daß er „doch nur ein Jude" sei, die Juden redeten ihm
seine „Aufgeklärtheit" bitter nach; nur mühsam konnte
er sich durch sein edles Herz, sein tüchtiges Wesen die
liebevolle Achtung beider erringen. Er war ein viel=
beschäftigter Arzt, dem sie willig die Sorge für ihre
körperliche Gesundheit anvertrauten; über ihre Seelen
jedoch gewann er keine Macht. Er hatte sich zwei prac=
tische Ziele gesetzt: er wollte einen Krankenverein be=
gründen, der für die armen Siechen beider Bekenntnisse
sorgen sollte, und eine jüdisch=deutsche Volksschule. Beides
wollte nicht gelingen: Christen und Juden sträubten sich
gegen jedes gemeinsame Wirken und die Letzteren wollten
von einer Schule nichts wissen, welche ihren Kindern den
frommen Glauben rauben müsse. Aber dieser edle Mann
war ja ein „Schwärmer"; er wurde sich bewußt, daß der
Einzelne wenig gegen das Vorurtheil vermöge, aber diese
Erkenntniß konnte weder sein Herz verbittern, noch völlig
entmuthigen: er blieb sich gleich in seiner reinen, werkthätigen
Liebe zu den Menschen, in seinem Hoffen auf lichtere Tage.
Darum rührte ihn die Erzählung des Fedko tief; er hatte
den Invaliden nie vorher gesehen und nur weniges von
ihm gehört; aber es that seinem Herzen wohl, hier einer
rein menschlichen Beziehung zu begegnen, welche allen
Vorurtheilen des Glaubens trotzte. Der sterbende Jude
im Christenhause gepflegt — er hätte diese Thatsache

kaum für möglich gehalten! Aber diese schöne Stimmung
währte kurz; dafür sorgte das Keifen der Veronia, die
Bitte des Hawrilo. Was dem Arzte durch's Herz ging,
während er heimfuhr, war ja nur dieselbe schmerzliche
Empfindung, die ihm täglich neu im Herzen erwachte,
aber diesmal bewegte sie ihn tiefer, weil sie einer lichten
und schönen folgte. Mit seinem Versprechen an den
Schmied war es ihm ernst: er wollte nicht, daß der
Todtkranke noch in seinen letzten Tagen durch höhnische,
gehässige Reden gekränkt werde. Darum ließ er seinen
Wagen vor dem Hause des Vorstehers halten und trug
diesem die Sache vor.

Nathan Grün hörte ihn respectvoll an. Dann aber
erwiederte er: „Herr Doctor, daraus wird nichts. Sie
wissen, ich bin kein harter Mann. Als Sie den Krankenverein gründen wollten, habe ich gesagt: ich trete nicht
bei, aber dreißig Gulden jährlich will ich bezahlen. Und
wenn Sie mich um Unterstützung für einen Kranken er-
suchten, habe ich nicht erst gefragt, ob es ein Christ oder
ein Jude ist. Aber dieser Mensch wird nicht in unser
Spital aufgenommen; er hat sich im Leben selbst von
uns geschieden und soll geschieden bleiben. Stirbt er,
so werden wir ihm den Platz auf dem „guten Orte"
nicht weigern, weil wir aus Klugheit gutwillig thun
wollen, wozu uns das Amt sonst zwingen würde. So
— das ist Alles!"

An dieser Festigkeit prallten die Vorstellungen,
die Bitten des Arztes ab. „Ich thue es nicht aus Rach=
sucht", betheuerte Nathan, „obwol er mich greisen Mann
einen Hund genannt hat. Ich thue es um Gotteswillen.
Was er an mir gethan, würde ich ihm gern mit Gut=
that vergelten; was er an Gott gethan darf ich ihm
nicht verzeihen!"

„Gut", erwiederte der Arzt, „ich will mich auf Ihren
Standpunkt stellen. Ich will glauben, daß der Unglück=
liche einen unsühnbaren Frevel gegen Gott begangen,
indem er seine zweite Capitulation antrat, will glauben,
daß es eine Sünde wäre, ihn zu pflegen. Aber muß es
in Ihren Augen nicht eine noch größere Sünde sein,
wenn ein Jude einsam dahinstirbt, wenn kein Glaubens=
bruder an seiner Seite ist, der ihm das letzte Bekenntniß
abhört und dem Sterbenden das „Höre, Israel . . .!"
zuruft?!"

„Nein, Herr Doctor!" erwiederte Nathan. „Es ist
eine fromme Handlung, die Beichte des Sterbenden zu
hören, aber nur deshalb weil ihm damit eine Wohlthat
geschieht. Denn sie hat keinen andern Zweck, als ihm
das Herz zu erleichtern. Sie wissen ja: bei uns kann kein
Mensch dem anderen seine Sünden vergeben, vor Gott
sind wir Alle gleich und haften Jeder für sich. Und
ebenso ist es nur eine Wohlthat für den Sterbenden,
wenn wir im Augenblicke, wo sein Auge bricht, das

Glaubensbekenntniß rufen. Er soll daran erinnert werden, daß nur sein Körper stirbt, während die Seele zu Gott zurückkehrt. Wohlthaten jedoch haben wir dem „Sellner" Mosche nicht zu erweisen. Und wer sagt Ihnen, daß es eine Wohlthat für den Sünder wäre, an die Unsterblichkeit seiner Seele erinnert zu werden? ... Ich weiß, was Sie denken: „Ein harter Mensch!" Aber ich kann nicht anders und wenn es eine Sünde war, so zu sprechen, so mag mich Gott dafür strafen!"

„Nein", erwiederte der Arzt, „keine Sünde, sondern ein trauriger Irrthum. Und in fünfzig Jahren werden Ihre Söhne und Enkel erkennen, daß es ein Irrthum war!"

„Davor sei Gott!" erwiederte Nathan. Aber er hat Unrecht behalten und sein edler Gegner Recht. Schon heute gibt es viele jüdische Männer in Podolien, nicht minder gottesfürchtig als Nathan, die doch anderen Bescheid auf ähnliche Bitten wüßten. Noch sind sie Ausnahmen, aber die Zeit ist nicht ferne, da auch hier die Menschlichkeit siegen wird!

... Als der Arzt am nächsten Tage wieder in die Schmiede kam, erlebte er eine unverhoffte Freude. Verlegen trat ihm Hawrilo entgegen: „Herr Doctor", sagte er, „ich habe gestern, will mir scheinen, eine arge Dummheit begangen. Verzeiht, aber das kann ja selbst einem so gescheidten Menschen, wie ich bin, geschehen — nicht

wahr? Nun also! Kaum, daß Ihr gestern fortgefahren,
begebe ich mich straks zum Hochwürdigen von Korowla
und trage ihm die Sache vor. „Was?" schreit er.
„Einen Juden? Wirf den Kerl auf die Straße, dort
mögen ihn die anderen Juden auflesen." Das scheint
mir aber ungebührlich und ich bitte: „Darf ich ihn wenig=
stens so lange behalten, bis er abgeholt wird?" —
„Liegt Dir an ihm?" fragte er. — „Ein wenig wohl!"
erwiedere ich und erzähle ihm von der alten Kamerad=
schaft und dann sei es auch wegen des Fedko. „Hm!"
sagt er, „dann ließe sich ja etwas thun", geht zum Tische
und zieht aus der Lade ein kleines Bild meines Schutz=
patrons hervor, des heiligen Gabriel. „Wenn ich Dir
dieses Bild verkaufe", sagt er freundlich „und meinen
Namen auf die Rückseite schreibe, so kann der Jude sogar
in Deinem Hause sterben, ohne daß eine Sünde auf Dich
kommt. Es kostet aber fünf Gulden! . . . ." Ich besinne
mich eine Weile: das Bild ist fünf Kreuzer werth und
was der Name des Hochwürden werth ist, weiß man ja
auch nicht recht! — „Hm, Pope", sag' ich, „ich werde mir
die Sache überlegen", und gehe heimwärts. Da begeg=
net mir die Kasia, nämlich meine Schwester, und ballt
schon von Weitem die Faust gegen mich. Und wie ich
näher komme, macht sie mir die bittersten Vorwürfe:
„War nicht der Moschko stets Dein guter Kamerad? Bist
Du nicht ein Christ, dem das Erbarmen von seinem

Herrn und Heiland befohlen ist?!' Liebe Deinen Näch=
sten wie' Dich selbst! Und Du willst den Sterbenden
fortschaffen!" Kurz, sie walkt mir die Seele windelweich
durch und weint dabei heftig und ich weine auch, weil
ich mich der alten Zeiten erinnere. Und da, Herr Doctor,
da bin ich vernünftig geworden! Ich gehe heim und
rede meinem Weibe zu, ganz freundlich aber entschieden:
„Wenn Du noch ein Wort sprichst oder die Suppe nicht
kräftig genug kochst, so bleibt Dir kein Knochen im Leibe
ganz!" So, jetzt ist Ruhe im Hause, wie sie ein Kranker
braucht! War das nicht recht, Herr Doctor?"

„Recht und vernünftig", erwiederte der Arzt lächelnd
und trat in die Stube. Nur Walerian saß neben dem
Kranken. „Ich habe den Fedko schlafen geschickt", meldete
er mit militärischem Gruße, „weil er die ganze Nacht
durchwacht hat!"

„Und wie hat sich unser Moschko aufgeführt?"

„Zu Befehl — wahnsinnig!" erwiederte Walerian.
„Den ganzen gestrigen Tag und die Nacht hindurch, hat
er um sich gehauen und geglaubt, der Fedko wäre sein
Sohn und ich der Feldmarschall Radetzky; den Hawrilo
hat er für eine Kanone angesehen und die Veronia für
eine Fahnenstange, kurz — wahnsinnige Sachen. Auch
jetzt noch ist er bewußtlos, aber er tobt nicht mehr!"

Als sich der Arzt über das Lager beugte, schlug
Moschko die Augen auf und musterte ihn irren Blickes.

„Nein!" stammelte er angstvoll, „der Fedko darf es ja nicht erfahren!" . . . .

Wieder verordnete der Arzt einige Mittel und ging. „Ich glaube nicht, daß er im Fieber sterben wird", sagte er dem Hawrilo. „Die Bewußtlosigkeit wird weichen, ehe der Tod eintritt!"

„Das wird meiner Schwester sehr tröstlich sein", erwiederte der Schmied. „Sie möchte ihn gerne noch ein=mal sprechen und ihm für die Nachrichten danken . . . nämlich, ich war auch darin nicht gescheidt, daß ich den Jacek Hlina . . . nämlich, aber . . ."

Während er so in höchster Verlegenheit wirre Worte stotterte, kam ein kleiner zerlumpter Knabe in den Flur gelaufen. „Was willst Du?" fragte Hawrilo grimmig.

„Mich sendet der Hochwürdige von Korowla", mel=dete der Kleine. „Er läßt Euch sagen: weil Ihr es seid, so läßt er Euch das Bild um drei Gulden!"

„Schönen Dank!" erwiederte Hawrilo, „ich habe es nicht mehr nöthig!" —

Wieder fuhr der Arzt in seltsamen Gedanken heim. „Ach!" seufzte er, „was ist das für ein trauriges Dilemma, aus dem es keinen Ausweg gibt. Gewiß! diese armen Menschen bedürfen des Glaubens und sänken unergründlich tief, wenn man ihn ihnen freventlich rauben wollte! Und doch! — dem Einen gebietet sein Glaube, einem Sterbenden jede Hülfe zu weigern und dem Ande=

ren, ihn auf die Straße zu werfen, sofern sich nicht zufällig einige Gulden dabei verdienen lassen . . . Hier
hat nun freilich die Menschlichkeit gesiegt, aber wie oft
ereignet sich dies auf Erden?! Muß es so sein? Ist
ein Glauben ohne Aberglauben wirklich nur ein Traum?!"

Als der edle Mann so dachte, ahnte er nicht, daß
ihn dieselbe Veranlassung noch tiefer hineinlocken würde
in die Grübelei über Fragen, auf welche es keine allgemein gültige Antwort gibt, und daß ihm doch zugleich
aus dem Herzen eines armen unwissenden Menschen ein
Licht aufgehen würde über die Art wie jeder Einzelne
sich selbst die ihm richtige Antwort suchen muß durch
Erforschung des eigenen Herzens, durch Betrachtung der
eigenen Schicksale . . . .

. . . Die Krankheit des Invaliden nahm jenen Ver-
lauf, welchen der Arzt vorhergesehen. Die Betäubung
wich, das Fieber minderte sich, aber mit ihm auch die
Kraft. Ruhig, mit einem so sanften verklärten Ausdruck,
wie man ihn diesen verwüsteten Zügen nimmer zugetraut
hätte, lag Moschko auf dem Leidenslager, den Blick auf
das Antlitz des Fedko gerichtet. „Mir ist so gut",
flüsterte er immer wieder, „ich hätte es mir nie träumen
lassen, daß das Sterben so schön ist! Fedko sei gesegnet,
sei tausendfach gesegnet." Auch dem Arzte erwies er sich
mit Wort und Blick überaus dankbar.

Der wackere Mann kam täglich und als er eines

Tages im April — es war der erste schöne Frühlings-
tag gewesen — über Land hatte fahren müssen, da ließ
er sich die Mühe nicht verdrießen, noch am späten Abend
in der Schmiede vorzusprechen.

Er fand Moschko schwächer, aber auch heiterer als
je. „Was sind Sie für ein Mensch", empfing ihn der
Kranke lächelnd, „Sie wissen so gut wie ich, daß mir
nichts mehr helfen kann und bemühen sich doch täglich,
nur um einem alten Soldaten die Todesangst zu er-
sparen! Sie denken sich: wenn ich täglich komme und
ein Recept verschreibe, so wird der Alte betrogen und
glaubt an Rettung! Gott segne Sie für diesen Betrug,
Herr Doctor!"

Der Arzt zwang sich zu einer heiteren Miene. „Einen
Betrüger hat mich doch noch keiner meiner Kranken genannt!" sagte er. „Ist das Euer Dank, Mosche?"
Und etwas unsicheren Tones fuhr er fort: „Uebrigens
glaube ich wirklich an keine Gefahr . . . . ."

Da aber wurde der alte Soldat unruhig. „Nein,
Herr Doctor", murmelte er, „ängstigen Sie mich nicht!
Es geht nicht, daß ich gesunde, es darf nicht sein! Jetzt
gerade steht die Rechnung zwischen mir und Ihm ganz
gleich, gerade so wie sie stehen soll: es hat Keiner von
uns ein Guthaben und Keiner eine Schuld! Ich will
nicht, daß die Rechnung von Neuem angeht . . ."

Der Arzt schüttelte den Kopf und griff ihm nach der Hand, den Puls zu fühlen.

„Sie glauben, es ist wieder das Fieber?" fragte der Kranke. „Ach! Herr Doctor, so gescheidt wie jetzt, war ich mein ganzes Leben nicht! Verstehen Sie nicht, daß ich die Rechnung mit Dem da droben meine?"

„Mit Dem rechnet man nicht!" rief der Arzt feierlich. „Er ist ein Allerbarmer!"

Moschko hob abwehrend die Hand. „Nein!" sagte er; „er ist ein Allgerechter. Und darum macht er mit jenen Menschen, die es nur ein wenig verdienen, die Rechnung schon diesseits ab — und jenseits ist dann Ruhe und Frieden. So ein Glücklicher bin auch ich. Aber nur jetzt, in diesem Augenblicke. Denn wenn ich länger lebe, so fängt wieder das Schuldenmachen und Bezahlen an!"

Der einzige Zeuge dieses Gesprächs, der gute Hawrilo, hatte bis dahin schweigend neben dem Bette gesessen. Er hatte die Worte angehört, ohne sie zu verstehen; Moschko sprach jüdisch-deutsch, der Arzt erwiederte hochdeutsch. Nun aber, da er den Kranken so heftig reden hörte, mischte sich der Schmied besänftigend ein: „Schone Dich, Alter! der Herr Doctor meint es ja gut!"

„Wir zanken nicht", versicherte der Arzt lächelnd und übersetzte ihm die Worte des Kranken.

„Ja! ja! Herr Doctor", versicherte Hawrilo, „so

komisch sind immer seine Reden! Ich halte es für ganz
verrücktes Zeug, aber die Kasia, der ich davon erzählt,
meint, es sei ein gewisser Verstand darin. Nun meinet=
wegen!" Und er zog die Achseln so hoch empor und schnitt
eine so finstere Miene, als ob diese Ansicht der Kasia
eine schwere persönliche Beleidigung für ihn sei.

Aber der Arzt schien es gleichfalls mit der Kasia zu
halten. Er faßte die Hand des Kranken und hielt sie
in der seinen. „So viel ich von Euerem Leben weiß",
sagte er mit wehmüthigem Lächeln, „braucht Ihr Euch
diese Sorge nicht zu machen! Wenn schon gerechnet
werden soll, dann will mir scheinen, als hättet Ihr,
armer Mann, noch ein so stattliches Guthaben, um da=
von viele Jahre zehren zu können!"

„Nein, Herr Doctor! Da irren Sie! Ach! was
wissen Sie von meinem Leben?" Er wollte sich auf=
richten, sank aber sofort zurück und schloß die Augen.
So lag er eine Weile da, und weil auch seine Athem=
züge ruhig gingen, so glaubte ihn der Arzt im Ein=
schlummern und wollte seine Hand sanft zurückziehen.
Aber bei dieser Bewegung schlug Moschko die Augen
wieder auf.

„Ich habe nicht geschlafen", murmelte er, „ich habe
blos nachgedacht, ob ich es schon heute thun soll. Ich
will es wagen — vielleicht ist es morgen zu spät . . .
Herr Doktor, Sie sind so gut gegen mich! Darf ich Sie

doch noch um Etwas bitten? Sie haben den ganzen
Tag gearbeitet und sind ermüdet; daheim warten Ihr
Weib und Ihre Kinder auf Sie. Ich weiß das und
bitte Sie dennoch: schenken Sie mir heute noch eine
Stunde Zeit!"

„Gern, von Herzen gern!"

„Ich danke Ihnen . . . Lieber Hawrilo, laß uns
allein!"

„Was sind das wieder für Geschichten?" grollte der
gute, dicke Mann. „Willst Du Dich wieder aufregen?
Ich verstehe Dich ja ohnehin nicht!" Aber auch der Arzt
winkte ihm, zu gehen, und so verließ er murrend die
Stube.

„Setzen Sie sich neben mich", bat der Kranke und
deutete auf den Stuhl an seinem Bette. Dann faßte er
die Hand des Arztes und blickte ihm fest in die Augen.

„Herr Doctor!" sagte er, „ich werde in einigen
Tagen sterben!"

Wieder wollte der Arzt eine Ausflucht suchen, aber
als er in diese ruhigen, fast verklärten Züge blickte, fand
er nicht den Muth zu einer, wenn auch noch so edel-
müthigen Lüge. „Ja!" sagte er leise.

„Ich danke Ihnen! Und nun eine zweite Frage.
Sie wissen ja, ich habe immer in demselben Regimente
fortgedient . . ."

„Bei Parma?!"

„Ach nein! — bei Parma freilich auch, aber das meine ich nicht — verzeihen Sie, ich rede mit Ihnen jetzt so, wie sonst nur mit mir selbst. Ich meine, bei dem Regimente, zu welchem ich schon durch meine Geburt assentirt worden bin . . ."

„Ihr seid beim jüdischen Glauben geblieben?"

„Ja — obwol ich schon seit langer Zeit weiß, daß ich bei einem Wechsel nur unter einen anderen Obersten gekommen wäre. Der General ist für alle Regimenter derselbe. Ich habe aber meine Montur doch nicht gewechselt, obwol ich dadurch zur Kavallerie gekommen wäre, die immer hoch zu Roß sitzt. Aber, da rede ich schon wieder —"

„Ich verstehe Euch", versicherte der Arzt.

„Nun also, ich bin eben bei der armen Infanterie geblieben, die immer schwer bepackt geht und es immer schlimmer hat auf Erden, als die Anderen. Und darum möchte ich auch sterben und begraben werden, wie jeder Andere vom selben Regiment . . . Nun habe ich gehört, durch den Walerian, dem man es im Städtchen erzählt hat, daß Sie, Herr Doctor, mit Nathan Grün über mich gesprochen haben. Was hat er Ihnen gesagt?"

Wieder wollte ihm der Arzt die Antwort barmherzig verschweigen, aber wieder zwang ihm der Bann dieser leuchtenden Augen die Wahrheit auf die Lippen. Er befürchtete eine schmerzliche Erregung des Kranken, aber dieser blieb ruhig.

„Also Nathan meint, daß wir geschieden sind, ich und die Anderen?" fragte er lächelnd. „Es überrascht mich nicht, es gehört mit zu meiner Rechnung! Und warum sollt' er's nicht meinen — er weiß ja nicht, wer Gott ist! Sein ganzes Leben lang ist es ihm gut ergangen und er hat seine Nase nicht aus Barnow herausgesteckt — da soll man Gott kennen lernen? Ich nehm' es ihm nicht übel; wenn er Schmied gewesen wäre, wie ich, und dann Soldat bei Parma, wenn er so viel in der Welt herumgekommen und dann in der Schlacht gestanden wäre — in der Schlacht, Herr Doctor, da lernt man Gott kennen, da weiß man, daß er ein General ist und kein Oberst! Nun aber — es dient ja doch Jeder nur eben in seinem Regimente — wo werde ich begraben werden?"

„Auf dem ›guten Orte‹", versicherte der Arzt. „Auch Nathan ist nicht dagegen. Für einen Grabstein will ich sorgen . . ."

„Schönen Dank, den begehre ich nicht!" unterbrach ihn der Invalide. „Ein Grab ist nothwendig, ein Stein nicht; ich habe mich mein Leben lang mit dem Nothwendigen begnügt. Wozu sollen Sie sich Kosten machen? Und dann, wenn sie Ihnen erlaubten, mir einen Stein zu setzen, eine Inschrift werden sie nicht zulassen. Ich

bin ja ein »Sünder«, also »soll mein Name nicht ge=
nannt werden!« Ich bin damit ganz zufrieden; ich will
ruhig schlafen. Die Leute meinen freilich: ein Stein und
der Name darauf sind nothwendig, sonst kann ja der
Engel, der zum jüngsten Gerichte weckt, den Namen des
Todten nicht lesen und ihn vor Gott rufen. Aber das
beweist wieder nur, daß sie nie in der Schlacht waren.
Da werden Hunderte in einem gemeinsamen Grabe ver=
scharrt, ein Hügel wölbt sich darüber — das ist Alles!
Und doch! wenn der Engel den Nathan Grün ruft, dann
wird er auch jene braven Soldaten nicht vergessen. Ich
will es nicht besser haben als meine Kameraden. Mit
dem Grabe also wären wir in Ordnung, Herr Doctor!
Nun ist aber noch zweierlei zu bereden. Wenn ein Jude
stirbt, so muß Jemand dabei sein, der ihm zuruft:
»Schema Jisroel, adonai eloheni, adonai echod!« (Höre,
Israel, der Herr, unser Gott, ist ein einiger, einziger
Gott!") An meinem Sterbelager wird Niemand diesen
Ruf erheben, aber auch dies grämt mich nicht. Nur auf
Eines möchte ich nicht verzichten, auf das letzte Be=
kenntniß! . . ."

Moschko seufzte tief auf und heftete seinen Blick
flehend auf das Antlitz des Arztes.

„Sprecht nur", sagte dieser bewegt, „ich will Euch gerne
zuhören. Und wenn Ihr mir vielleicht noch einen Auftrag
geben wollt, er soll nach bester Kraft erfüllt werden!"

„Nein! nein!" rief der Kranke, „es ist ohnehin Gnade genug! Manche Gutthat haben Sie schon gethan, aber nie eine größere! Uebrigens will ich Sie nicht zu lange belästigen. Ich will Ihnen nur sagen, wie es mir mit Ihm ergangen ist!"

Dann begann er: „Sie haben meinen Vater, mit dem Friede sei, noch gekannt?"

„Nein!"

„Nun, es ist ohnehin nicht viel über ihn zu sagen! Er war fromm und hat sich mühselig durchs Leben geschlagen. Ich will ihm nichts Böses nachreden, es war nicht seine Schuld, aber dennoch hatte ich schon dadurch ein Guthaben bei Ihm, daß Er mich als jüngsten Sohn von Avrumele Schulklopfer geboren werden ließ. Sie dürfen mich aber nicht schlecht verstehen, Herr Doctor. Ich mache Ihm nicht das Regiment zum Vorwurf, zu welchem Er mich assentirt hat. Denn es ist ja doch ein gutes altes Regiment, und wenn es auch größere Strapazen ertragen muß, wie die anderen, so gleicht sich dies aus, weil hier die Einzelnen einander treulich helfen, die Mühsal zu tragen. Ich habe einmal geglaubt, daß es ein Unglück ist, als Jude geboren zu werden, aber jetzt bin ich klüger: es ist weder ein Glück, noch ein Unglück, es ist ein Schicksal, wie jedes andere. Auch klage ich Ihn nicht deßhalb an, weil Er mir so arme Eltern gegeben hat, es kann nicht Jeder reich sein. Aber als

Jüngstes, als Sechstes hätte Er mich ihnen nicht auf=
bürden sollen! Das war bitter für diese armen Leute,
und noch bitterer für mich. Ein Kind soll seinen Eltern
eine Freude sein, und nicht eine schwere Last, denn sonst
wird ihre Liebe von der Sorge erstickt. Meine Eltern
haben mich nicht lieben können — und das ist mein
Guthaben bei Ihm, schon von der Geburt her! Denn
dieses Glück sollte so allgemein sein, wie der Sonnen=
schein. Mir ist es nicht geworden!"

„Sehen Sie, das hat Er auch gefühlt und darüber
nachgedacht, welchen Ersatz Er mir dafür geben soll. Und
da ist Er auf den merkwürdigen Einfall gekommen: »Ich
will ihn durch seine Schicksale dazu bringen, daß er Mich
erkennt, wie Ich bin! Die anderen Leute in Barnow
halten Mich nur für einen jüdischen oder einen christlichen
Gott, Ich aber bin ein Gott für alle Menschen. Die
Anderen glauben, Ich ließe mich durch Flehen beugen,
Ich aber rechne mit Jedem und gebe Jedem, was er ver=
dient. Ich bin kein Gott der Barmherzigkeit und kein
Gott der Rache, sondern ein Gott der Gerechtigkeit!
Und wenn es auch die Anderen nicht wissen, der Mosche
Veilchenduft soll dies erkennen!« Ja, Herr Doctor, das
war Seine Absicht mit mir, und Er hat sie getreulich
erfüllt."

„Sein Erstes war, daß Er mich stark und kräftig
werden ließ und darum anders, als die Uebrigen. Mit

der Kraft kommt der Muth und mit dem Muthe kommen
sonderbare Gedanken. Wenn ich früher über mein Leben
nachgedacht habe, dann habe ich mir gesagt: »Diese
Kraft war mein Unglück!« Aber jetzt weiß ich es besser:
es war damit genau so, wie mit meiner ›Jüdischkeit‹ —
kein Glück, kein Unglück, sondern eben ein Schicksal!
Darum mußte ich Schmied werden, und dann mußte der
Wurm zu bohren anfangen und dann mußte ich die
Liebe . . . .«

„Welcher Wurm?" fragte der Arzt erstaunt.

Der Kranke erklärte es ihm ausführlich, wie ihm
die Zweifel gekommen, zuerst bei dem Feste im Hause
des „goldenen Mendele", dann auf der Straße, als
Baron Starsky den Beer Blitzer beschimpfte, endlich bei
seinen Unterredungen mit Hawrilo und dem alten Wassilj.
Und ebenso offen erzählte er, wie er „die Liebe bekommen" und verschwieg nichts, als den Namen des
Mädchens.

„Dieses Alles", fuhr er fort, „ist nur deßhalb über
mich gekommen, weil ich kräftig war. Die Richtung hat
Er mir gegeben, damit ich Ihn erkenne, aber jeden einzelnen Schritt hat Er mir nicht vorgeschrieben. Das
thut Er überhaupt nicht, Er läßt den Menschen die Frei-
heit, Gutes und Böses zu thun, und begnügt sich nur,
die Rechnung darüber zu führen und sie von Zeit zu
Zeit auszugleichen. Lange, fast durch sieben Jahre, hatte

Er dies bei mir nicht nöthig, sie stand ohnehin glatt. Was ich etwa an kleinen Sünden begangen, büßte ich durch den »Wurm« ab und durch den Schmerz, den mir meine Liebe im Herzen machte. Da aber, Herr Doctor, beging ich einen schweren Frevel: ich begehrte das Mäd= chen und riß es an mich. Dazu hatte ich kein Recht: auf Kosten eines anderen Menschen glücklich zu sein, steht Niemand zu; ich war es auf Kosten der armen Dirne. Mein alter Freund, der »Marschallik«, mit dem Friede sei, hat damals gemeint, es sei deßhalb eine Sünde, weil sie eine Christin sei — und ich selbst dachte manchmal Aehnliches. Sehen Sie, so selbstsüchtig wird ein Mensch, wenn er Ihn nur für seinen eigenen Obersten hält und nicht für den General Aller! Es war eine Sünde, weil sie ein ehrlich Mädchen war!"

„Nun, ich habe es gebüßt! Ganz still, ohne viel Lärm hat Er es mir vergolten — durch meine Assenti= rung. Mir geschah dadurch, was mir gebührte, das Schlimme, und dem Mädchen, was ihm zukam, das Gute. Denn indem Er mich in die weite Welt schickte, konnte sie daheim vergessen und verschmerzen, und mit einem Anderen glücklich werden. Auch für das Kind war es das Beste. Und da gibt es noch Menschen, die gegen Seinen Rathschluß murren, der Er ein Allgerechter ist!"

„Mir freilich war es sehr traurig zu Muthe, als ich fortzog, und es war gut für mich, daß ich immer ge=

horchen mußte, wie eine Maschine, denn ich war wirr, mein Kopf wüst und mein Herz verbittert. Alles widerte mich an: meine Kameraden und der neue Stand und am Meisten ich selbst. Es erging mir anfangs wirklich übel; die Juden sind weder bei den Soldaten, noch bei den Offizieren gut angeschrieben, man hält sie für faul und feig und so mußte ich für Sünden büßen, an denen ich unschuldig war. Was ist da viel zu klagen, so sind nun einmal wir ungerechten Menschen! Auch die Kost wollte mir nicht behagen; ich werde nie vergessen, wie schwer es mir wurde, zum ersten Male Speck zu essen. Das bitterste aber war mir, daß ich so gar nicht begriff, wozu mein Stand taugte. Wie kam ich, ein tüchtiger Handwerksmann dazu, meine Tage in diesem nutzlosen und doch so ermüdenden Müßiggang zuzubringen? Kurz, Alles verdroß mich, sogar mein neuer Name. Zu Hause war ich Mosche gerufen worden, in der Schmiede Moschko, nun wurde ich plötzlich ein »Moses«. Ich haßte den Namen, und so oft ich ihn hörte, empörte sich mein Trotz dagegen, daß sie mich wider meinen Willen um=genannt hatten, wie einen Hund. Nun ist aber Trotz keine Eigenschaft, die einem Rekruten nützen kann — wie viele Kolbenstöße und Ohrfeigen ich von meinen Vorgesetzten bekommen habe, ist gar nicht zu zählen. Das mußte mich aber, wie schon meine Natur war, nur noch finsterer und trotziger machen. Wir waren in=

zwischen durch das ganze Oesterreich marschirt, und nach
Mailand gekommen, ich merkte es kaum, meine Augen
blickten gar nicht in die schöne Welt, sondern nur immer
in mich und mein Elend hinein. Es wäre wol schlimm
mit mir ergangen, wenn nicht damals gerade zufällig ein
neuer Regimentspater zu uns gekommen wäre. Der
kleine dicke Mann — ein Kapuziner — machte sich an
mich heran und wollte mich zum Christenthum bekehren.
Er gab sich gar keine Mühe, mich zu überzeugen, sondern
fragte nur einmal: »Höre Jude was möchtest Du
gern?« — »Heim!« sagte ich, »und wieder in einer
Schmiede arbeiten!« — »Das Erste ist nicht möglich«,
meinte er, »wol aber das Zweite. Ich will Dich in einer
Feldschmiede unterbringen, da hast Du Deine gewohnte
Beschäftigung, guten Lohn und bist ein freier Mann!«
Ich dankte ihm herzlich, er ging und kam am nächsten
Tage wieder. »Es ist Alles in Ordnung, Du brauchst
Dich nur taufen zu lassen. Auch ist eine Gräfin hier,
die Dir außerdem fünfzig Gulden Pathengeschenk gibt!
Davon wollte ich nichts wissen; »es wäre eine Sünde
gegen den Gott meiner Väter!« Und dabei blieb ich,
was er auch sagen mochte. Ich bereue es noch heute
nicht, ich handelte recht und vernünftig, denn es wäre
eine schwere Sünde gegen Ihn gewesen, wenn ich mich
hätte taufen lassen. Denn Ihm ist es ja gleich, in
welcher Art man Ihm dient, aber Seinen Namen an-

zurufen, um aus einem Gemeinen ein Feldschmied zu werden — das thut nur ein schlechter Kerl!"

„Nun kam eine böse Zeit, die schlimmste während meines Dienstes. Es war dem lustigen, dicken, durstigen Kapuziner gar nicht um meine Seele zu thun, aber jene alte Gräfin zahlte ihm hundert Gulden für jeden Bekehrten, und die wollte er mit aller Gewalt an mir verdienen. Darum steckte er sich, als es in Güte nicht ging, hinter die Offiziere und machte mir das Leben so sauer, daß ich jeden Tag daran verzweifelte, auch noch den morgigen ertragen zu können. Aber gerade diese Verfolgung wurde mir zum Segen. »Sie sollen wenigstens keinen Grund haben, mich zu quälen«, dachte ich, und wurde so aus Trotz der eifrigste, pflichtgetreueste Soldat der Compagnie. Die Kameraden bekamen Respect vor mir und die Offiziere ließen von mir ab, ja sie behandelten mich nun mit großer Güte, weil sie erkannten, daß mich das Pfäfflein nur verleumdet hatte, um zu neuem Geld für seinen Durst zu kommen. Und was ich anfangs nur aus Trotz gethan, that ich bald aus Gewohnheit, endlich auch aus gutem Willen. Gern that ich meinen Dienst und fühlte mich wohl dabei. Dazu kam es, daß wir einige Jahre in Italien blieben, wo ein gutes, lustiges Leben für den Soldaten war. Nur wenn ich an die Heimat dachte, gab es mir einen Stich durch's Herz, aber auch dies ereignete sich immer seltener."

Moschko schwieg und lehnte sich erschöpft zurück, die lange Rede hatte ihn ermüdet. „Und so blieb es bis zu Eurer Wiederkehr?" fragte der Arzt.

„Ach nein!" seufzte der Kranke, „da liegt noch viel dazwischen: schwere Versündigung und harte Buße und vor Allem, wie ich Ihn erkannte. Sehen Sie, Herr Doctor, der Soldatenstand ist schön, selbst wenn man nur Gemeiner bei Parma ist, aber eine Gefahr ist dabei für jeden: der Kaiser gibt täglich Brot und Löhnung, gestern, heute, morgen — man hat keine Sorgen, man lebt so lustig vor sich hin und macht sich keine Gedanken. So erging es mit der Zeit auch mir: Ich dachte nur an die Sachen, welche der Tagesbefehl verkündete und von Gott war darin nicht die Rede, auch nicht von meiner Zukunft. Wenn meine Stubenkameraden zur Messe commandirt wurden, blieb ich allein zurück, aber da zog ich auch nicht die kleinen „Tefillim" (Gebetriemen) hervor, welche mir ein frommer, mährischer Jude einst in meiner Rekruten= zeit geschenkt hatte, sondern pfiff Schelmenlieder vor mich hin oder dachte an des Hauptmanns Köchin, die mich trotz meines Glaubens wohl leiden mochte. Wenn ich an die „Chassidim" (Frommen) daheim dachte, mußte ich lachen; wie schauten die die Welt an, was wußten die von der Welt?! Ich kam mir ganz stolz vor in meiner „Aufgeklärtheit" und gar so Unrecht hatte ich ja auch nicht. Wenn man so Jahr aus, Jahr ein mit Christen

brüderlich zusammenlebt, von denselben Lasten gedrückt,
von denselben Freuden gelabt — wie sollte man da noch
hochmüthig auf seinen Glauben sein und sich, wie ein
„Chassid", für besser halten, als ein Anderer, blos weil
man ein Jude ist?! Aber Unrecht war es von mir, daß
ich nicht blos die „Tefillim" vergaß, sondern auch
ganz und gar Gott. Das wurde immer ärger, je
länger ich fortdiente und endlich kam ein Tag, wo ich
mich meines Glaubens schämte und ihn aus Eitelkeit
verläugnete.

„Das begab sich folgender Weise. Wir waren aus
Italien nach Steiermark versetzt worden, nach der Stadt
Marburg. Dort durften gar keine Juden wohnen; die
Leute von Marburg hatten einen großen „Rischchus"
(Judenhaß) und wenn einer meiner Kameraden mich auf
der Straße anrief: „Moses", da blieben Alle stehen,
blickten mich scheu an und beschimpften mich. Nun war
mit der ganzen Compagnie natürlich auch der Hauptmann
und seine Köchin nach Marburg gekommen und während
sich dieses Weibsbild in Verona gar kein Gewissen gemacht hatte, mich zu lieben, gab sie mir nun den Lauf-
paß. Dies Alles war mir natürlich nicht angenehm.
Und so, Herr Doctor, fasse ich mir eines Tages das
Herz, trete vor den Herrn Hauptmann und bitte, ob ich
nicht einen anderen Vornamen haben könnte. „Hoho!"
lacht er, „wozu?" Ich erzähle ihm Alles. „Nun, dann

laß Dich taufen!" — „Das geht nicht", sag' ich, „ich
will die Scherereien mit Messe und Beichte nicht und
möchte auch die Pfaffen nicht anlügen." Da aber wird
er zornig und macht mir ein Höllendonnerwetter. „Kerl"
ruft er, „ein Soldat muß gottesfürchtig sein, das steht
sogar im Reglement!" Dann aber beruhigt er sich doch
wieder. „Also — was willst Du eigentlich?" — „Ich
möchte „Moritz" gerufen werden", bitte ich. — „Sonst
nichts", lacht er. „Das soll Dir gewährt sein!" Und
die Sache war in Ordnung . . . .

„Als ein solcher „Moritz" habe ich die zweite Capitulation angetreten. Sie wissen, wie sehr mir die Leute im
Städtchen die That verübelt haben, und auch ich muß
sie als Frevel erkennen, obgleich anderer Gründe wegen.
Denn nur aus Eitelkeit, aus Leichtsinn, aus Schlechtig-
keit habe ich für weitere sieben Jahre den Handschlag
geleistet. Der „Gefreite" lockte mich, die Prämie und
die Auszeichnung, das könnte ich mir noch verzeihen.
Aber ich blieb auch deßhalb bei Militär, um das sorgen-
lose Leben fortzusetzen und wenn mir mein Kind in den
Sinn kam" — die Worte fielen ihm nur mühsam von
den Lippen — „da dachte ich: „Die Mutter wird es
schon versorgen!" O, Herr, haben Sie schon je solchen
Frevel gehört?"

„Vierzehn Jahre sind eine lange Zeit!" erwiederte
der Arzt milde. „Ihr hattet ja das Kind nie gesehen!

Und dann — wie schwer habt Ihr diesen Fehler
gebüßt!"

„Ja!" rief der Kranke und richtete sich erregt empor,
„Gott sei Preis und Dank, ich habe ihn gebüßt und
brauche nicht hinüberzugehen mit dieser ungezahlten Schuld
auf meiner Rechnung!"

Dann sank er wieder zurück und fuhr mit leiser, aber
fester Stimme fort:

„Meine Buße begann vier Jahre später, bei dem
ersten Treffen drunten in Italien. Ich blieb ruhig, als
die Nachricht vom Kriege kam und konnte sogar darüber
lächeln, wie nun plötzlich so Viele fromm wurden. Denn
wohl dachte ich an Gott, aber an welchen sollte ich glauben?
Zu dem Gotte der „Chassidim" konnte ich nicht beten
und ebensowenig zu dem Manne am Kreuze. Trotzig
ging ich in's erste Feuer und empfand keine Todesangst.
Aber während des Treffens, da der Tod mähte und
noch mehr später, da wir die Gefallenen begruben,
Christen und Juden, die Unsrigen und die Italiener,
alle in Einem Grabe, da gingen mir wieder dieselben
Schauer durch's Herz, wie schon einst in der Jugendzeit,
da erkannte ich Ihn, den Allgerechten, und klammerte mich
an Ihn an. Es war nicht die Furcht vor dem Tode,
die mich hiezu trieb, denn nachdem ich Ihn erkannt, nach=
dem mir mein ganzes Leben klar geworden, da wußte
ich ja, daß ich nicht sein Erbarmen erwarten dürfe,

sondern nur seinen Zorn! Ja, Herr, das wußte ich, und dennoch beugte ich mich Ihm und mühte mich, täglich genauer sein Walten zu erkennen in meinem und der Anderen Leben! Warum? Wenn wir einen weiten Marsch in Italien thun mußten, und die Sonne brannte verdorrend hernieder, daß uns die Zunge am Gaumen klebte und wir kamen an tiefen, stillen, kühlen Wassergrotten vorbei: da stürzte immer die halbe Compagnie auf die Quelle zu und trank von dem Wasser, obwol die Leute wußten, daß sie sich damit vielleicht das Fieber in den Leib trinken und den Tod dazu! Wer verschmachtet und nun endlich die Quelle sieht — o Herr, wie hätte ich mich nicht vor dem Allgerechten beugen sollen, obwol ich wußte, wie meine Rechnung bei Ihm stand?

„Nun — ich habe meine Schuld bezahlt! Hätte Er mich von einer Kugel fallen lassen, rasch und schmerzlos, wir wären nicht ausgeglichen gewesen. So aber hat Er mir Wunden geschickt, die mir furchtbaren Schmerz bereitet haben und Fieber, das meine Kraft verzehrt hat, und mit vierzig Jahren hat Er mich zum hilflosen Greise gemacht — unsere Rechnung stand wieder glatt. Nun kam ich heim und wurde von Thür zu Thür gescheucht wie ein unreines Thier, meinem eigenen Sohne mußte ich ein Fremder bleiben! Das erkannte Er, der Allgerechte und vergalt es mir: ich durfte meinem Kinde

20*

mit dem letzten Rest meiner Lebenskraft noch einen Dienst leisten —"

Er unterbrach sich erschreckt — "und werde in seinen Armen sterben dürfen!" hatte er sagen wollen. Aber war nicht ohnehin schon zu viel verrathen? Denn so grenzenlos sein Vertrauen zu diesem edlen Manne war, er durfte ja dieses Geheimniß nicht preisgeben, das nicht ihm gehörte. Doch ein Blick in das Antlitz des Arztes beruhigte ihn wieder. In diesen klugen, klaren Augen schimmerten Thränen.

"Herr Doctor", stammelte der Kranke, "das verdiene ich nicht!"

Der Arzt hatte sich erhoben und ergriff die Hand des Invaliden. "Ihr habt Recht!" sagte er feierlich. "Er ist ein Allgerechter!"

"Und drüben wird Ruhe und Frieden sein!"

"Amen!" sprach der Arzt und verließ tiefbewegt die Stube.

. . . Das war die letzte lange Unterredung, die Moschko hatte. Als er sich am nächsten Morgen noch viel schwächer fühlte, winkte er den Hawrilo an seine Seite.

"Lieber Kamerad", sagte er, "Du hast mir oft gesagt, die Kasia sei draußen und wünsche mich zu sprechen. Ich habe sie stets gebeten, den Besuch aufzuschieben, weil — weil ich mich zu schwach fühlte. Aber heute fühle ich mich stark genug . . ."

„Heute?" fragte Hawrilo und seine Lippen bebten; er wußte ja, daß der Mann vor ihm ein Sterbender war.

„Heute! Willst Du sie nicht rufen lassen? Ich habe ihr noch etwas zu sagen —"

„Von dem Polen? Ich verstehe; ich werde Dich allein mit ihr lassen . . ."

Eine Stunde später trat das kräftige, noch immer hübsche Weib in die Stube. Sie hatte den Kranken bereits vor wenigen Tagen, da er schlummerte, heimlich betrachtet; sie wußte, daß dieser Greis keinen Zug mehr gemein habe mit dem Jünglingsbilde, das ihr in der Erinnerung lebte, aber als sie seine Stimme wieder vernahm, da sank sie fassungslos an dem Fußrande seines Lagers nieder und weinte bitterlich.

Ihm aber war es, als wäre seine Jugend noch einmal zu ihm gekommen, ihn vor dem Sterben zu grüßen. Lange, lange hatte er nicht mehr geweint, nun fühlte er noch einmal das tröstende Naß seine Lider netzen . . .

„Kasia!" sagte er, „ich weiß, daß Du mir verziehen hast. Aber ich wollte nicht gehen, ohne es aus Deinem eigenen Munde zu hören!"

„Du Armer! Du Guter!" schluchzte sie. „Ich habe Dir ja nichts zu verzeihen!"

„Doch! Aber Du bist gut und barmherzig. Wegen

des Fedko habe ich Dir nichts mehr zu sagen: er ist wohlgerathen und es wird ihm gut ergehen. Nur — für mich selbst hätt ich noch eine Bitte! Es ist die Sitte bei uns, daß der Sohn am Todestage seines Vaters immer ein Gebet spricht. Erinnere den Fedko daran, daß er alljährlich an meinem Sterbetage ein „Vater=Unser" für mich spreche. Es ist ein christliches Gebet und ich bin ein Jude, aber Er wird es dennoch hören! — und — vielleicht auch ich!"

Sie versprach es unter heißen Thränen. Dann trat Hawrilo ein und geleitete die Weinende aus der Stube . . .

Von Stunde zu Stunde minderte sich die Kraft des Sterbenden. In rührenden Worten dankte er Hawrilo, Walerian und dem Arzte für all' ihre Liebe und Sorge. Nur dem Fedko sagte er noch kein Wort des Abschieds. „Bleib bei mir", bat er.

Aber es hätte dieser Bitte nicht bedurft. Keine Macht der Welt hätte den Jüngling von seinem Platze an diesem Sterbelager fortscheuchen können.

So verging der Tag; es wurde Dämmerung. Moschko war still athmend mit geschlossenen Augen da= gelegen. Nun aber regte er sich plötzlich, versuchte sich aufzurichten und tastete nach der Hand des Jünglings.

„Fedko", murmelte er, „leb' wohl."

Angstvoll schlang dieser seinen Arm um den Ver= scheidenden. „Soll ich den Arzt —" rief er.

„Nein! — Deine Hand — ich danke Dir . . .“

So ist Moschko von Parma in den Armen seines Sohnes verschieden.

Am nächsten Morgen begruben ihn die Leute von der „heiligen Brüderschaft“ am „guten Orte“. Er schläft am Rande des Friedhofs hart an der Heerstraße.

Kein Denkstein steht an seinem Grabe. Aber es ist wohl gepflegt und von den ersten Frühlingstagen bis in den späten Herbst hinein blühen darauf die schönsten Blumen der Ebene.